Ursula Stratmann

Paradies in Grün

Wilde Kräutergeschichten aus dem Ruhrgebiet

KLARTEXT

Umschlagbilder außen:
In der Nähe der Zeche Nachtigall in Witten *(Foto: Yasmin Kuhr)*

Umschlagbild innen vorne:
Im Wittener Muttental *(Foto: Ursula Stratmann)*

Umschlagbild innen hinten:
Jugendliche Esche in Essen an der Ruhr *(Foto: Ursula Stratmann)*

Vorhergehende Doppelseite:
Essbarer Knöterich an der Ruhr, Bochum *(Foto: Ursula Stratmann)*

IMPRESSUM

1. Auflage November 2013

Satz und Layout: Achim Nöllenheidt
Umschlaggestaltung: Volker Pecher
Druck und Bindung: Himmer AG, Augsburg

© Klartext Verlag, Essen 2013
ISBN 978-3-8375-1056-0

KLARTEXT   info@klartext-verlag.de, www.klartext-verlag.de

Inhalt

8 | *Vorwort*

12 | *Vision für meine Heimatstadt Witten*

17 | *Essbare Wildnis in der Stadt, wozu?*
17 | Wildgemüse – die Gesundheits-Sensation
23 | Wildgemüse – die Öko-Verpflegung
24 | Wildgemüse – Preiswerter geht`s nicht
28 | Wildgemüse – Wertschätzung!
30 | Wie kriegen Sie Ihre Lieben an die Kräuter?
34 | Praxistipps für Anfänger

35 | *Hindernisse*
35 | Das Märchen vom Fuchsbandwurm
37 | Das städtische Hundeklo

38 | *Wildkräuter essen – so geht`s*
38 | Ein Kraut für Anfänger – das Eierblümel
44 | Wie ich einst den Löwenzahn vermisste
45 | *Löwenzahn-Quiz*
47 | Kulinarischer Spaziergang an der Ruhr
53 | Kennen Sie Urkost?
57 | Einfachste Rezepte für Kraut-Anfänger
61 | Eine Fotostory aus dem essbaren Stadtgarten
62 | „Geschichten, die das Leben schrieb" – Die Notfall-Seerosen
65 | Kann man komplett aus der Wildnis leben?

70 | *Selbstversorgung im eigenen Stadtgarten*
70 | Die essbare Wildnis im eigenen Garten
74 | Unabhängigkeit in der Stadt
75 | Selbstversorgung im Kleingarten – Anfängertipps
79 | Selbstversorgung auch auf dem Balkon?
83 | Was ernte ich im November?
88 | Was essen Vögel und Karnickel im Winter?
90 | Selbstversorgung in der Wohnung?

91 | Essen Sie Pflanzenbabys!

96 | Altes Gemüse im Schrebergarten

99 | Essbare Ziergärten, Blumen-Menüs und Gemüsedesign

109 | *Blütenmenü-Quiz*

111 | Wilde Stadtdrogerie oder „Wie ich lernte, den Lappenampfer zu lieben"

Tipps für die neue gärtnerische Leichtigkeit

116 | Boden – wozu?

121 | Arme Stadtböden im Ruhrgebiet

123 | Permakultur in Dortmund – der etwas andere Garten

127 | Graben Sie nie mehr um!

129 | Die Sonnenfalle in Rolfs Garten

130 | Mulchen Sie oder haben Sie etwa eine Biotonne?

132 | „Unkraut"?

137 | Unser Gartengold I – der Wurm

139 | Unser Gartengold II – der Kompost

143 | Opferpflanzen

145 | Die Schnecken und ich

147 | Mein Igel und seine Pflanzenschützer-Kollegen

Natur macht gesund

150 | Grüne Schönheit macht gesund

153 | Beschäftigung mit der Natur macht gesund

160 | Gartentherapie

163 | Nahrungsergänzungsmittel oder „Die Bombe"

164 | Ihr Vorgarten als Hausapotheke

164 | *A. Allgemeine Tipps*

168 | *B. Die Schafgarben-Apotheke*

170 | *C. Salbei – gegen alles!*

172 | *D. Schmerzmittel-Apotheke entlang der Ruhr*

174 | *E. Kurz-Zubereitungstipps für Heilkräuter*

175 | *F. Einheimische Heilkräuter für alle Fälle*

182 | Der „Heilkräuterweg" in Herdecke

186 | *Heilkräuterquiz für Experten*

Synthese I: Hin zur Paradiesstadt

188 | Vision: Die grüne essbare Erholungsstadt

197 | Konkret: Bewirtschaftung von öffentlichen Flächen in der Stadt

199 | Paradiesisch: Mehr grüner Wohnraum in der Stadt

201 | Gesundes Stadtklima – zukunftsfähig!
204 | Die grüne Firma
209 | Das grüne Altenheim
213 | Der grüne Kindergarten
217 | *Gänseblümchen-Quiz*
219 | Das grüne Krankenhaus

222 | *Synthese II: Lebendige Beispiele aus Bochum und dem Rest der Welt*
222 | Prinzessinnengärten in Berlin
223 | „Meine Ernte" – auch für Gelsenkirchener
225 | Ein Öko-Schrebergarten in Bochum
227 | Berliner Stadtfarmer auf dem Dach
228 | Andernach
229 | Havanna
230 | Gemüsegärten über Manhattan
231 | Die Ökodorf-Bewegung (von Bernd Eckstein)

235 | *Die besten Wildpflanzen in der Stadt*
235 | Bäume in der Stadt – wozu?
243 | *Mythos Baum-Quiz*
244 | Das Herz der Natur – die Brennnessel
248 | *Brennnessel-Quiz*
250 | Die Vogelmiere – Notfallgemüse im Winter
251 | Der Efeu und die grünen Fassaden
254 | Der Segen der Migranten: Überall im Ruhrpott
256 | Das drüsige Springkraut – Nüsse für alle Fälle
257 | Sommerflieder und Co. – Schönheit an der A 43
260 | Knöterich – ein Segen für Kinder und Kranke
266 | Immergrüne – wozu?
267 | Farne – die sichersten Mittel gegen Hexerei

270 | *Mein Stadtparadies 2015*

275 | Ursulas botanische Lieblingsbücher
279 | Anhang: Quiz-Auflösungen
284 | Danke
285 | Über die Autorin
286 | Bildnachweis

Vorwort

Ursprünglich komme ich vom Bauernhof.

Als Kind habe ich mich am Bach zwischen Moosen und Farnen in einem „Elfenreich" bewegt, hier ein paar Himbeeren am Waldrand, dort ein paar Johannisbeeren im Garten genascht, die Wasserminze vom Bach meinen Puppen geschenkt und schon im Alter von 14 Jahren die ersten Heilkräutertees für die Oma gesammelt.

Als ich mit 20 Jahren meine MTA-Ausbildung beendet und stolz meinen Arbeitsplatz im Krankenhaus angetreten hatte, zog

Margeriten habe ich schon als Dreijährige geliebt

es mich zum Wohnen in die Stadt. In den ersten Monaten konnte ich es fast nicht ertragen: Lärm und Enge, Abgase und Hässlichkeit. Wo waren hier die Bäume, die Elfen, die bunten Blumen und plätschernden Bäche, die Erdgerüche, die nachbaren Pflanzen und die im Wind rauschenden Bäume?

Ich hatte eine viel befahrene Straße vor der Tür, die von einer kleinen Allee gesäumt wurde. Auf den winzigen Beeten um die wenigen Bäume war das städtische Hundeklo.

Nach einem Biologie-Studium und vielen Umzügen, bei denen immer an erster Stelle stand, für meine Kinder eine grüne Umgebung zu schaffen, wohne ich heute in einem Städtchen im Ruhrgebiet und dennoch grün.

Die Welt-Städte werden immer größer und dennoch sehnen sich die Menschen nach mehr Naturnähe, Selbstversorgung und Heil- und Nahrungsmitteln, die frisch und unverändert sind! Nicht umsonst haben Zeitschriften wie „Landlust" und die Bewegung „urban gardening" Hochkonjunktur. Ich biete botanische Führungen an und sehe, wie groß die Sehnsucht der Menschen nach mehr Grün ist.

Wie kann unser „Paradies in Grün" aussehen?

Mit Wildkräutern aus dem „Ruhrpott"? Zwischen Schloten

„Gourmetspeise"
Franzosenkraut

und Autobahnen? Gibt es hier überhaupt noch welche? Wir sind doch nicht in Bayern!

Wenn man beim Stadtspaziergang durch Essen oder Duisburg einmal auf seine Füße schaut, wird man sie entdecken: kleine Grünlinge zwischen den Pflastersteinen. Die immerwährende unverwüstliche Natur. Ein Hoffnungsschimmer sogar in Gelsenkirchen. In Dortmund gibt es Menschen, die kleine Blumen- oder Gemüsebeete um die Stadtbäume pflanzen ...

Kräuter zu naschen ist total „in". Selbst Gourmet-Restaurants kochen mit „Spitzchen von Franzosenkraut". Ein Dortmunder Bäcker bietet neuerdings „Löwenzahnbrot" an.

Wenn man Wildkräuter kennt und erntet, müsste man nicht spontan verhungern, wenn ausnahmsweise einmal alle Supermärkte und Restaurants geschlossen hätten. An der Ruhr zum Beispiel gibt es diverse Gourmet-Genüsse wie delikate Springkrautsamen und knackige Topinambur-Knollen.

Und nun stellen Sie sich eine „essbares Innenstadt" vor: Gemüse- und Obstplantagen zum Abernten im Essener Stadtpark oder im Gruga-Park gar. Oder im eigenen kleinen Vorgarten mit buntem Kohl inmitten essbarer Blumen statt Bodendeckern oder Rasen ... Ein Designerstück! Ein Paradies! Mitten im Ruhrgebiet.

Sie haben nur einen kleinen Hinterhof? Wunderbar! Nur einen kleinen Balkon? Paradiesisch! Schon damit können Sie anfangen, sich ihr grünes Stückchen Stadt zu verwirklichen. Einfach, preiswert und schnell.

Das machen die doch alles nur für uns …

Dieses Buch berichtet von einer Vision des grünen Ruhrgebietes, wozu dies gut sein könnte und wie man es verwirklichen kann.

Außerdem erleben Sie wahre Kräutergeschichten und werden mit vielen Tipps der neuen Leichtigkeit beim städtischen Gärtnern beschenkt.

Es vereinigt in sich viele Trends, mit denen „Grünliebhaber" sich gerade beschäftigen und ist unterhaltsam und lehrreich für Gartenfreunde, Kräuterverliebte, Rohköstler, Veganer, Kraut-Anfänger, Gourmet-Köche, meine Botanikfreunde ...

Es erhebt keinerlei Anspruch auf Vollständigkeit. Es ist weder ein Kräuterbestimmungsbuch noch ein Gartenbuch oder Kochbuch. Für diese Zwecke gibt es eine Flut von Fachbüchern, die auch viel umfangreicher sein müssen als dieses hier.

Es ist ein Geschichtenbuch, das Sie auf neue Ideen bringen soll und das Ihnen auch noch das unbeliebteste „Unkraut" so näher bringen will, dass Sie es als Geschenk betrachten können.

Als kleinen Nebeneffekt trägt es durch die lustigen Geschichten zu einer Erhöhung Ihres Serotoninspiegels (Glückshormon) bei. Wenn Sie Langeweile haben, machen Sie doch einfach das Heilkräuterquiz für Experten oder das Brennnesselquiz.

Ich habe das Buch nicht nur für Naturliebhaber geschrieben, sondern auch für mich: Wenn wir zusammen die Städte begrünen, können Sie eines Tages mein Auto kaufen. Denn dann will ich hier nie mehr weg!

Eine kleine Warnung noch: Bevor Sie ein Rezept nachkochen, jemandem ein Liebeskraut in den Salat mischen oder einfach spontan an der Ruhr ein Blättchen probieren, müssen Sie die Kräuter unbedingt genau kennen! Bei Verwechslungen drohen unerwünschte Nebenwirkungen oder Vergiftungen!!

Aus der Rubrik „Häufig gestellte Fragen":

Nein, ich bin nicht mit Dr. Stratmann (Comedian aus dem „Ruhrpott") und leider auch nicht mit Cordula Stratmann („Danke für meine Aufmerksamkeit") verwandt ... obwohl ... wenn ich bedenke, dass wir letztendlich alle von Adam und Eva abstammen ...

Ursula Stratmann, November 2013

Vision für meine Heimatstadt Witten

Stellen Sie sich vor, Sie wohnen in einer essbaren Stadt. Nein, nicht mit Häusern aus Schokolade oder Süßigkeiten. Ich meine eine Stadt mit Tomaten und Pflücksalat vom Balkon. Oder Johannisbeeren aus dem Stadtpark. Mit essbaren Straßenrändern voller Löwenzahn, Kräutern und Himbeeren.

Mein utopischer Traum ist eine Selbstversorgung mitten zwischen Stadtsparkasse, Bücherei, Schulen und Wohnhäusern. Außerdem ist es überall so schön grün und bunt, dass ich zur Erholung nicht aufs Land fahren muss: Ein Spaziergang durch die Stadt schenkt mir Blumen, Schmetterlinge, gute Luft und Brombeeren ...

Vision Teil 1

Ich fände es absolut faszinierend, in der Ruhrstraße aus der Tür zu treten und einen öffentlichen Apfelbaum mit schönen roten und knackigen Früchten vorzufinden. Ich würde mir einen pflücken und bräuchte dann nicht mehr den ach so weit gereisten Braeburn aus Neuseeland kaufen, was mein Umweltgewissen immer so plagt.

Und die Frucht! So frisch! Gerade noch lebendig und jetzt schon in meinem Verdauungskanal. Mein geliebter einmaliger Wittener-City-Bio-Apfel! Mit einer Qualität, die mir kein Apfel von Aldi liefern kann, denn der hat meist schon einen langen Weg hinter sich, mit dem LKW aus Südtirol, gelagert im Kühlhaus, an der Obsttheke und bei mir zu Hause. „Good bye" ihr schönen Vitamine ...

Nebenbei würde der Anbau von Walnuss-, Apfel- oder Birnbäumen in der Stadt auch die zur Zeit heftig überfüllten öffentlichen „Tafeln" entlasten. Auch der Stadtpark könnte mit Obstbäumen oder Beerensträuchern als Gratis-Vitamintheke brillieren. „Aber dann würde sich ja JEDER einen pflücken!" sagen Sie jetzt? Genau darum geht es. Und die Bienen und die Kinder wären auch begeistert.

Vision Teil 2

Auf einer benachbarten Grünfläche hat ein Guerillagärtner die Brennnesseln gemäht. Sie wissen nicht, was ein Guerillagärtner ist? Er sät heimlich nachts oder auch tagsüber betont öffentlich auf Brachflächen, Wegrändern und Straßeninseln Blumensamen. Oder er pflanzt dort Stauden oder Beerensträucher mit dem Ziel, die Stadt grüner und lebensfreundlicher zu machen. So fragt ein Dortmunder Student die Passanten, wenn er auf seinen Guerillagärtner-Job angesprochen wird: „Würde es ihnen nicht auch besser gefallen, wenn die Dortmunder Innenstadt bunter und blumiger wäre?" Kaum einer kann dazu nein sagen.

Der Gärtner aus meiner Vision hat die Brennnesseln gemäht und – nun erkennen wir in ihm den erfahrenen „Öko" – sie natürlich nicht in die Mülltonne entsorgt, sondern einen Teil davon als Spinat verzehrt und mit dem Rest Brennnesseljauche hergestellt. Diese benutzt er als 5-Sterne-Gratis-Ökodünger. Auf der Brachfläche hat er biologisch Salat, Möhren und Kartoffeln angebaut, die dank der Brennnesseldüngung Gigantismus-Symptome zeigen. Und dann hat er sie für die Öffentlichkeit freigegeben.

Wer ist dieser geheimnisvolle Wohltäter? Einer aus dem Rotarierclub? Ein Rentner, der gerne gärtnert? Einer, der gegen seinen hohen Blutdruck Gartenarbeit verordnet bekommen hat? So ein Anthroposoph aus Herdecke, der auch gefüllte Kuhhörner als Geschenk für die Pflanzen vergräbt? Ein Schamane, der um die Heilkraft der Brennnessel weiß? Egal wer. Aber danke!

Ich pflücke mir ein paar Salat-Blättchen und verspeise sie genüsslich, wohl wissend, dass ich mir damit eine Portion Ballaststoffe und Vitamine gönne. Damit erspare ich mir gerade die 15 verschiedenen Pestizide, die man in spanischen Salaten so ab und zu findet. Außerdem ist der importierte Salat fast immer schon völlig von Vitaminen befreit.

Und ich freue mich über die gute Luft! Pflanzen sind doch einfach die besten Sauerstoffproduzenten. Und hier in Witten auch noch direkt vor meiner Nase. Ein hübscher Anblick. Es ist grün und bunt und lebendig.

Vision Teil 3

Falls Sie unter Kontaktarmut leiden und dringend Menschen kennen lernen möchten, gibt es drei Möglichkeiten: Kaufen Sie sich einen besonders kleinen Hund. Oder leihen Sie sich ein besonders süßes Kind, falls Sie nicht selbst eins haben. Oder bauen Sie auf Ihrem Balkon Erbsen an, deren Ausläufer bis zum Nach-

Herrliche
City-Trauben

barn auf den Balkon ranken. „Möchten Sie bei mir (nicht einen Kaffee, sondern) eine Erbsenschote probieren?"

In den Blumentöpfen können Sie auch noch einen Teil Ihrer biologischen Abfälle vergraben, als Dünger sozusagen, falls einmal die Müllabfuhr streikt. So sind Ihre Kaffeefilterreste, Eieroder Apfelschalen direkte Geschenke für Ihr Gemüse. Das kommt Ihnen komisch vor? Die Idee stammt aus der „Permakulturszene", die mit möglichst wenig Aufwand im Einklang mit der Natur möglichst viel Ertrag erwirtschaften möchte, auf kleiner Fläche und als Geschenk für die Erde. Da gibt es sogar Menschen, die einen Großteil ihrer Selbstversorgung auf ihrem Balkon produzieren! Diese unglaublichen Geschichten können Sie bei Sepp Holzer nachlesen („Der Agrar-Rebell" und „Permakultur").

Dank der neuen Säulen-Obstbäume können Sie Kirschen und Apfelbäume sogar direkt auf Ihrem Balkon ziehen. Und diese noch als Rank-Hilfen für Ihre Erbsen benutzen. Sie wissen ja jetzt, warum.

Eine Eisdiele mitten in der Wittener Innenstadt hat als Begrünung ihrer Außensitzplätze Weinranken an den Schaufenstern hochgezogen. Im Sommer 2010 haben sie dort 80 Kilo Weintrauben geerntet! Ob die auch schmecken? Erstaunlich herrlich süß. Jeder Gast fragt, ob er mal probieren darf.

Hohlzahn am Straßenrand mit Gourmetgeschmack

Vision Teil 4

Am Straßen- oder Wegesrand, im Stadtpark oder an der Ruhr, am Radweg und im Hinterhof gibt es eine wilde Gemüsetheke. Hier kann man sich Löwenzahn und Gänsedistel, Schafgarbe und Giersch, Wegerich, Hohlzahn und Knoblauchsrauke pflücken und damit einen herrlichen Wildkräutersalat zubereiten.

Saisonal und regional, meist bio und gratis! Und dazu noch voller Vitamine. Wenn man Vitamine und Mineralstoffgehalte von Wildkräutern und gezüchteten Gemüsen vergleicht, schneiden die Wildkräuter weitaus besser ab. Mit so einem Salat oder Spinat pro Tag ist die Gesundheit gerettet. Und die Finanzlage der Krankenkassen auch.

Vision Teil 5

Der Bio-Supermarkt mitten in der Stadt ist immer eine Reise wert. Das Gebäude ist holzverkleidet und seine Fassaden sind begrünt mit immergrünem Efeu (für den Winter und die Vögel), mit Weinranken (für die Kinder, die Schönheit und die geruhsamen Abendstunden) und mit Spalierbirnen. Allein das Supermarkt-Gebäude ist schon eine Schönheit. Rundherum sind die Beete voller alter Gemüsesorten und Kräuter, an denen Schilder stehen. Hier kann auch der botanische Neuling alte Gemüsesorten kennen und den Hahnenfuß vom Schöllkraut unterscheiden lernen. Die bunten Wildkräuter sind nach Farben geordnet (Welch originelle Idee! Das ist ja wie in „Was blüht denn da?") und informativ beschildert.

Das Sortiment im Laden ist zum größten Teil regional, vielfältig und schön angerichtet. Aus meinem Garten bringe ich heute meinen Überschuss an Topinambur mit, den ich nicht selbst aufbrauchen kann. Meine Nachbarn haben auch schon genug. So bringe ich also einen Teil in den Laden zur Tauschbörse und nehme stattdessen von jemand anderem gelbe Tomaten aus seinem Garten mit.

Essbare Wildnis in der Stadt, wozu?

Wildgemüse – die Gesundheits-Sensation

Der Verzehr einheimischer Kräuter und Gemüse hat ja so viele Vorteile. Stellen Sie sich vor, Sie würden dafür bezahlt, mir die einheimischen Kräuter am Wegesrand anzupreisen wie ein Marktschreier. Überlegen Sie doch einen Moment selbst. Nach der Lektüre dieses Buchs fällt es Ihnen noch leichter. Versprochen!

Mir ist folgendes eingefallen:

» *Die Vitamine wachsen direkt vor meiner Nase.*

» *Die Kräuter sind meist von Natur aus „bio", abgesehen von Abgasen. Gegen die können Sie allerdings bei Supermarktware auch nicht viel tun. Und Abwaschen befreit die Gemüse auch nur oberflächlich. „Bio" ist doch eigentlich das Natürliche! Es kommt mir immer komisch vor, dass es im Supermarkt an den Gemüsen extra dran steht. Eigentlich müsste an allen anderen doch „gespritzt und künstlich gedüngt" stehen.*

» *Wildkräuter sind ohne Gentechnik entstanden. Sie sind eben so, wunderbare ursprüngliche Natur.*

» *Wenn ich die Kräuter gleich am Wegesrand verspeise, habe ich keine (ich wiederhole: KEINE!) Vitaminverluste! Ansonsten zerstört jeder Transport, jede Lagerung, auch und gerade die am Gemüsestand in der Sonne, jede Verarbeitung, Erhitzung und Zerkleinerung Vitamine. Soweit kann man es in jedem Ernährungslehrbuch nachlesen. Das Beste, was Sie also essen können, ist die gerade frisch gepflückte reife – noch lebendige (!) – Brombeere, Löwenzahn- oder Kleeblüte, Vogelmiere oder Himbeere. Die Wildkräuter enthalten von Natur aus mehr Vitamine, Mineralien und Eiweiße als die meisten Kulturgemüse.*

» *Mit ein wenig Artenkenntnis können Sie eine große Vielfalt an Geschmäckern genießen und unterschiedlichste Heilkräuter essen statt monotonen Supermarkt-Salat.*

> *Außerdem müssen Sie zum Sammeln an die frische Luft. In meinen Gesundheitskursen empfehle ich den Leuten immer, sich einen Hund anzuschaffen. Hundehalter sind einfach fitter. Sie können natürlich zum Kräuter sammeln freiwillig rausgehen, mit dem Hund aber müssen Sie! Beim Sammeln verbrauchen Sie Kalorien, die Sie dann hinterher wieder schlemmen dürfen. Ach was sag ich? Hier müssen Sie keine Kalorien zählen. Essen Sie doch so viel Sie wollen!*

Während der Hund rumschnüffelt, können Sie in Ruhe den Wegesrand oder die Wiese bewundern und nach essbaren Wildkräutern, Beeren oder frischen Baumblättern Ausschau halten und schon mal spontan ein paar knabbern. Wenn der Hund noch immer beschäftigt ist, haben Sie genug Zeit, auch noch welche für Ihre Lieben, den Abendsalat oder die Hausapotheke zu sammeln.

Der wilde weiße Gänsefuß ist viel gesünder als gekaufter Salat. Ich warte noch immer auf einen begeisterten Chemiker, der einmal alle Inhaltsstoffe der Wildkräuter genauso akribisch untersucht, wie das bei vielen Kulturgemüsen schon geschehen ist. Für den Grünkohl zum Beispiel hat man 2000 Inhaltsstoffe ausgemacht, von denen allein 20 als Krebs bekämpfend und Krebs vorbeugend identifiziert wurden. Andere sind stärkend für das

Vitamin-C-Spender
Melde

Immunsystem und fördern eine gesunde Darmflora. Zusätzlich enthält er Vitamine, Mineralstoffe und Spurenelemente.

Bei vielen Wildkräutern gibt es sicher ähnliche Geschenke. Für die Heilkräuter hat man oft die pharmazeutisch bedeutsamen Inhaltsstoffe analysiert, aber auf akribische Analysen aller Mineral- und Vitamingehalte oder sonstiger heilsamer Stoffe warte ich schon lange.

Einige Zahlen aus älteren Mess-Reihen möchte ich Ihnen hier einmal vorstellen: Sie sind einer Tabelle entnommen aus „Der große Gesundheits-Konz" von Franz Konz, 2009:

Um mit Kopfsalat (Bild l.) Ihren Vitamin-C-Bedarf zu decken, müssen Sie täglich 769 Gramm essen.

Um mit Gänsefingerkraut (Bild r.) Ihren Vitamin-C-Bedarf zu decken, reichen 25 Gramm täglich.

Vitamin-C-Gehalte

Gemüse	Vitamin-C-Gehalt in mg/100 g	Wildkraut	Vit.-C-Gehalt in mg/100 g
Chicorée	10	Löwenzahn	ˉ13
Kopfsalat	13	Scharbockskraut	ˉ31
Mangold	39	Gartenmelde	ˉ57
Blumenkohl	73	Giersch	201
Grünkohl (roh)	105	Brennnessel	333
Brokkoli (roh)	114	Gänsefingerkraut	402

Wir brauchen mindestens 100 mg Vitamin C pro Tag. Wie viel Chicorée müssten Sie essen, um Ihren Tagesbedarf an Vitamin C mit ihm zu decken? Und wie viel Brennnesseln?

Vitamin-B1-Gehalte

Gemüse	Vitamin-B1-Gehalt in µg/100 g	Wildkraut	Vitamin-B1-Gehalt in µg/100g
Gurke	18	Löwenzahn	200
Chicorée	51	Bärlauch	400
Feldsalat	65	Bärenklau	700
Möhren	69	Weidenröschen	700
Brokkoli	95	Weißer Gänsefuß	900
Mangold	98	Franzosenkraut	1200
Grünkohl	100	Vogelmiere	1300
Blumenkohl	110	Gras	1400
Kartoffeln	110	Taubnessel	2000
Topinambur	200	Beinwell	2100
Knoblauch	200	Gänseblümchen	2400

Die deutsche Gesellschaft für Ernährung gibt den täglichen Bedarf an Vitamin B1 mit 1000 -1400 µg an. Mit ein paar Wildkräutern im Smoothie hat man den Bedarf locker gedeckt! Meinen Krankenpflegeschülern gebe ich als Eselsbrücke immer den Spruch mit, dass die B-Vitamine für den „**b**rain" sind. Wenn die Schüler ein paar mehr davon essen würden, könnten sie noch viel besser lernen.

Das waren die Tabellen für nur zwei Vitamine. Bei den anderen Vitaminen sieht es aber ähnlich aus. Die „Wilden" sind einfach besser!

Hatten Sie zufällig schon einmal Muskelkrämpfe durch Magnesium-Mangel nach dem Joggen? Und haben sich spontan nach einer Banane gesehnt? Die Sie aber gerade am Stausee oder im Wald nicht zur Hand hatten?

Dann können Sie spontan folgende Kräuter knabbern: Bärenklau, Bärlauch, Giersch, Malve, Melde, Sauerklee und Weidenröschen. Alle haben pro 100 g mehr als 60 mg Magnesium. Vergleicht man die Werte mit denen der Kulturgemüse, findet sich dort keins, das so viel hat.

Sogar Eiweiß haben die Wilden zu bieten. Viele Menschen decken ihren Eiweißbedarf mit dem Verzehr von Fleisch, Fisch, Eiern und Milchprodukten. Mir begegnen in den letzten Jahren immer mehr Veganer, die aus Umweltschutz-, Tierschutz- und/oder Gesundheitsgründen auf tierische Produkte verzichten möchten. Veganer nehmen ihr Eiweiß oft über Erbsen, Bohnen, Linsen oder Tofu aus Sojabohnen zu sich.

In der Wildnis findet man aber auch große Eiweißmengen. Zum Beispiel haben Bucheckern mit 23 % Eiweiß sogar mehr als Fleisch. Aber Vorsicht! Bevor Sie jetzt gleich ihren Zweitwohnsitz in den Wald verlegen, weil Sie denken, da wäre das Überleben nun mit Bucheckern gesichert, bedenken Sie Folgendes: Man darf nicht zu viele roh essen, da sie einige giftige Inhaltsstoffe enthalten. Erst nach längerer Lagerung oder Röstung in der Pfanne darf man sie in größerer Menge genießen. Das habe ich von den Eichhörnchen gelernt, die sie vergraben und dann erst im Frühjahr verspeisen. Normalerweise isst man sich an den Bucheckern nicht satt, da sie erst in mühevoller Handarbeit einzeln geschält werden müssen. Wenn sie allerdings kurz angeröstet werden, sind sie viel leichter zu schälen und eine Delikatesse, für die sich die Arbeit lohnt! Wenn Sie also in den Wald ziehen, nehmen Sie eine Pfanne mit …

„E"-Vitamine für den „brain" in der Vogelmiere (Bild l.)

Rotklee (Bild r.), die Vitamin-A-Bombe, hat zehnmal mehr als Kopfsalat!

Gundermann (Bild l.): schöne Heil- und Zauberpflanze

Aus der Sicht eines Karnickels, Paradies eben (Bild r.)

Falls Sie noch ein paar Bucheckern übrig gelassen haben, können Sie die im Frühling als Buchenkeimlinge genießen. Das sind dunkelgrüne Pflänzchen mit zwei glänzenden dicken Keimblättern: knackig, nussig, frisch, voller Mineralien, eine saftige Frühjahrskur!

Zurück zum Eiweiß: Brennnesseln, Malven und Giersch haben immerhin auch 6-7 %! Das hätten Sie nicht vermutet, oder? Ich lasse mir kaum eine Malve am Wegesrand entgehen! Natürlich auch, weil sie einfach lecker sind, die Blätter, die Blüten und die unreifen Samen und natürlich nur, wenn genug da sind.

Sie sehen schon, es ist nicht nur gesund, sondern auch noch abenteuerlich, sich von Wildgemüse zu ernähren. Viele unbekannte spannende Wildgeschmacks-Delikatessen warten darauf, von Ihnen entdeckt zu werden!

Eine alte Bauernregel besagt: „Wer täglich drei Blättchen Gundermann isst, wird nie mehr krank!" Damit könnten Sie ja schon mal anfangen.

Wildgemüse – die Öko-Verpflegung

Die Vogelmiere hat **keinen** „ökologischen Rucksack" wie der Treibhaussalat aus Holland.

Sie wissen nicht, was ein ökologischer Rucksack ist? Nein, nicht ein Rucksack aus Öko-Leder, welches mit Eichenrinde gegerbt wurde oder einer, der aus Bio-Baumwolle hergestellt wurde! Ich meine die Folgen, die durch Herstellung, Transport, Nutzung und Entsorgung eines Produktes entstehen. Diese Umweltbelastung bezeichnet man als ökologischen Rucksack eines Produktes, und der ist naturgemäß bei einem chinesischen Apfel in unserem Supermarkt viel höher als bei einem von nebenan, bei einem verarbeiteten Produkt viel höher als bei Rohware aus meinem Garten.

Der Treibhaussalat aus Holland zum Beispiel ist wie ein Flaschenkind in einer künstlichen Umgebung mit Nährstoffen vom Tropf in einer gespritzten Monokultur groß geworden, dann mit dem Lkw zu uns transportiert, gelagert (im Kühlhaus?) und in eine Plastikschale verpackt (die aus Erdöl gemacht wurde mit einem eigenen ökologischen Rucksack von Ölunfällen bis Abgasen).

Möchten Sie in einer Monokultur wie ein Flaschenkind mit künstlichen Nährstoffen groß werden? Lieblos, oder? Würden Sie unter solchen Umständen Ihr Bestes geben?

Auch die kleine Cocktailtomate aus Spanien, die gespritzt, künstlich gedüngt und maschinell geerntet wurde, hat Tage im dunklen Lkw gelegen.

Tomaten

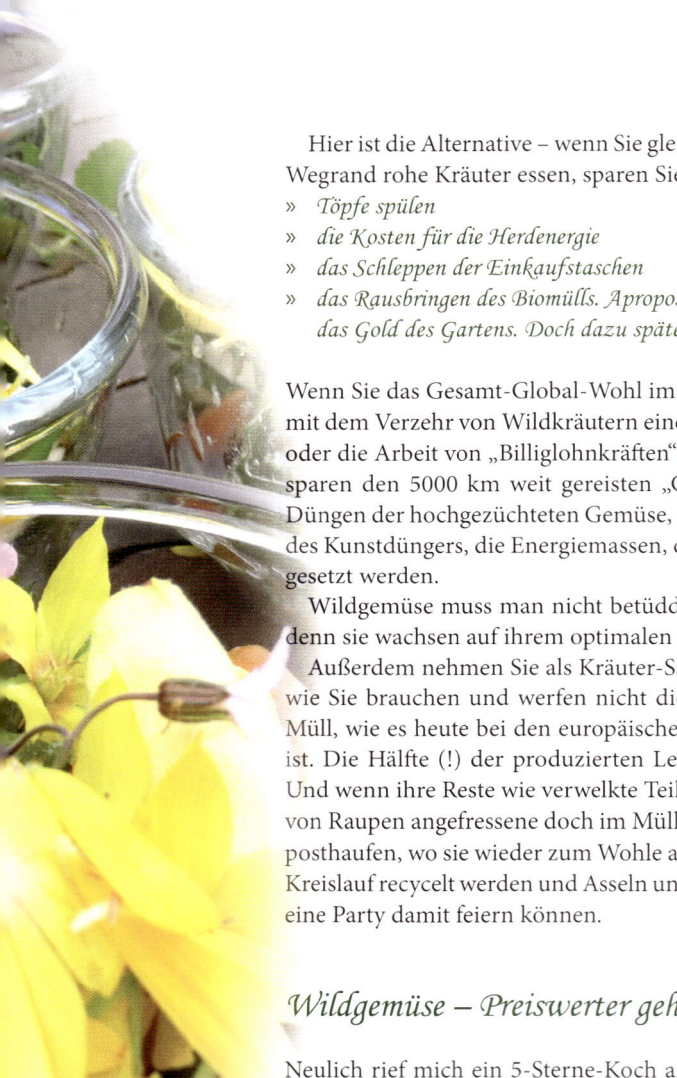

Hier ist die Alternative – wenn Sie gleich so völlig spontan am Wegrand rohe Kräuter essen, sparen Sie für sich persönlich:

» *Töpfe spülen*
» *die Kosten für die Herdenergie*
» *das Schleppen der Einkaufstaschen*
» *das Rausbringen des Biomülls. Apropos Biomüll: Kompost ist das Gold des Gartens. Doch dazu später …*

Wenn Sie das Gesamt-Global-Wohl im Blick haben, sparen Sie mit dem Verzehr von Wildkräutern einen Teil der Kinderarbeit oder die Arbeit von „Billiglohnkräften" in der Dritten Welt, sie sparen den 5000 km weit gereisten „Guano"-Vogelmist zum Düngen der hochgezüchteten Gemüse, sie sparen die Ölchemie des Kunstdüngers, die Energiemassen, die in Treibhäusern eingesetzt werden.

Wildgemüse muss man nicht betüddeln wie Treibhausware, denn sie wachsen auf ihrem optimalen Standort.

Außerdem nehmen Sie als Kräuter-Sammler nur so viel mit, wie Sie brauchen und werfen nicht die Hälfte davon auf den Müll, wie es heute bei den europäischen Lebensmitteln üblich ist. Die Hälfte (!) der produzierten Lebensmittel landet dort. Und wenn ihre Reste wie verwelkte Teile oder harte Stiele oder von Raupen angefressene doch im Müll landen, dann im Komposthaufen, wo sie wieder zum Wohle aller in den biologischen Kreislauf recycelt werden und Asseln und Springschwänze noch eine Party damit feiern können.

Wildgemüse – Preiswerter geht`s nicht

Neulich rief mich ein 5-Sterne-Koch an mit der Frage, ob ich ihn mit Wildkräutern beliefern könnte. Seine Anbieter wären teuer, hätten manchmal Lieferschwierigkeiten und das Zeug käme von weit her. Soso!

Würden Sie frische Wildkräuter per Versand bestellen? Wie konnte es so weit kommen? Früher, ja früher kannten die Menschen die wilden Kräuter. Es wären genug da gewesen für alle, auch in der Nähe. Heute kennen viele die Kräuter nicht, haben Angst, etwas Giftiges oder Verseuchtes zu sammeln und müssten

oft weit fahren oder laufen, um überhaupt eine wilde Stelle irgendwo in der Stadt zu finden.

In den Innenstädten kann man sich wahrlich nur beliefern lassen, oder? Wenn Sie weiter lesen, werden ich Ihnen später viele Alternativen zur innerstädtischen Einöden-Wüste anbieten.

Ich habe mir einmal einen Anbieter von frischen Wildkräutern angeschaut, den Klassiker unter den wenigen Anbietern, die „Essbare Landschaften GmbH“ aus Boltenhagen. Hier haben sich im Jahre 2000 ein Gärtner und ein Koch zusammengetan mit der Frage, was man denn in Norddeutschland so Wildes essen könnte. Sie waren die ersten Pioniere, die „Unkräuter“ sammelten und kultivierten! Damit haben sie sehr dazu beigetragen, die „Wilden“ gesellschaftsfähig zu machen und die Wildkräuterküche bis in die Spitzengastronomie zu transportieren. Vielen Dank einmal an die Vorreiter!

Dort gibt es eine wöchentlich aktualisierte, mehrere Seiten lange Bestellliste mit Vielem, was tagesaktuell gerade wild blüht und grünt.

Hier können Sie zum Beispiel frische Blüten kaufen: Für je 3,90 € bekommen Sie 30 frische Borretsch-Blüten oder 30 herrlich leckere, fruchtig-knackige Eisbegonien-Blüten oder zehn Ringelblumen-Blüten.

Oder Sie kaufen Wildkräuter für Salate wie z.B. 200 g Löwenzahn für 10,50 € oder 200 g Franzosenkraut für 7,50 €, die Mischung verschiedenster Wildkräuter als 200 g-Packung für 12,20 €, jeweils zuzüglich 12 € Versandkosten.

Bei Christina Schuster (www.wildkraeuter.de) sieht es ähnlich aus. 100 g frische Wildkräutersalatmischung, die aus ca. 40 verschiedenen Pflanzen bestehen, kosten 6 €. Diese würde der „Normal-Gärtner" fast komplett als „Unkraut" jäten und den (dankbaren) Kompostbewohnern zum Fraß vorwerfen. So ändern sich die Zeiten.

Preiswerter sind hier Gourmetgemüse wie Brennnessel: Davon bekommen Sie ein Kilo schon für 15 €. Oder aus meinem Garten gratis.

Danke an all die Anbieter, die damit den Restaurants und Stadtbewohnern solche Geschmäcker ermöglichen. Ich finde es

Kräutersalat mit Vergissmeinnicht-Blüten

Die Stängel der Huflattichblüten sind der beste Spargelersatz

toll, dass die Wildkräuter den Weg in die Gourmet-Küche und in die 5-Sterne-Restaurants gefunden haben! Durch die Wildkräuter-Päpste wie Guido Fleischhauer und viele neue Wildpflanzen-Kochbücher sind Köche wie Garten-Liebhaber auf ganz neue Ideen gekommen.

Ich habe mir ausgerechnet, dass ich zum Beispiel in einer Juniwoche 2013 mit all meinen selbst gesammelten oder im eigenen Garten oder auf dem Balkon geernteten und verspeisten Wildkräutern mehr als 200 € gespart habe, weil ich NICHT dort bestellen musste. Rechnen Sie das mal hoch. Selbstgärtnern lohnt unbedingt!

Und so ein Gourmetgemüse wie zum Beispiel Huflattichblüten-Stängel als Spargelersatz kann Ihnen wirklich kein Restaurant bieten!

Wildgemüse – Wertschätzung!

Durch die neue Popularität bekommen die Wildkräuter endlich den Stellenwert zurück, den sie verdient haben: als Bienenweide, als Bodenverbesserer, als Schutz für den Boden und seine Lebewesen, als Blütenschönheiten, als Gottesgeschenk für Asseln, Schmetterlinge, Schnecken, Vögel, Schwebfliegen, Hummeln und uns.

Durch die Nutzung verbreiten wir das „alte Wissen" wieder in der Welt.

Wenn ich Lust habe, neue Menschen kennen zu lernen, esse ich betont auffällig an einem frequentierten Radweg (Sie wissen, welchen ich im Ruhrgebiet meine) Wildkräuter. Spätestens nach ein paar Minuten fragt jemand: „Was essen Sie denn da? Ist das nicht giftig!?" Ein netter Mensch, der mich vor dem Tode retten will. So sind wir eben im Ruhrgebiet! Und schon sind wir mitten im Gespräch.

Die Wertschätzung kann man auch schon mit viel Spaß im Kindergarten schaffen: Wer in die Brennnesseln gefallen ist, lernt sehr schnell die lindernden Wegerichblätter schätzen, Gänseblümchen-Blüten schmecken nicht nur den Puppen, Springkrautnüsse springen nicht nur lustig, sondern sind essbar und Kapuzinerkresse-Blüten schaffen ganz neue Geschmackserlebnisse.

Probieren Sie doch mal die kleinen Blättchen vom Kletten-Labkraut

So wird schon bei den Kleinen eine Wertschätzung und Faszination für diese vielfältige Welt geschaffen und dann mit nach Hause transportiert, wo die Oma noch ein Lied davon singen kann, wie es früher war. Und die Mama manchmal erst davon überzeugt werden muss, dass das Kraut ungiftig ist.

Durch die Wildernte nehmen wir einen Teil unserer Eigenverantwortung für unsere Ernährung zu uns zurück, die wir zum großen Teil an die Supermarktketten abgegeben haben.

Als besonderes Glücksgeschenk betrachte ich all das essbare Grünzeug aus meinem eigenen Garten. Es verbindet mich seelisch und emotional mit der Natur und der Heimaterde, die ich so liebe. Ich esse die Pflanzen mit einem ganz anderen Bewusstsein als das Gemüse aus dem Supermarkt und mit einem inneren Dankeschön.

Ich möchte noch eine Schilderung meiner Tante Henny Kloss anfügen, die aus Düsseldorf stammt und ihre Kindheit in den 1930er Jahren bei ihrer Oma auf einem Bauernhof in Wetter verbrachte: „Meine Düsseldorfer Oma kannte auch Löwenzahnsalat, Sauerampfer-Suppe und falsche Kapern (eingelegte Knospen von Sumpfdotterblumen). Aber soweit ich mich erinnere, konnte sie damit meine Eltern nicht begeistern. Auch dass Gänseblümchen und Kapuzinerkresse essbar sind, weiß ich noch von ihr, aber ich würde nie auf die Idee kommen sie zu probieren, allein schon wegen der Blattläuse.

Dagegen hat meine Oma zusammen mit mir im Krieg jede Menge Walderd-

Leckere Erdbeeren!

Saft aus gequetschten Wegerichblättern, das sicherste Mittel gegen juckende Insektenstiche

beeren, Himbeeren, Brombeeren und Heidelbeeren gesucht. Ich wüsste heute noch die besten Stellen. Auch Haselnüsse und Bucheckern haben wir gesammelt. Die Bucheckern wurden auf der Ofenplatte geröstet, dann geschält – eine herrliche Beschäftigung an den langen Abenden, während wir auf den Bombenalarm warteten. Und auf B`s Pferdekoppel hat meine Oma Wiesenchampignons gesammelt, was einen ziemlichen Ärger gab, weil mein Opa und der Nachbar B. damals erbittert um ein Stückchen Land prozessiert haben. Das alles gehört zu meiner wundervollen Kindheit."

Wie kriegen Sie Ihre Lieben an die Kräuter?

Vielleicht funktioniert es so:

Machen Sie doch einmal ein kleines Geschmacksranking für Ihre Gartenparty.

Richten Sie auf Tellern je eine Sorte frisch gepflückter Wildkräuter an und versehen Sie sie mit Nummern. Am einfachsten nimmt man Pappteller und beschriftet sie. Dann dürfen Ihre

Riech-Quiz

Gäste jedes Kraut einzeln probieren und nach einer Liste bewerten. Für Anfänger kann man den Pflanzennamen dazu schreiben, für Gartenexperten die Kräuter einmal raten lassen.

Zunächst darf der Geschmack bewertet werden, z.B. so: bitter, herb, süß, nussig, sauer, eklig, köstlich, wie Chips, wie Knoblauch, wonach?

Auch das „Tastempfinden" auf der Zunge darf beschrieben werden: hart, weich, zäh, gummiartig, haarig, rau, saftig, zart, sanft …

Und last not least wie bei DSDS die Gesamtwertung: Von 1-5: „5" heißt „Gourmetkraut, … möchte nie mehr was anders essen!" „1" heißt: „Ach nee, willst du noch? Hab ich nur dir zu Liebe probiert …"

Kann da jemand „Nein" sagen?

Pflanze	Geschmack	Tastempfinden	1	2	3	4	5

Bei meinen Partys biete ich zum Beispiel folgende Kräuter auf Tellern an: Löwenzahn, Wegerich, Schafgarbe, Knoblauchsrauke, Gänseblümchen, Klee, Kapuzinerkresse, Gundermann, Minze, Ehrenpreisarten, Vogelmiere und ähnliche (Sternmiere, Hornkräuter), Labkräuter, Rainkohl, Gänsedistel.

Wenn man dann hinterher eine Auswertung macht, gibt es meist ein klares Geschmacksranking! Es gibt EIN Gourmetkraut in dieser Reihe, welches alles aussticht. Und eins, von dem die meisten sagen „eher wie eingeschlafene Füße". Viel Spaß beim Kosten!

Mit Leckereien
kriegt man jeden:
Holunderlimo

Kleiner Tipp für Youngsters: Wenn Sie das mit Ihren Kindern machen, darf die Wertung für super-gut (5 Punkte) auch heißen „Gefällt mir", mit einem aufgerichteten Daumen daneben …

Rote Lichtnelke – honigsüße Blüten

Sie können auch ein Riechquiz machen, z.B. mit allseits bekannten „Gerüchen" aus Salbei-, Minze-, Thymian-, Bärlauch-, Rosenblüten-, Liebstöckel-, Waldmeister- oder Melissenblättern oder – wie bei mir hier – auch mit Unbekannteren wie Steinklee (Cumarinduft!), Zitronenpelargonie, Cola-Pelargonie, Rosen-pelargonie, Wermut, Beifuß, Rainfarn …

Am einfachsten gewinnt man die Skeptiker mit süßen Blüten. Probieren Sie doch einmal die ausgezupften rosa Blütchen der „roten Lichtnelke". Dann weiß jeder, wo der Honig herkommt.

Praxistipps für Anfänger

Wo könnte man sammeln?

» *Auf Wiesen*
» *An Wegesrändern*
» *An Flüssen, an Bachrändern*
» *Im eigenen Stück Wildgarten*
» *Im Wald, am Waldrand …*

Bitte sammeln Sie so, dass niemand sieht, dass Sie dort gesammelt haben. Nicht, weil es ein Geheimwissen oder verboten wäre, sondern, weil die Natur geschont werden soll.

Wo sollte man nicht sammeln?

» *Nicht in Naturschutzgebieten. Auch wenn gerade dort die Kräutervielfalt oft betörend ist*
» *An Bahngleisen. Round-up und Imprägnierungsmittel von Bahnschwellen möchte niemand freiwillig mitessen*
» *An stark befahrenen Straßen*
» *Auf der Hundeklo-Wiese*
» *Auf mit Gülle frisch „gedüngten" Wiesen*

Übrigens finde ich nicht, dass Gülle nach „guter Landluft" riecht. Für mich ist es eher ein Zeichen, dass diese „Landluft" von irgendwelchen armen Tieren produziert wird, die vielleicht niemals das Sonnenlicht gesehen haben.

» *Wir sollen Kräuter nicht dort sammeln, „wo Flächen intensiv landwirtschaftlich genutzt werden". Dies ist ein Zitat aus Ursel Bührings Heilkräuterbuch „Praxis-Lehrbuch der modernen Heilpflanzenkunde". Als ich diesen Satz das erste Mal las, musste ich fast weinen. „Intensiv landwirtschaftlich genutzt": Das essen wir!*

Was sollte man nicht sammeln?

» *Pflanzen mit Schimmel, Pilzen, Fäulnis oder braunen Flecken*
» *Kräuter mit Läusen oder anderen Insekten. Es sei denn, Sie gehören zu denen, die Outdoor-Überlebenstraining machen, Insektenmahlzeiten cool finden und/oder das als willkommene Eiweißquelle betrachten.*
» *Geschützte Pflanzen*

Hindernisse

Das Märchen vom Fuchsbandwurm

„Den Löwenzahn soll ich essen? Aber da gibt es doch den Fuchsbandwurm!"

Hierzu gibt es viele Warnungen, die sich fast wie ein Märchen anhören: Immer wenn Menschen in ihrer natürlichen Unschuld glaubten, sie könnten einfach selbständig in die Natur gehen und sich dort ihre Nahrung suchten, erwartete sie dort großes Unheil: Gefährlichste Parasiten drohten, die Menschen auszurotten … und besonders die Kinder: „Hände weg von den Beeren, alles giftig und verseucht!" Dieses Märchen hat sich bis heute überall herum gesprochen. Ich höre es bei meinen Führungen immer wieder.

Ich weiß nicht, wer es erfunden hat. Vielleicht die großen Discounter? Oder ein Gemüsebauer, der uns von der Selbstversorgung befreien wollte? Eine große sensationslüsterne Tageszeitung? Oder mein alter Parasitenprofessor an der Uni? Der hatte eine Fotogalerie mit berühmten Häuptern von Zecken, Bandwürmern, Leberegeln und Schaben. Von denen war er einfach fasziniert! Ich nenne seinen Namen nicht, aber wenn es Sie interessiert, werden Sie seine Bücher mit dem erstaunlichen Fotoporträt eines Rinderbandwurmes auf der Titelseite finden.

Der Fuchsbandwurm? Eines der wenigen Tiere, auf die ich in meiner Biologenkarriere vielleicht hätte verzichten können. Aber er ist sowieso ein rares Persönchen: In ganz Europa gab es zwischen 1982 und 2000 ganze 559 gemeldete Krankheitsfälle beim Menschen, zwischen 2003 und 2005 sogar nur 119 Fälle. Das bedeutet, dass es in Europa mit 700 Mio. Einwohnern nur 28 Menschen pro Jahr betrifft. Zum Vergleich: Verkehrstote gibt es in Deutschland ca. 3600 pro Jahr.

Die infizierten Menschen hatten alle Umgang mit Hunden oder Katzen oder waren Landwirte. Um sich zu infizieren, muss man immer wieder Kontakt mit dem Kot infizierter Tiere haben, z.B. indem man die nicht entwurmte Katze oder den Hund am Po streichelt oder sie in sein Bett holt. Da Sie das ja nie tun würden, brauchen Sie sich vor dem Bandwurm auch nicht zu fürchten.

Ich glaube außerdem, dass der Fuchs nicht unterscheidet, ob er eine wilde Walderdbeere oder einen Acker-Salat als Grundlage für seine Hinterlassenschaften benutzt. Für ihn ist nur wichtig, ob er das Rebhuhn oder den Fasan erwischt, egal wo er gerade ist. Und das kann durchaus auch auf einem Salatfeld sein.

Dann müssten Sie beim Supermarktgemüse genauso Angst vor dem Wurm haben. Es sei denn, Sie kaufen nur Treibhausgemüse.

Es gab also bei der Ursachenforschung keinen nachweisbaren Zusammenhang zwischen einer Infektion durch den Fuchsbandwurm und dem Verzehr von Pilzen oder Beeren. Zudem kotet der Fuchs bevorzugt auf einem etwas erhöhten Platz, damit er beim Verrichten seines Geschäftes nicht den Überblick verliert. Er könnte ja irgendwo eine fette Mahlzeit verpassen, die da gerade noch rumläuft. Außerdem muss er damit sein Revier markieren. Meistens sind seine Hinterlassenschaften daher auf Steinen oder Baumstümpfen zu finden, die wir ja nicht essen würden!

In Deutschland ist der Hauptüberträger der Hund (der nicht entwurmte) oder die Landwirtschaft. Nachlesen können Sie dies

Walderdbeeren kann man bedenkenlos essen

bei unseren obersten Hygienechefs, den Hygienikern des Robert Koch Institutes 2006, den Verbraucherzentralen und dem Bundesinstitut für Risikobewertung. Dr. Klaus Brehm von der Uni Würzburg sagt: „Dass man sich von Beeren den Fuchsbandwurm holen kann, gehört ins Reich der Legenden." Es sei für keinen einzigen Patienten erwiesen, dass er sich so angesteckt habe!

Das städtische Hundeklo

Bevor Sie nun einfach alles vom Wegesrand essen, müssen wir erst noch über das städtische Hundeklo diskutieren, denn als Hundebesitzer wissen Sie, wie oft und wo überall sich Ihr Hund erleichtert. Und das verdirbt Ihnen erst einmal den Appetit.

Dog poop-Sammelstel e, Dover

Ich fände es sehr unappetitlich, wenn mein Hund meine Salat- und Gemüsebeete markieren würde. Genau das tut er aber. Für mich ist die Wildnis und jeder Straßenrand, wo ein saftiges Kraut steht, meine Gemüsetheke. Ich komme also nun zur friedlichen Konfliktbereinigung:

In Dover, England, sah ich an einem beliebten Spazierweg am Samphire Hoe ein sehr originelles Hundeklo.

Der „dogpoop" kommt in diese elegante, selbst gebaute Kiste. Die Socke enthält die Plastiktüten, in denen man die Hinterlassenschaften aufsammeln kann. Die Engländer haben einfach Stil!

Ich schlage vor, dass es in den Städten große Flächen nur für Hunde gibt, die Mensch und Hund zum Austoben einladen und der Rest der Grünflächen und Baumscheiben mit kleinen Holzzäunchen eingefriedet werden. Das macht den Hunden gewaltlos klar, dass Sie dort nicht hindürfen.

Dann könnte man innerhalb der Zäunchen bedenkenlos die Kräuter ernten oder auch Gemüse oder Blumen anbauen.

Solange diese Vorstellung noch eine Vision und keine Realität ist, dürfen wir halt unsere Kräuter erst ab einer gewissen Höhe ernten oder wir müssen sie besonders gut waschen!

Jetzt können Sie meine Begeisterung für das Gemüse am Wegesrand teilen, oder? Falls Sie noch nicht ganz überzeugt sind, lesen Sie unbedingt das folgende Kapitel! Und dann? Fangen Sie einfach an.

Wildkräuter essen – so geht`s

Ein Kraut für Anfänger – das Eierblümel

So hieß der Löwenzahn früher. Er ist der Bio-Salat für Einsteiger. Jeder kennt ihn und er wächst überall. Er kostet nichts. Und ist so frisch wie ein Salat nur sein kann. In ihm steckt solche Lebenskraft, dass der Begründer der Makrobiotik, Georg Oshawa, sogar schreibt: „Wo diese herrliche Pflanze wächst, braucht man keinen Ginseng einführen!" Apropos: Ginseng ist ziemlich teuer. Und außerdem, der ökologische Rucksack.

In Asien gilt der Löwenzahn seither als eins der gesündesten Nahrungsmittel der westlichen Welt. Und bei uns?

Warum hat uns das keiner vorher gesagt? Es gab durchaus schon einige Leute, die das wussten: Schamanen, Kräuterheiler, Herr Kneipp. Aber die Mehrheit von uns fand es eben meist bes-

Reines Gold:
Löwenzahnblüten

ser und bequemer, in den Supermarkt zu gehen. Das sollen wir ja auch weiterhin tun, aber eine „Mischkultur" in der Küche wäre doch ideal: Wenn zufällig mal alle Läden geschlossen haben, müssen Sie nicht spontan verhungern.

Irgendwie wurde uns auch der „Wild-Geschmack" abgewöhnt. Die Wild-Kräuter schmecken eben würzig. Im Supermarkt schmecken die meisten Salate nach nichts. Dafür sehen sie wirklich schön aus. Der Ruccola ist vielen Menschen schon zu scharf, der Chicorée und Radicchio zu bitter. Die Salatgurken aus dem Garten meiner Oma vor 45 Jahren schmeckten bitter! Und heute? Nur nach Wasser. Die Geschmäcker der Wildkräuter sind dagegen vielfältig. Probieren Sie doch einmal scharfe Brunnenkresse, den Champignon-Geschmack des Wegerich (die braunen Blütenstände), die säuerlichen Blätter des Sauerampfers oder den ganz eigenen Geschmack von Giersch, der leicht an seinen großen Verwandten Sellerie erinnert, oder die frisch-saftige Vogelmiere.

Der Löwenzahn schmeckt leicht bitter. Ich liebe allerlei bittere Kräuter, aber der Löwenzahn ist mein ganz besonderer Freund.

Es sind gerade diese Bitterstoffe und Aromen, die ein wahrer Segen für die Verdauungsorgane sind, den Speichelfluss anregen, die Bauchspeicheldrüse und den Magen erfreuen und für eine geschmeidige Verdauung sorgen. Sobald Sie den bitteren Geschmack im Mund bemerken, sagen Ihre Geschmacksnerven über die Umwege des Gehirns und spezieller Hormone zum Magen: Bereite dich mal vor, gleich kommt was Tolles! Zur Galle, zur Bauchspeicheldrüse und zum Darm sagen sie: Mach mal mehr Saft. Nahrung kommt!

So können Sie mit dem herben Charme der Bitterstoffe den Gallefluss fördern, den so verbreiteten Gallensteinen vorbeugen und absolut cholesterinfrei genießen.

Mein Chefkarnickel denkt übrigens genauso, eine wunderbare Kreatur, die – was gesunde Lebensweise betrifft – noch ganz und gar von Instinkten gesteuert ist. Neulich habe ich mit ihm einen Test gemacht: Ich habe mich ihm unauffällig genähert, in der einen Hand Löwenzahnblätter, in der anderen Treibhaussalat. Was meinen Sie, welchen er bevorzugt hat? Natürlich den Bitterling!

Genau wegen dieses Versuches muss ich Sie nun warnen. Wenn Sie nämlich einmal mit Löwenzahn anfangen, kann es sein, dass Sie von dem Geschmack der Wildkräuter nicht mehr loskommen, dass Sie nicht mehr in der Lage sind, Treibhausgemüse lecker zu finden.

Da Löwenzahn unter anderem wie Ginseng wirkt, hilft er mir und Ihnen übrigens auch als Gehirndünger. Wenn ich gerade Bücher schreiben oder Vorträge halten muss, esse ich immer noch ein paar Blättchen extra, für die Konzentration.

Die Natur hat es so eingerichtet, dass er einfach überall wächst, so als wollte er uns daran erinnern, dass wir theoretisch überall eine Gratis-Hausapotheke haben und auch noch das frischeste Gemüse der Welt! Als ich in Kroatien war, habe ich ihn vermisst und musste richtig nach ein paar Blättchen für meinen Salat suchen. Da habe ich ihn erst richtig schätzen gelernt. Welchen Reichtum haben wir hier mit dieser Pflanze!

Er wächst in meinem Garten an einigen Stellen, wo ich immer ein paar

Büschel für die Kaninchen abzupfe und einige auch selbst verspeise. Da er zu den ausdauernden Pflanzen gehört, muss ich mich noch nicht einmal um eine Neuaussaat kümmern, sondern kann wie beim Pflücksalat immer und immer ernten: ein wartungsfreies immer wieder kehrendes Dauergemüse.

Ich mache Salat aus dem Löwenzahn, gemischt mit allerlei anderen essbaren Pflanzen aus meinem Rasen, z.B. Vogelmiere, Nelkenwurz (nur ganz junge Blättchen!), einem Blättchen Gundermann zum Würzen (die Soldatenpetersilie), Kohl-Gänsedistel, Melde, Ampfer, Knoblauchsrauke, Brennnesseln usw. oder mische sie einfach in meinen Kartoffelsalat.

Mein Freund Rolf ist noch extremer: Er isst den Löwenzahn hauptsächlich an Ort und Stelle, da er meint, auf dem Weg bis in die Küche hätten die Blätter schon Vitamine eingebüßt.

Rolf ist wohl auch der einzige, der Löwenzahn direkt in seinem Garten angebaut hat und sich tierisch darüber freuen kann, dass die Blätter, die auf seinem Komposthaufen gedeihen, bis zu 50 cm lang sind. Ich kann aus eigener Erfahrung sagen: Diese „Saft-Exemplare" schmecken besonders gut.

Der Löwenzahn ist auch der besondere Freund aller anderen Gewächse in meinem Garten. Bei meinen botanischen Wanderungen frage ich immer „Warum ist der Löwenzahn der beste Freund des Gärtners?" „Wie bitte? Haben Sie sich versprochen?" „Nein! Bitte nennen Sie mindestens vier Gründe!" Und die hab ich bei Wolf Dieter Storl gelesen, der so wunderbar über den Löwenzahn schreibt (Heilkräuter und Zauberpflanzen, München 2007):

» *Da er ein Tiefwurzler ist, kann er aus bis zu sechs Meter Tiefe die besten und wertvollsten Mineralien aus dem Urgestein holen, die die anderen Pflanzen dann auch nutzen können, wenn mal eines seiner Blätter oberirdisch verrottet oder wenn er großzügig seine Samen oder seinen Pollen verteilt. So bildet er den Kompost für die Flachwurzler daneben, die so auch an die Geschenke aus der Tiefe kommen. Deshalb lieben ihn auch die Gänseblümchen und das Gras mit seinen flachen Wurzeln, die danebenstehenden Blumen und die Wildkarnickel, die in meinen Garten kommen, um meinem Chefhasen Flocke einen Besuch abzustatten.*

» *Der beste Freund des Gärtners hat auch für die Bienen herrlichen Pollen. Bedenken Sie, wofür Sie die Bienen im Garten brauchen: für die Bestäubung Ihrer Obstbäume oder Beerensträucher oder für die Honigherstellung beim benachbarten Imker.*

» Ein weiteres Geschenk hat er für die Regenwürmer: In der Nähe der Löwenzahnwurzel halten sich immer besonders viele jugendliche Würmchen auf. Das heißt auch: Dort gibt es in Zukunft super gute Gartenerde.

» Noch ein Freundschaftsdienst: Löwenzahn neben Ihren Erdbeerpflanzen lässt die Beeren schneller reifen, da er ein Reifungsgas (Ethylen) abgibt.

Ich könnte noch eine Story schreiben, warum er auch der Freund der Kinder ist, aber daran erinnern sie sich sicher selbst noch: An die kleinen Schirmchen im Wind, die so weit fliegen.

Zu meinen Lieblingsmärchen gehört das über den Löwenzahn von Folke Tegethoff. „Als der Alraun aus den Tiefen der Erde auftauchte." Er starrte den Löwenzahn an „und in diesem kurzen Moment des Alles-herum-Schweigens wusste er, dass er dieses Wesen liebte".

Ich zeige Ihnen, was der Alraun in diesem Märchen nicht sah: Wenn man die Laternenblume von ihren kleinen Schirmchen befreit, bleibt eine „Sauschnauze" oder eine „Pfaffenplatte" übrig. Schauen Sie beim nächsten Mal genau hin, die Ähnlichkeit

Als der Alraun den **Löwenzahn** liebte – ich würde es an seiner Stelle wohl auch tun ...

ist verblüffend, und Sie werden beim Anblick sicherlich auch schmunzeln müssen – das setzt mal wieder Serotonin frei –, und schon haben Sie wieder etwas für Ihr Immunsystem getan!

Denken Sie beim Löwenzahn auch an die Blütenkränze der Mädels, an den hübschen Anblick der kleinen Sonnen auf den Kuhwiesen oder die gelbe Nase, die man bekommt, wenn man daran riecht?

Wenn ich noch mehr Löwenzahn esse, bekomme ich vielleicht auch so ein wunderbar dichtes und glänzendes Fell wie mein Chefhase. Außerdem brauche ich dann kein Himalaya-Salz mehr, denn Silicium, Mangan, Kalium, Phosphor, Eisen, Kupfer, Molybdän und Cobalt liefert er auch.

Es gibt in gängigen Kräuterbüchern so viele interessante Rezepte mit Löwenzahn, dass man sicher ein ganzes Buch damit füllen könnte. Wenn ich Sie neugierig gemacht habe, probieren Sie doch mal Löwenzahnbowle, Sirup, Tee oder Wein aus den Blüten, Salat aus den Blättern, frisch geschnittenen Wurzeln und gedünsteten halbierten Stängeln oder Kaffeeersatz aus den gerösteten Wurzeln.

Hier kommt auf die Schnelle schon mal ein Löwenzahnsmoothie:

Zur Hälfte Pfaffenplatte, zur Hälfte Elfenlampe

Sonnenwirbel

Löwenzahnsmoothie

Alle Zutaten sehr klein schneiden und mit dem Pürierstab oder der Küchenmaschine oder Smoothie-Maschine sehr fein pürieren:
1 rote und 1 gelbe Paprikaschote, 15 oder mehr Blätter Löwenzahn, ¼ Gemüsezwiebel oder eine Lauchzwiebel, 1 Naturjoghurt, Salz, Pfeffer und etwas Zucker oder Honig, dazu – je nach gewünschter Konsistenz 200-500 ml Wasser.
Die Krönung ist, wenn Sie dies in Weingläsern servieren und eine Löwenzahnblume mitten hineinstellen, aber auch ohne diese werden Sie von der Gemäldewirkung dieser Farbkreation begeistert sein! Dann sofort servieren, sonst drohen Vitaminverluste.

Ich denke, dass Sie vom Löwenzahn in Zukunft noch einiges hören werden, denn Wissenschaftler entdecken ihn gerade als Rohstoffquelle ganz anderer Art: Aus der weißen Milch kann man nämlich eine dem Kautschuk ähnliche Substanz herstellen. Wir hätten dann demnächst Handschuhe, Kondome und Kinderspielzeug aus Löwenzahn – made in Germany. Goodbye Kautschuk-Importe aus Südamerika! Allerdings bedarf es dazu noch leichter Neuzüchtungen in der Hinsicht, dass der weiße Milchsaft nicht mehr gerinnt, und das kann angeblich noch Jahre Forschungszeit in Anspruch nehmen. Die Latex-Allergiker müssen sich doch noch etwas gedulden.

Vorerst können Sie ja die Löwenzahnblütenstängel mit dem Milchsaft einfach kauen. Zehn Stängel pro Tag helfen laut Maria Treben gegen Diabetes und gegen schlecht heilende Wunden. Ich finde übrigens, dass sie gar nicht schlecht schmecken.

Oder essen Sie doch einfach das Löwenzahnbrot eines Dortmunder Bäckers.

Bäckerwerbung für Löwenzahnbrot

Wie ich einst den Löwenzahn vermisste

Vor zwei Jahren war ich im Frühjahr mit einer Freundin in Mallorcas Bergwelt wandern. In der Nähe des kleinen Städtchens Orient hatten wir uns hoffnungslos im Wald verlaufen. Stunden vergingen auf der Suche nach einem Haus, einer Straße, einem Menschen. Meine Freundin sagte dann zu mir: „Wenn wir nun hier übernachten müssen (warm genug war es, Höhlen gab es auch) dann müssen wir ja nicht hungern. Du kennst dich ja aus." Nun gut, schon möglich, aber: Es gab dort nichts. Nichts Essbares! Die Pflanzen der Macchie und der Wälder machen das ja extra: Sonst würde ja jeder (Hase, Mensch, Vogel) daher kommen und das (wenige) saftige Zeug direkt wegfressen! Außerdem muss man sich (mit Wachs) vor Verdunstung schützen und hat damit (im Sinne der Pflanzen) auch noch einen optimalen Schutz vor Fressfeinden (das sind wir …).

Das einzige, was krautig aussah, war superbitter (Verwandte der Gänsedistel) oder supergiftig (Aronstab, Herbstzeitlose) oder supersauer (Sauerklee, die mallorquinische Variante ist extra-supersauer, zwar lecker, aber in Mengen nix für die Niere wegen Oxalsäure).

Zum guten Schluss sind wir doch nicht verhungert, sondern an einer Straße gelandet, wo uns ein freundlicher Autofahrer das Leben gerettet hat.

Was ich damit sagen wollte: Kein Löwenzahn weit und breit! An einigen mallorquinischen Ecken gibt es keine Möglichkeit, von Wildkräutern zu überleben.

Ich bin zu Hause erst einmal über meinen Rasen hergefallen.

Löwenzahn-Quiz

1. Löwenzahn ist doch eine wunderbare Erfindung! Warum ist er der beste Freund im Garten?

a) Seine Wurzeln reichen 1-2 m tief, manchmal sogar ___ m tief. Damit holt er aus dem Untergrundgestein Mi_____ in seine _____.

b) Er enthält pro 100 g Pflanze 2 g Mi_____

c) Folgende Mi_____ enthält er: N_____, K_____ (440 mg/100 g), ein wenig C_____ und Mag_____, Ph_____ und die Spurenelemente Si_____, Man_____, Ei_____, Cu_____, Mol_____, Co_____.

d) Diese Mineralien kommen nun dem Garten zugute: Wie denn?

1: indem der Gärtner sie selbst v_____.

2: indem die Bi_____ sie in ihren H_____ geben

3: das Kar_____ bekommt ein glänzendes F_____ davon

4. die Wiese/der Garten bekommt sie über die abgestorbenen B_____, B_____, Po_____ wie Düng_____ aus der Tiefe.

e) Weiterer Vorteil des Löwenzahns: Er bricht durch seine Pfahlwurzeln die Erde so tief auf, dass nun auch a_____ Pflanzen gut ihre W_____ hinein geben können und dass W_____ besser eindringen kann.

f) Der Löwenzahn ist die Milchstube für junge Re_____. Und wo besonders viele davon sind, ist_____

g) Erdbeeren neben Löwenzahn reifen schneller, da er ein _____ abgibt.

2. Für 1 kg Honig müssen Bienen (wie viele?)_____ Löwenzahnköpfchen anfliegen. Da der Löwenzahn-Blütenstand ein ganzes Körbchen voller Blüten ist, entspricht das_____ Einzelblüten.

3. Georg Oshawa, der Begründer der Makrobiotik hat einmal gesagt: „Wo diese herrliche Pflanze wächst, braucht man keinen G_____ mehr einführen." Seitdem gilt für die Japaner der Löwenzahn als eine der positivsten Pflanzen der westlichen Welt

4. Heilwirkung:
a) Diur_____, d.h. Har_____ treibend (durch K_____)
b) Bitterstoffe fördern A_____ und V_____.
c) Schwemmt Harns_____ aus. Hilft daher gegen G_____ und Nie_____.
d) Verbessert die Beschwerden bei Rh_____
e) Entgiftet das Bl_____, fördert Ga_____fluss
f) Die Wurzeln sollen gegen K_____ helfen

5. Er gehört zur Familie der Kör_____, der sog. Asteraceae. Sein Blütenköpfchen ist ein ganzer Korb voller Einzelblüten, pro Köpfchen ca. 200 Blüten.

6. Fallen Ihnen noch weitere Asteraceae ein?
Zum Beispiel aus ihrem Garten?
_____

Oder von der Wiese (in der Mitte gelbe Röhrenblüten, außen weiße Zungenblüten)? Das Kleine im Rasen ist das _____
_____ und die Große von der Wiese?
_____

Oder in orange (alte Heilpflanze, für Cremes)?
_____

7. Ist der Löwenzahn-Milchsaft giftig? (Bitte ankreuzen)
O ja O nein O vielleicht
O meine Oma hat immer gesagt ...

Spr ngkraut
an der R_Jhr

Kulinarischer Spaziergang an der Ruhr

Im Herbst machten Rolf und ich einen Spaziergang in Hattingen an der Ruhr. Die Ruhr ist dort so stadtnah, dass man zu Fuß aus der City hingehen und sich noch den Nachmittagssalat holen könnte. Das gleiche könnte man in Herdecke tun: Erst die Rohgemüse einsammeln, dann im City-Center den Rest fürs Mittagessen dazu kaufen.

Ich will Rolf kurz vorstellen: Er ist einer von denen, die einfach alles sofort und roh verspeisen. Vielleicht kommt Ihnen das noch komisch vor, aber nach zahlreichen botanischen Führungen muss ich nun sagen, dass es von der „Sofort-und-roh-Sorte" immer mehr gibt. Schauen Sie mal im Internet unter Rohkost-Veganer. Da gibt es Rezepte ohne Ende. Diese Ernährungsweise ist der neueste Trend.

Wir waren leicht hungrig und stärkten uns erst einmal mit Händen voll Springkrautnüssen, die dort in großer Fülle direkt zum Abernten stehen und an diesem manchmal überschwemmten Ruhrufer derart prachtvolle dicke Samen bilden, dass sich die Ernte richtig lohnte. Es gab also händeweise nussigen Geschmack mit Blick auf Kormorane.

Springkraut-
Sam en-Ernte

Champignon-Ge-
schmack! (Bild l.)

Junge Beinwell-
Blätter gehören zu
meinen Lieblings-
knabbereien
(Bild r.)

Vom rosa Springkraut, das mittlerweile Gewässer und Spa-
zierwege flächendeckend säumt, sind die Nüsse im Herbst in jeder Form essbar: Ob noch unreif weiß, halbreif braun oder reif
in schwarz: Genießen Sie einmal den knackigen Geschmack
nach frischen Haselnüssen! Auch in der Pfanne kurz angeröstet
schmecken sie gut, aber Vorsicht: Sie springen! Und verlieren
auch noch an Volumen. Aber der Geschmack belohnt dann mit
dem Aroma von gerösteten Pinienkernen.

Auf dem weiteren Weg findet man dann so allerlei verschiedene Geschmäcker: Zum Beispiel das Gemüsefeld des herrlichen Spitzwegerich, dessen braune Blütenköpfe roh (oder auch
in der Pfanne) wie Champignons schmecken und vom Kauge-
fühl her etwas an Pilze oder Fleisch erinnern.

Desweiteren naschten wir ein paar Blättchen und Blütchen
Franzosenkraut (neutraler-delikater Geschmack), Beinwell
(große Blätter, an denen man lange etwas zu kauen hat, mein
Lieblingsfutter!) und die herb-köstlich-saftige Kohl-Gänsedistel
mit den glänzenden Blättern und dem knackigen Stängel, in
dem sich weißer Milchsaft befindet. Am Erscheinungsbild sieht
man: eine nahe Verwandte unserer Blattsalate (die auch gelb blühen, wenn man sie mal schießen und blühen lässt, und die auch
weißen Milchsaft haben). Dies ist meine Hauptsalatzutat im
wirklichen Leben.

Es gab dort noch etwas zähe Rainkohlblätter und scharfe
Brunnenkresse direkt am Ufer, allerlei Knöteriche und Klees.

Wenn Sie sich nun wundern, dass wir im Herbst alles essen, obwohl in den Kräuterbüchern steht, man soll die Blättchen hauptsächlich im Frühjahr genießen, kann ich Ihnen sagen: Wir hatten eben Hunger! Und die Pflanzen wissen nicht, dass so etwas in unseren Büchern steht. Die meisten schmecken immer noch, wenn auch die gesunden Inhaltsstoffe nicht immer in der Menge drin sind wie im Frühjahr und einige auch nicht so zart-saftig sind wie zu Anfang der Vegetationsperiode.

Im Frühjahr kann ich bei meinen Pflanzenwanderungen immer alle vom guten Geschmack überzeugen, da alle Blätter so herrlich zart und knackig sind. Im Herbst ist die Aktion „Wir essen wild und unersättlich an der Ruhr" schon eher etwas für Fortgeschrittene.

Viele Kräuter wie z.B. Löwenzahn, Brunnenkresse und Brombeerblätter lassen sich sogar im Winter unter dem Schnee noch ernten! Manche davon sind wahrscheinlich selbst zu dieser Zeit noch reicher an Nährstoffen als der am Tropf gezogene Treibhaussalat.

Nun hatten wir eigentlich genug scharf-herb-trocken-bitteres gegessen und wie bestellt stand am Weg ein Weißdornbusch mit in der Sonne glänzenden herrlich tiefroten Früchten. Das war dann unser Nachtisch. Ich spucke die Kerne aus (zu hart), aber Rolf (Sie wissen schon, der ist vor „nix fies") isst die natürlich mit. Für den Normalköstler mögen die Beeren vielleicht mehlig schmecken und auch nicht süß oder sauer genug sein. Nach

Die Kohl-Gänsedistel in voller Blüte – mein Lieblingsessen (Bild l.)

Weißdornbeeren – manche schmecken, manche nicht (Bild r.)

Blühender
Topinambur am
Hattinger Ruhrufer

einer herben Blattmahlzeit aber erscheinen sie einem wie der beste und süßeste Nachtisch. Wir haben für die Vögel im Winter allerdings noch genug übrig gelassen. Wenn Sie die Beeren nicht roh oder als Alleingang mögen, können Sie auch Kompott daraus kochen, am besten gemischt mit anderen saftigeren Früchten, z.B. sauren Äpfeln.

Den Anfängern muss ich es doch sagen: Es gibt verschiedene Weißdornarten und bei diesen auch noch verschiedene Reifegrade, die nicht besonders gut schmecken. Da keine davon giftig ist, kann ich nur raten: Machen Sie den Geschmackstest! Und buchen Sie es unter „Lebenserfahrung".

In verschwenderischer Fülle hat sich am Ufer der Ruhr (und an vielen anderen Flussufern) Topinambur angesiedelt, eine hübsche Sonnenblumen-ähnliche Pflanze, ein gelber Herbstsonnenschein mit ca. 2 m hohen Stängeln und vielen kleinen Blüten. Ist es wirklich Topinambur? Wir sind im allgemeinen nicht zimperlich und testen alles. Wir haben am Rand der Pflanze vorsichtig gegraben und zum Vorschein kam eine kleine zarte ca. ein Zentimeter dicke längliche Wurzel. Ich hab sie im Ruhrwasser gewaschen („Das kannst du doch nicht machen, was da alles drin ist! Und oberhalb weiden auch noch Kühe!" Da ist er zimperlich, der Rolf ...). Ich hab es doch gemacht und wurde

Kratzbeere „Rubus caesius" – eine säuerliche Delikatesse

reichlich entschädigt. Herrlich! Zarter, saftiger kartoffeliger, aber leicht süßlicher Geschmack. Verwildertes Wurzelgemüse, gratis und bio, mit Blick auf rauschende Strömung im Sonnenschein, etwas, was mir viele Restaurants so doch nicht bieten können. Und nach den vielen herb-würzigen Kräutern jetzt eine angenehme Milde und Saftigkeit!

Das Schönste an den Knollen sind die Figuren und Tiergesichter darin. Schauen Sie mal nach. Bei mir im Garten gab es schon mal Bären, Mäuse, Kobolde, Zwerge und Langnasen-Kamele.

So haben wir uns an einem reich gedeckten Tisch durchgefuttert, an einem circa 500 Meter langen Weg an einem Fluss. Die endgültige Sättigung haben wir uns dann mit Springkrautnüssen geholt. Vielen Dank mal eben an die Hattinger Wildnis für die abwechslungsreiche Bio-Mahlzeit in Appetit anregender Umgebung!

Wir haben für die Enten und Gänse noch was übrig gelassen ...

Sollten Sie diesen Spaziergang nachmachen wollen, können Sie dies an vielen Standorten an der Ruhr tun. Natürlich dürfen Sie nichts aus den Naturschutzgebieten pflücken!

Zu den aus Hattingen genannten Kräutern kommen an anderen Orten noch der herrliche Pastinak (z.B. in Bochum-Stiepel oder Herdecke), dessen Wurzeln Sie als Gemüse und dessen Kraut sie für die Kräuterbutter verwenden könnten. An einigen

Hopfensprossen lass ich mir nie entgehen.

Schwertlilien sind giftig!

Zweizahn darf man nur gekocht essen.

Orten können Sie verwilderte Meerrettichwurzeln ernten und im Herbst massenweise die Traubenkirschen und die späten Traubenkirschen. Diese finden Sie zum Beispiel in Herdecke vor dem Zweibrücker Hof in übergroßer Fülle, weil alle denken, die seien giftig. Nein, sind sie nicht! Sie sind dunkel, haben einen großen Kern und sind sehr saftig und lecker.

Im Herbst kann man an vielen Gewässern auch noch ein Gourmet-Schätzchen genießen, die Kratzbeere.

„Vorsicht, die ist doch giftig!" warnen mich die Passanten. Da hab ich sie wieder, die spontane Bereitschaft, mich vor dem Tode zu retten.

Nein! Und lecker! Mit einem köstlichen, säuerlichen Aroma und voller Saft. Und erst im Quark: Die Saftfarbe ist bordeauxrot. Was man dann beim Naschen auch erst mal an den gefärbten Fingern sieht: Meine Tochter: „Mama, ich blute!" Da fall ich auch immer wieder drauf rein …

An Flussufern leuchtet also hier die „Kratzbeere", eine Verwandte der Brombeere, die aber blau bereift ist, zu einem sehr kleinen Strauch gehört und damit von den meisten Menschen entweder gar nicht wahrgenommen oder – weil blau und bereift – als giftig eingestuft wird.

Wenn man sie allerdings verschmäht, verpasst man eine Vitamin-C-reiche Saftbombe.

Im Frühjahr locken an der Ruhr noch die Hopfensprossen, die köstlicher sind als junger Spargel.

Aber Vorsicht! Nicht alles an der Ruhr ist essbar.

Kennen Sie Urkost?

Wenn Sie unseren Spaziergang nachgeahmt haben, dann kennen Sie sie schon. Denn wir haben dort nichts anderes als Urkost gegessen, so wie die alten Neandertaler eben! Das Wort Urkost hat der Steuerexperte Konz geprägt. Vielleicht kennen Sie seine Bücher, mit deren Hilfe sie „mit 1000 Tricks" Steuern sparen können. Das heißt nun nicht, dass Sie erst mal viel Geld sparen müssen, um sich die Urkost leisten zu können. Im Gegenteil: Sie ist sogar sehr preiswert.

Die Geschichte geht anders: Aus eigener schwerer Krankheit heraus hat Herr Konz daraus diese Methode der Ernährung entwickelt. Er geht von der Theorie aus, dass unsere heutige Fehl-Ernährung einen Großteil unserer Erkrankungen verursacht und man mit einfacher Rohkost, hauptsächlich aus Wildpflanzen, die meisten Krankheiten heilen kann. Seine Mahlzeiten bestehen aus Grünzeug mit Früchten, im Winter auch mit Tropenfrüchten.

Der Trend, Fünf-Sterne-Wildkräuter-Salate als Gourmet-Mahlzeit zu servieren, zeigt, dass wir von der Urkost-Idee im Moment nicht so ganz weit weg sind. Lesen Sie mal die sich momentan gut verkaufenden Bücher über essbare Wildpflanzen von Guido Fleischhauer! Da gibt es mittlerweile nicht nur mehr das Anfängerwerk über 200 essbare Wildpflanzen, sondern ganze Enzyklopädien, in denen über 3000 essbare Pflanzen mit Verwendung erwähnt sind. Die Überlebensbücher par excellence. In Gourmet-Kochbüchern wie „Essbare Landschaften" werden die Gerichte von Sterne-Köchen mit Wildkräutern „veredelt".

Aber zurück zum „Ur-Konz": Er hat nun noch eine ganz besondere Beziehung zu den Kleinstlebewesen auf den Pflanzen: Sie sollen nämlich mitgegessen werden. Diese alte Geschichte von meiner Oma: „Du musst den Salat waschen oder den Apfel schälen" ist demnach völlig „out". Seiner Meinung nach bringen auch die Bakterien auf der Rohkost für uns einen Nutzen, indem sie zum Beispiel das seltene Vitamin B 12 produzieren. Anmerkung von Ernährungsberaterin Ursula Stratmann: Sie müssen die Fremdlinge nun nicht unbedingt mitessen, weil Ihre eigenen freundlichen Darmbakterien Ihnen dieses Vitamin auch ganz freiwillig überlassen, wenn Ihr Darm in Ordnung ist.

Das ist Urkost: Wiesenschaumkraut

Das ist Urkost: Borretsch, Melde, Salat „Teufelsohren", dahinter Vogelmiere (Bild l., v.l.) und Beinwell, Bärenklau, Löwenzahn (v.l.)

Eine Made im Apfel oder eine mitgegessene Ameise habe noch keinem geschadet und dürfe als zusätzliche Eiweißquelle gesehen werden. Und auch Erde darf ab und zu verzehrt werden, um sich mit Mineralien zu versorgen. Verpimpelte Menschen kaufen die Heilerde in der Apotheke …

Ich bleibe bei solchen Aussagen erst mal ganz locker und verziehe keine Miene. In meinem Gehirn gibt es einen kleinen offenen Ort, der unkommentiert erst einmal neues Wissen und neue abstruse Gedanken speichert bis zur Wiedervorlage. Es könnte ja was dran sein und ist außerdem ein Weg zu mehr Gelassenheit. Und die ist ja nachweislich gesundheitsfördernd.

Zum Thema „Immunsystem bei Kindern" gibt es Untersuchungen, dass solche Kinder, die schon im Kleinkindalter bei jedem Wetter draußen spielen, weniger Allergien haben als die Kinder, die hauptsächlich in klinisch reinen Wohnungen groß werden. Also ist die Konz-These mit den wilden Kleinstlebewesen wohl gar nicht so abwegig.

Mein Fazit: Locker bleiben, die Magensäure gibt den meisten mitgegessenen Tieren den Rest. Ich wasche an der Fast-Food-Theke am Wegesrand meine spontanen Mahlzeiten auch nicht vorher. Ich achte nur darauf, dass sie sich nicht ausgerechnet im Umkreis einer beliebten Hundetoilette befinden. Außerdem gehe ich davon aus, dass in der gesunden Kost so viel Vitamine, sekundäre Pflanzenstoffe, Mineralien und Spurenelemente stecken, dass mein Immunsystem sich perfekt verwöhnt fühlt und daher spielend mit den mitgegessenen Fremdlingen fertig wird. Meine Leber sollte ebenfalls so fidel und gut versorgt sein, dass sie alle Gifte mit Leichtigkeit entsorgt. Dafür esse ich jeden Tag den Löwenzahn: die Superapotheke für Leber, Galle und Entgiftung.

Zurück zum Konz: Sein Buch „Der große Gesundheitskonz" mit 1500 Seiten ist extrem schwer zu lesen, und es wird darin auf Hunderten von Seiten fürchterlich viel geschimpft. Dass der Autor trotz Schimpfens (das nachweislich den Adrenalinspiegel erhöht und damit das Krankheitsrisiko) mit jetzt 86 Jahren noch superfit aussieht, zeigt, was die Urkost kann!

Die Konz-Urkost ist nicht zu verwechseln mit der in Amerika zur Zeit in Mode gekommenen „Paläo-Diät", die wie in der Steinzeit hauptsächlich aus rohem Fleisch, rohem Fisch und Früchten besteht. Getrieben sind auch die Paläo-Fans von dem Wunsch nach einem gesünderen Leben, allerdings frönen sie ausdauernd der „Fleischeslust".

Man will dabei die Nahrung von vor 10000 Jahren nachahmen. Zusätzlich muss man bei dieser Diät viel Sport treiben. Ohne körperliche Fitness hätte man ja das Wild im Wald auch gar nicht erlegen können. Und ohne Muskelaufbau wüsste der Körper womöglich gar nicht, wohin mit dem (zu?) vielen Ei-

Kanadagänse an der Ruhr – die wissen, was eine „essbare Wiese" ist.

weiß. Allerdings *kaufen* die Paläo-Leute meist ihr Biofleisch beim Metzger.

Meine persönliche Diät könnte das niemals werden. Ich ziehe aus ethischen, geschmacklichen und energetischen Gründen Pflanzen vor. Um Fleisch zu erzeugen braucht man etwa die achtfache Kalorienmenge in Form von Tierfutter, z.B. Soja, das auf Flächen produziert wird, wo ehemals Regenwälder standen. Das heißt, man könnte mit Pflanzennahrung achtmal so viel Menschen ernähren wie mit Fleisch. Außerdem könnte ich nicht gut selbst ein Tier schlachten. Pflanzen anbauen, ernten und zubereiten kann ich aber schon. Und das mit dem allergrößten Vergnügen.

Einige berühmte Zitate zum Thema:

» *„Tiere sind meine Freunde und ich esse meine Freunde nicht."* (Bernhard Shaw)
» *„Man darf nicht essen, was ein Gesicht hat."* (Paul McCartney)
» *„Fleisch essen ist ein Überbleibsel der größten Rohheit."* (Leo Tolstoi)

Da ich dreifache Mutter bin, werde ich noch etwas länger gebraucht und will theoretisch auch noch meine Enkel kennen lernen. Daher habe ich also für mich eine höhere Lebenserwartung anvisiert. Die Fleisch-Steinzeitmenschen sind nun mal nicht so alt geworden wie wir heute mit einer gesunden vegetarischen Mischkost. Und unzählige Untersuchungen bestätigen gerade die „Anti-Aging-Wirkung" der pflanzlichen Ernährung: Vegetarier leben länger!

Das meiner Meinung nach beste Buch zum Thema möchte ich Ihnen unbedingt empfehlen: Es ist von Rüdiger Dahlke und heißt „Frieden auf dem Teller". Hier wird mit eindringlichen Worten die Qual der Masttiere beschrieben, deren Stresshormone (produziert durch zu enge Ställe, Dreck, der Angst kurz vor dem Schlachten) wir mitessen. Außerdem ist der hohe Fleischkonsum für eine Reihe Zivilisationskrankheiten und einen Teil der Klimaerwärmung verantwortlich. „Würden wir auf eine pflanzenbasierte Kost umstellen, könnten wir dem Klimawandel in noch unvorstellbarem Ausmaß entgegenwirken", so Dahlke.

Fangen wir doch schon mal mit einigen frischen Kräutern an!

Einfachste Rezepte für Kraut-Anfänger

Nun können Sie einfach rausgehen und alles roh essen, Wurzeln ausgraben, grob mit dem Messer säubern und dann einfach reinbeißen – wie Wolf-Dieter Storl in seinem Film „Pflanzenzauber" oder Franz Konz bei seinen Führungen – oder Sie können auch, wie die meisten Menschen, Kräuter sammeln, ordentlich abwaschen, schneiden, zubereiten und dann essen.

Erscheint Ihnen das zu langweilig? Oder zu einfach? Möchten Sie ordentliche Rezepte haben? Dafür gibt es mittlerweile eine große Palette Kochbücher für Wildkräuter. Mir ist das allerdings oft zu aufwändig. Ich nehme manchmal einfach ein altes Kochbuch und ersetze den Spinat oder Salat einfach durch eine Wildkräutermischung, ob als Auflauf, Beilagen-Gemüse oder Suppe.

Meine beiden Standard „Einfach-und-Schnell-für-die-Supergesundheit"-Rezepte gehen so:

Essbare Kräuter: Knoblauchsrauke, Löwenzahn, Giersch, Breit-Wegerich

Wildkräutersalat

Die Grundmischung besteht aus Paprika, Tomaten und Schafskäse, dazu etwas Gemüsezwiebel, Essig, kalt gepresstes Bio-Öl, Salz, eine Spur Zucker und Pfeffer.

Dazu wahlweise in großer Menge alles was grün und wild essbar ist. Im Frühling können das auch alle noch saftigen frischen Baumblätter sein, z.B. Lindenblätter, ganz kurz nach dem Austrieb auch noch die flaumigen Spitzchen von Buchen- oder Hainbuchenblättern, herrlich dazu auch Ahornblüten (vom Spitzahorn im April, vom Bergahorn und Feldahorn im Mai). Lecker sind auch Ulmenblätter, falls Sie einmal einen Baum finden, den der Ulmensplintkäfer noch nicht dahin gerafft hat. Hinein können alle Blüten, die Sie finden, Gänseblümchen, Löwenzahn, Kapuzinerkresse, Beinwell, Lungenkraut.

Die Gemüsezwiebel können Sie durch wilden Bärlauch ersetzen oder durch Schnittlauch (aus dem Garten oder wild, der ist allerdings etwas bitterer), ansonsten tun es auch die frischen Blätter der Knoblauchsrauke.

Knackig wird der Salat auch durch frische Topinamburstücke, der aber erst im Herbst und Winter erntereif ist oder noch von der Winterlagerung übrig ist.

Diesen Salat (mit verschiedensten Kräutern oder Blüten) gibt es bei mir nahezu täglich.

Zu einer vollständigen Mahlzeit machen Sie ihn durch die Beilagen von Reis, Hirse, Kartoffeln. Da ich manchmal faul bin, kommen die gekochten Kartoffeln schon mal mit in den Salat und ich „verkaufe" ihn den Kindern als „Kartoffelsalat".

Die nächste Buchseite zeigt essbare Wildkräuter-Blüten

Kräutersalat mit Blüten von gefleckter Taubnessel (rosa)
und Spitzahornblüten (gelbgrün)

Kapuzinerkresse

Gänsefingerkraut

Brombeere

Bärlauch

Nelkenwurz

Weidenröschen

Hain-Gilbweiderich

Nelke

Scharbockskraut

Beinwell

Das zweite Rezept, das ich ohne großes Überlegen ständig zubereite, ist das Grüngemüse aus der Pfanne.

Schnelles Römergemüse

Schon die alten Römer haben ihren „Römerspinat" zubereitet, indem sie Giersch, Zwiebeln und Knoblauch mit etwas Salz und Pfeffer einfach kurz in der Pfanne angeröstet haben. Sie werden merken, dass Ihre gesammelten Kräuter in der Pfanne wie von Zauberhand zusammenschrumpfen. Sie kennen das sicher vom Spinat! Besser sammelt man also vorher eine große Menge, auch weil es dann so köstlich ist, dass Sie immer mehr davon essen wollen.
Dieses Rezept lässt sich nun mit allen essbaren Wildkräutern machen. Meine Lieblingsvariante besteht aus Giersch, Brennnesseln, Löwenzahn und verschiedenen andere Kräutern aus meinem Rasen. Eine Teilnehmerin einer botanischen Exkursion aus Schwerte berichtete mir, dass ihre Enkelkinder bei ihr immer den „leckeren Unkrautspinat" essen wollen.

Rolf in seinem Gourmet-Wildgarten

Hier wird der Salat vorbereitet. Von links nach rechts stellen sich vor: Lungenkraut (mit blauen Blütchen und extra hübschen weiß ge-fleckten Blättern mit saftig-neutralem Ge-schmack), in der Mitte Bärlauchblätter mit Knobi-Zwiebelgeschmack (guter Blutdrucksen-ker und Desinfizierer), daneben rechts der Giersch als Eiweißquelle mit seinem leicht an Sellerie erinnernden ganz eigenen Geschmack, und vorne links ein Löwenzahnblatt.

Eine Fotostory aus dem essbaren Stadtgarten

Diese Frische! Dieses saftige Grün! Da läuft doch jedem das Wasser im Mund zusammen, oder? Das ist Rolfs Gemü-setheke mit Lungenkraut, Brennnes-seln, Bärlauch, Löwenzahn, Vogel-miere. Uneingeweihte würden es wohl-wollend als „wilde Wiese" bezeichnen, Neider und Unwissende als Unkraut-beet, Eingeweihte aber als selektiv ex-tra auf Gourmet-Status-gezüchtet 5-Sterne-Wildgemüse-Theke.

Die Grün-Flut wird mit Schafskäse, Paprika und Tomaten und einer leich-ten Salatsauce gemischt. Dazu gibt es gekochte Hirse mit Tomatenmark. Das Ganze wird garniert mit zerrupften gel-ben Löwenzahn-Blütchen.

Schmeckt herrlich. Ein Gedicht eben! Oder ein Gemälde?

Gezupfte Löwenzahnblütchen geben den Farbkick

Ein Gemälde eben …

„Geschichten, die das Leben schrieb"
— Die Notfall-Seerosen

Vor meiner letzten Pflanzenwanderung rief mich jemand an, der sich als Veganer vorstellte und mich fragte, ob ich ihm zeigen könnte, wie er sich vollständig draußen ernähren könnte, so einfach mit allem eben.

Mir brach sofort der Schweiß aus. Mein Gott! Was die Leute mir alles zutrauen. Ich hab ganz selbstbewusst gesagt, jaja, er solle mal mitgehen. Mir würde schon etwas einfallen.

Dann begann die fieberhafte Suche: Wie kann man im Ruhrgebiet OHNE Edeka und Aldi überleben? Essbare Wildkräuter gibt es genug, Beeren und Nüsse auch einige. Aber woher soll man genug Kalorien nehmen?

Die Seerose, genau! Ich hatte gelesen, dass die Wurzel stärkehaltig ist, und unsere Oma damals im Krieg hatte auch irgendwie damit zu tun. Ich besorgte mir also bei Freunden, die einen großen Teich haben, eine Seerose, was gar nicht so einfach war. Falls Sie das auch vorhaben sollten, so geht's: Erstens: nicht ins Wasser stürzen. Zweitens: nicht aufgeben bei dem Versuch, die meterlangen Wurzeln aus dem Wasser zu ziehen. Drittens: Nasenklammer.

Ab jetzt war Schluss mit Romantik, denn die Pflanze duftete wie modriger Schlamm und erinnerte mich daran, dass ich die ja nun selbst erst mal probieren musste und an meine arme Oma im Krieg. Dann wurde die Seerose in den Kofferraum gelegt, was dazu führte, dass mein Auto tagelang wie die Ruhr im Hochsommer roch.

Die Wurzel hat Ähnlichkeit mit einer Krokodilschnauze, braun und knotig. Nachdem ich sie ordentlich geschält hatte, kam eine wunderschöne weiße Wurzel zum Vorschein, die mich gleich an die weiße Atmosphäre eines Krankenhauses erinnerte. Und wirklich: Diese Wurzel kann man zum Desinfizieren nehmen. Nun soll die Wurzel getrocknet und geraspelt werden. Und dann? Essbar ist das Mehl erst, wenn man es mehrmals mit Wasser ausgewaschen hat. Ansonsten macht die Pflanze impotent. Früher sagte man zu unfruchtbaren Männern: Hast du wieder Seerosenwasser getrunken? Das Seero-

senwasser war nämlich speziell für Mönche und Nonnen reserviert.

Die Wurzel verströmte mittlerweile in meiner Küche einen intensiven chemischen Geruch und ich konnte mich gut an meine MTA-Zeit im Krankenhaus erinnern, denn die Desinfektionsmittel dort rochen ähnlich. Spätestens jetzt wusste ich: Dem Veganer musst du etwas anderes erzählen.

Zum Glück hatte ich noch einen Trumpf in der Tasche: Die Versorgung mit Eiweiß und Stärke kann man nämlich zum Teil

Seerosen in Hattingen an der Ruhr – auf den ersten Blick harmlos

aus Wasserlinse, Löwenzahnwurzeln, Nachtkerzenwurzeln und Nüssen bestreiten. Wer noch die Ginseng-Wirkung haben will, knabbert Löwenzahnwurzel, und wer nach dem Seerosengenuss dennoch die Kraft eines Donnergottes in den Lenden haben möchte, nimmt Brennnessel-Samen, Bärlauch- und Bärenklau-Blätter und die Spitzchen von Beifuß-Blättern in den Salat. Dann klappt es wieder mit der Liebe!

Ich beobachtete neulich bei einer Kanutour auf der Ruhr, die nebenbei bemerkt einer der romantischsten Orte der Welt ist, eine Haubentaucher-Dame in ihrem Nest, welches sie mit SEE-ROSENBLÄTTERN gepolstert hatte. Wozu das? Es gab doch genug andere hübsche, saftige, grüne Blätter, Gräser oder weiche Farne am Ufer. Ich habe mir dann gedacht, dass sie das nur aus Liebe getan hat. Wenn nämlich ein frisch geschlüpftes Hauben-taucher-Küken den Geruch der Seerosen mit dem mütterlichen wohligen Nestgeruch verbindet (Pawlow hieß der Mann mit der Konditionierung, erinnern Sie sich an Ihren Biologieunter-richt?), fühlt es sich in der Nähe von Seerosen immer wohl und will nur dorthin, wo diese zu finden sind: an den dunklen Grund der Gewässer, wo ein Haubentaucher ebenso sein Revier hat. Und bei der Futtersuche denkt es immer an das schöne Gefühl im Nest zurück. Nun denken Sie (im besten Falle) wahrschein-lich: Oh, die Fantasie ist mal wieder mit ihr durchgegangen.

Wollen Sie wissen, wie die Geschichte mit dem Veganer wei-ter ging? Also dieser (sehr schlanke) Veganer hat jedes bei der Exkursion vorgestellte Kraut probiert und fand es wunderbar, dass man auch Malven-, Knöterich-, Wegerich- und Labkraut-blätter und deren Samen (!) essen kann. Seine Kalorien bekam er aber hauptsächlich von Smoothies aus der Küchenmaschine, die als Hauptzutat rohe Kartoffeln und Möhren enthielten. Die Sorgen um seine Kalorienversorgung hätte ich mir also sparen können.

Wer ausschließlich vegan urköstlich roh isst, hat dennoch in kürzester Zeit sein Idealgewicht erreicht!

Wenn Sie diesen Versuch nachmachen möchten, dürfen Sie nur Ihre eigenen Seerosen nehmen, denn sonst kommen Sie (eventuell nicht nur mit Ihrem Mann oder Ihrer Frau, sondern auch noch) mit dem Gesetz in Konflikt. In Deutschland stehen Seerosen unter Naturschutz.

Kann man komplett aus der Wildnis leben?

Sich ausschließlich von und aus der Natur ernähren? Als verwöhnte Zivilisations-Menschen?

Vielleicht geht es, wenn man das ganze Jahr über fleißig sammelt, lagert, einkocht. Oder wenn wir einmal zu Bärenbrüdern mutieren, die Winterschlaf machen können.

Für Unerschrockene kommen hier ein paar Infos. Eiweiß und Stärke kann man zum Teil aus Wasserlinse, Wasserpest und Nachtkerzenwurzeln gewinnen. Ein Alfalfa-Feld (Luzerne) könnte auch einen Teil des Eiweißbedarfes decken. Wasserpest und Alfalfa-Sprossen haben mehr Eiweiß als Fleisch, Käse und Eier, nämlich ca. 35 %! Außerdem sammle man Haselnüsse, Maronen, Walnüsse und Bucheckern.

In der Stadt kann man die Bäume mit türkischen Haselnüssen (Corylus colurna) abernten, denn kaum einer macht sich dort die Mühe, die leckeren Nüsse aufzusammeln, weil sie so klein sind. Ich finde, dass sie viel besser schmecken als die „normalen" Haselnüsse und bin meist die Einzige, die dort sammelt.

Ganz zur Not kann man auch Eichelmehl essen, allerdings erst nach einer langen Prozedur des Trocknens, Mahlens und mehrfach Wässerns, da es sonst viel zu bitter und unverträglich ist. Diese alten Rezepte hat man früher im Krieg angewendet.

An der Ruhr findet man in großen Beständen Topinambur, dessen Knollen von Oktober bis März zu ernten sind auch schon mal eine Sonnenblume.

Baumhaselnüsse in Witten, einfach aufkehren … (Bild l.)

Herbsternte – bio, fettreich, lecker, B-Vitamine (Bild r.)

![Foto einer grünen Uferlandschaft mit Sonnenblume am Fluss]

Als Speiselaub-Bäume galten in den Alpen früher Ulme, Feldahorn und Linde. Die Blätter von der Sommerlinde schmecken das ganze Jahr über! In Österreich trocknete man früher das Laub von Feldahorn, rieb es zu Mehl und streute es im Winter dem Vieh ins Futter und dem Mensch ins Brotmehl.

Besonders die Ulmenfrüchtchen sollte man sich nicht entgehen lassen: Es erwartet einen ein nussiger Geschmack ähnlich wie bei Sonnenblumenkernen. Dies Früchte kann man trocknen und auch im Winter genießen.

Ulmenfrüchte
schmecken nach
Nüssen

Als leicht zu gewinnendes Öl kann man die Samen der Nachtkerzen sammeln. Sie werden einfach so verspeist oder gequetscht. Die Wurzeln der Nachtkerze hat man früher wie Gemüse gegessen und sie sogar extra dafür angebaut. Auf alten Industriebrachen, an Gleisen und Wegrändern im ganzen Ruhrgebiet könnte man im Herbst die kleinen schwarzen Samen und im Winter von den einjährigen Rosetten die Wurzeln ernten.

Eine Super-Survival-Pflanze ist auch der breitblättrige Rohr-kolben. Er bietet nicht nur eine gelartige Substanz zwischen den unteren Blättern, die wie Aloe vera zur Wundheilung zu benutzen ist, sondern auch allerlei Köstlichkeiten: fast die ganze Pflanze ist essbar. Als Überlebenskraut im Winter bie-tet er uns sein Wurzel an. Zu dieser Jahreszeit ist der Stärke-gehalt am größten. Man zerstampft die Wurzel, legt sie in Was-ser und kann dann da Mehl sofort genießen oder für später trocknen.

Im Frühjahr kann man die Blütenstände essen. Die gelben Kolben obenauf sind die „Männer" und liefern in ihrer Pollen-flut ein sehr eiweißreiches Mehl. Dies kann man einfach aufs Brot streuen. Darunter stehen die braunen weiblichen Blüten-stände, deren frische Blüten man vom Kolben abkratzen kann. Sie sind nur kurzzeitig lecker, roh oder im Eintopf.

Am besten schmecken im Frühjahr die jungen Schösslinge. Aber auch das „Herz", der Mittelteil des Sprosses: Dazu entfernt

Nachtkerze nicht nur schön, sondern auch mit essbarer Wurzel (Bild l.)

Rohkolben. Beim Auspacken des un-teren Sprosses of-fenbart sich ein köstliches „Herz" (Bild r.)

Traubenkirsche, dunkel, herb-süß, Herdecke

Mehlbeere – süß-mehlig, Schwerte an der Ruhr

Vorsicht! Nicht alle Beeren sind essbar: Dies sind Gallwespenhäuser unter einem Bergahornblatt, an der Ruhr in Essen

Stiepel – vor dem Lokal „Zur alten Fähre"

man – wie beim Porree – die äußeren Blätter der Basis und stößt auf ein weißes, knackiges, würziges, leicht gurkig schmeckendes Herz.

Am besten scheint das Überleben zu funktionieren, wenn man eine Wasserstelle und die dazu gehörenden Pflanzen in der Nähe hat.

Ausschließlich vegan aus der einheimischen Natur zu leben ist ungeheuer schwer. Man müsste den ganzen Sommer schon Samen, Wurzeln, Knollen, Kräuter, Beeren und Nüsse sammeln und riesige Vorräte für den Winter anlegen.

Am besten für Notfälle versorgt sind im Ruhrgebiet wohl die Bürger aus Bochum-Stiepel. In der Nähe der Dorfkirche wachsen riesige Maronenbäume, Kornelkirschen, herrliche Brombeeren und Haselnüsse, Kastanien (für die Waschlauge), am Ufer in der Nähe der alten Fähre Pastinak- und Topinambur-Felder. Dort steht ein Apfelbaum, eine Mehlbeere und Weißdorn, dessen Beeren man ebenfalls essen kann.

Auch Traubenkirschen und Felsenbirnen kann man hier am Ufer im Herbst ernten sowie Springkrautnüsse, Mädesüß- und Klettenwurzeln sammeln. Am Steilhang wachsen Eichen für das Eichelmehl, daneben Buchen für die Bucheckern. Und außerdem wäre es der allerschönste Ort zum Überleben.

Wenn man in Überlebensbüchern nachliest wie z.B. bei Emile J. Niklas: „Die Kunst des Lebens in der Natur. Survival-Wissen", wird immer auch beschrieben, wie man Tiere erlegt. Deshalb pflanzen wir uns doch lieber ein paar tolle Sachen an. Auch in der Stadt.

Hier ist nun die Liste für den Notfall:
„Survival-Wissen" oder „Was ich immer schon mal essen wollte, aber nie zu kosten gewagt habe ..."

Essbare Wurzeln von bekannten einheimischen Pflanzen
Von September bis März zu sammeln
Bärenklau, Beinwell, Disteln (alle), Engelwurz (bitter, nur wenig), Gänsefingerkraut (nur erhitzt), Gänsedistel, Knöteriche (alle), Löwenzahn (Ginseng-Ersatz und Leckerli für Nagetiere, warum nur für die?), Mädesüß, Malven (alle), Wilde Möhre, Nachtkerze (1. Jahr), Nelkenwurz (nur gekocht), Pastinak, Schachtelhalm (nur die Brutknollen), Topinambur

Essbare Wurzeln im Frühjahr
Gräser (alle), Goldnessel, Klette (aus 1. Jahr), Hainsimse, Rohrkoben gekocht, Seggen (alle)

Essbare Samen
Ahornarten (ausgekocht), Ampfer-Arten (überbrüht), Bärenklau (nur als Aroma), Binsen (gekocht), Brennnessel (Eisenhaltig, lecker!), Eicheln (nur gemahlen, mehrmals gewässert und gekocht!), Gänsefuß (viel, lecker, einfach in den Salat streifen), Giersch, Gräser (alle), Hainbuche (unreife Samen, erhitzt), Haselnuss, auch türkische Hasel, Hirsen (alle Sorten), Klee (alle, auch als Keimsaat zu gebrauchen), Knöterich (alle, trocknen, als Mehl vermahlen), Klatschmohn (nicht zu viel), Möhre (wilde und die aus dem Garten),Melde (viele, unreife und reife Samen einfach in den Salat streifen), Nachtkerze, Pastinak (als Gewürz), Seggen (alle), Simsen (alle), Sonnenblume, Springkräuter (alle), Ulme (im April, köstlich!), Walnuss, Wegerich (alle), Wicken (nur lange und stark erhitzt, mit Bohnen verwandt, roh giftig!), Sumpfziest

Samen als Öl zu pressen
Disteln (alle), Fichtensamen, Lindennüsschen, Hainbuche, Hirtentäschel, Hohlzahn, Knopfkraut, Raps

Selbstversorgung im eigenen Stadtgarten

Die essbare Wildnis im eigenen Garten

Neulich war ich auf der Suche nach Karnickelfutter. Irgendwo in Sprockhövel wirst du schon etwas finden, dachte ich und pilgerte durch mein Wohngebiet. Aber Pustekuchen. Alle Straßenränder waren fein mit Rasen eingesät oder abgeschottet mit giftigen Ligusterhecken. Es gab schön geordnete Beete mit Zierpflanzen und nur einen einzigen kleinen Löwenzahn so weit das Auge reichte.

Es war eine längere Wegstrecke bis zu einer Wiese und einem Waldrand, wo man endlich die Wildkräuter für eine Hasenmahlzeit finden konnte. Und selbst dort zeugten einige gelbe Blätter im satten Wiesengrün davon, dass hier jemand mit Pestiziden gespritzt hatte.

Die Wildnis ist aus unseren Dörfern und Städten weitgehend verschwunden. Um essbare Kräuter zu sammeln, muss ich mittlerweile weit wandern. Wie anders war es doch früher, als es die „Allmenden" gab, also Landschaftsanteile, wo die Bevölkerung ernten durfte, Kräuter, Heu, Laubstreu für das Vieh, Beeren, und

Einziger Löwen-
zahn in der Straße!
(Bild l.)

Mein Garten:
grüner geht`s nicht
(Bild r.)

Knoblauchsrauke: schmeckt, wie sie heißt (Bild l.)

Und als Deko noch Frauenmantelblätter dazu (Bild r.)

wo man durch das Ernten und die Wildnis-Pflege genau die Wildpflanzen in ihrem Wuchs begünstigte, von denen man im nächten Jahr mehr haben wollte. Wer sich für dieses faszinierende Kapitel interessiert, dem sei wärmstens das zweiteilige Werk von Michael Machatschek „Nahrhafte Landschaft" empfohlen, der aus den Alpenländern Geschichten berichtet, wie man früher komplett aus der Natur gelebt hat.

Ich pflanze mir die Wildkräuter nun in meinen eigenen Garten. Zum Frühstück esse ich gerne Lattich und Beinwell auf dem Brot oder im Smoothie und noch andere Vielfalt. Mein Garten konnte allerdings nicht mit allen Köstlichkeiten dienen. Also auf, um ein bis zwei Pflanzen zu „besorgen" – bewaffnet mit Eimer und Spaten (aber nicht weitersagen).

In den Garten geholt habe ich mir Brunnenkresse, Beinwell, Knoblauchsrauke, Herbstlöwenzahn, Rainkohl, Malven, Bärenklau, Pfeffer-Knöterich, Sauerampfer und Mädesüß.

Unterwegs begegnete mir noch ein im Wald stehender chancenloser Schössling eines Walnussbaumes, den ich auch noch mitgenommen habe. Den können meine Enkel abernten.

Zusammen mit den Wildkräutern, die in meinem Rasen und am Gartenrand schon gedeihen wie Waldmeister und Kletten-Labkraut, persischem Knöterich, Frauenmantel und vielen anderen, gemischt mit kultivierten Blüten von Kapuzinerkresse, Malven und Kornblumen sowie Pflücksalaten, kann man nun auf die Schnelle die herrlichsten und hübschesten Salate kreieren.

Auch meinen Rasen werde ich nun in einen kräuterreichen Teppich verwandeln. So vielseitig wie die Alpenwiesen werden sie wohl im Ruhrgebiet nicht werden, aber ich arbeite daran.

Ob meine Gartenmöbel auf sortenreinem Rasen stehen oder meine Tochter auf Rasen oder auf einer Kräuterwiese spielt, ist beiden egal! Und Golf spielen wollte ich bei mir zu Hause noch nie.

Die langweilige einseitige Gras-Saat bringt nichts Leckeres hervor, noch nicht einmal für meine Karnickel. Es sei denn, Sie haben eine Quecke dabei. Ich weiß, dass Sie diese eigentlich als Unkraut einstufen und es Ihnen schwer fällt, dieses Gras zu lieben. Wenn Sie aber einmal die jungen weißen Sprosse probieren, denken Sie vielleicht anders darüber. Die sind köstlich zart!

Meine Karnickel ziehen jedes andere Kraut dem Gras vor. Mein „Rasen" ist nun schon durchmischt mit Gänseblümchen (zarte Salatblättchen aus der Rosette und leckere Blütenknospen, am leckersten, wenn noch geschlossen), mit Löwenzahn, Herbstlöwenzahn, orangerotem Habichtskraut, Lungenkraut, Nelkenwurz, Schafgarbe, Veronica. Ich muss nicht mehr lange nach Kräutern suchen.

Da ich ein neugieriger Mensch bin, lasse ich erst mal jedes Kraut in meinen Beeten stehen, welches ich nicht auf Anhieb erkenne. Ich finde es ganz spannend, was dann daraus wird. So haben sich bei mir zum Beispiel verschiedene Malven, wilde Karde (faszinierende Blätter mit der Punker-artigen Stachelleiste an der unteren Mittelrippe!), wilde Geranien, Wasserdost, und indisches Springkraut angesiedelt. Ein Dankeschön mal eben an die durchreisenden Vögel!

So ist auch die Vogelmiere in meine Blumenkästen auf den Balkon gekommen. Zwischen den Tomaten steht sie zusammen mit Löwenzahn. Ein Griff morgens – und die frischeste Öko-Bio-Nahrung für unsere Rennmäuse ist gepflückt. Die sind immerhin schon dreieinhalb Jahre alt geworden mit dem guten Biofutter.

Damit haben mir die Vögel, die die Samen auf meinem Balkon versteckt haben (deshalb heißt sie ja Vogelmiere), die Pflanze, die ich täglich brauche, direkt in meine Nähe geliefert.

Unsere Rennmaus Teddy mag Labkraut aus dem Rasen, ich auch

Was man täglich braucht, pflanzt man am besten direkt neben die Küche, damit man nicht so weit laufen muss.

Wildkräuter, Tomaten und Salate dürfen auf Balkon und Fensterbank. Wenn ich täglich daran vorbeikomme, genehmige ich mir öfter ein Blättchen, als wenn ich erst raus zum Feld laufen muss.

So habe ich mir ein eigenes Wild-Gemüsebeet im Garten und auf dem Balkon zusammengestellt und muss auch für die Karnickel nicht mehr so weit laufen. Ich gehe einfach in meinen eigenen Supermarkt!

Bei Rolf gibt es fast nur noch Wildkraut.

Er ist meines Wissens bisher der einzige, der sich bewusst Giersch und Löwenzahn in seinen Garten geholt hat und der einzige, der – indem er den Löwenzähnen jeden Tag sagt, wie toll und lecker er sie findet – Exemplare mit 50 cm langen Blättern erntet. Wir haben vor dem Verzehr nachgemessen.

Aktuelle Meldung aus England: Der neueste „Schrei" im Gartenbeet ist nämlich panaschierter Giersch. Die Blättchen sind weiß-grün gestreift und eignen sich hervorragend als wartungsfreie Unterpflanzung zu den Großstauden, als „Ziergiersch" sozusagen. Mein Giersch eignet sich allerdings auch unpanaschiert dafür.

Unabhängigkeit in der Stadt

Mit Ihren selbst gezogenen Gemüsen oder der Kenntnis einiger kalorienreicher Wildpflanzen wären Sie ein wenig unabhängig, wenn einmal wieder ein isländischer Vulkan ausbricht, der den Flugverkehr lahmlegt, oder wenn eine Ölplattform explodiert und es vielleicht zeitweise keinen Sprit für LKWs gibt. Sie hätten eine Mahlzeit, wenn mal wieder irgendwelche Bahnen streiken, die Container befördern sollen, oder wenn Schiffspersonal ausfällt und Sie aus diesem Grunde keine Bananen aus Südamerika oder Braeburn aus Neuseeland kaufen könnten, oder wenn mal wieder irgendein Fleisch-Skandal Ihnen zeitweise die Lust auf Discounterware genommen hat.

Auch bräuchten Sie dann nicht mehr so viele Lebensmittel kaufen, deren Herkunft – wie bei Fertiggerichten wie Pizza oder Suppen – Sie nicht kennen und die die Hersteller auch ungern offen legen wollen. Denn sie kommen schon zum großen Teil aus China.

Dies wurde der Öffentlichkeit erst klar, als im Frühjahr 2012 Tausende ostdeutscher Schüler an Durchfall litten, den sie sich mit chinesischen Erdbeeren bei der Schulverpflegung eingefangen hatten. Im Jahre 2011 wurden Lebensmittel im Wert von 1398 Mio. Euro aus China nach Deutschland importiert. Bei eher zufälligen Tests wurden Antibiotika in Shrimps und Ka-

Beinwell in Herdecke – „Grün ist die Hoffnung" (Spruch von meiner Oma)

Alles auf dem Bild ist essbar – bis auf die Schüssel!

ninchenfleisch, strahlenbelastete Gewürze, Glassplitter in Kürbiskernen oder Lösungsmittel in Süßstoffen gefunden. (Der Spiegel 42/2012: Ernährung: Made aus China).

Bei ihrem selbst angebauten Zeug wissen Sie immerhin, was drin ist. Sie wären mit ihrem eigenen Gemüse unabhängiger, auch wenn der Euro auf einmal seinen Wert verlieren würde oder ganz profan: wenn es Sonntag ist und Sie vergessen haben, einzukaufen. Dann könnten Sie – auch mitten in der Stadt – einfach die Paprika vom eigenen Balkon ernten.

Selbstversorgung im Kleingarten – Anfängertipps

Sie haben einen kleinen Garten? Herrlich! Oder nur einen Vorgarten? Auch gut. Oder einen Balkon? Fast paradiesisch! Mit etwas Phantasie können Sie einfach anfangen, dort etwas Essbares anzupflanzen, egal wie klein Ihre Parzelle ist.

Mit einem eigenen kleinen Stück Erde haben Sie damit schon bessere Voraussetzungen als viele Weltbürger, die in Millionenstädten leben, weit weg vom Grün oder im fünfzigsten Stock. Aber selbst da kann man Essbares züchten! Mit Pflanztöpfen auf dem Balkon oder zur Not auch in Autoreifen auf dem Hinter-

Das verspricht
reiche Ernte (Bild l.)

Warum nicht Toma-
ten an der Haus-
wand ziehen? Da
ist es auch noch
schön warm für sie.
(Bild r.)

hof. Darin können Sie ganz einfach Kartoffeln pflanzen (Pflanzanleitung bei Graham Bell: „Permakultur").

Kohlrabi und Möhren könnten in hohen Töpfen auf dem Balkon gedeihen, Erbsen und Bohnen dazwischen an der Hauswand hochranken. Tomaten könnten in einem kleinen Glaska-
sten fruchten, der vor die Südwand gebaut wird und die Wärme
hält, Kräuter könnten in der Küche und im Wohnzimmer auf
der Fensterbank stehen. Oder Sie füllen kleine Tüten mit Erde,
setzen eine Pflanze hinein und hängen diese an die Wäscheleine
auf den Balkon. Fantasie ist das Gebot der Stunde.

Auf folgende Weise kann man ganz leicht und umweltfreundlich säen und pflanzen: Machen Sie sich kleine Töpfchen aus Zei-

tungspapier. Dazu werden zugeschnittene Papierstücke um eine runde Dose gelegt. Das Papier sollte unten etwas überstehen und wird dann unten gefaltet (so wie wenn Sie eine dicke Kerze in Geschenkpapier einpacken würden). Dann wird die Dose entfernt und der „Papiertopf" mit einem Esslöffel voll feiner Pflanzerde gefüllt. Da hinein kommt ein Samen, den man immer leicht feucht hält. Bitte nicht zu nass machen, sonst verabschiedet sich der „Topf" schon „vor seiner Zeit". Wenn das Pflänzlein groß genug ist, kann man den ganzen „Topf" ins Beet pflanzen. Dies ist – für die junge zarte jungfräuliche Pflanze – die freundlichste Methode. Sie muss sich nicht mehr an neue Erde gewöhnen und wird beim Umpflanzen nicht aus ihrem Erdreich gerissen, wobei die Wurzel beschädigt wird.

Hier ein Tipp zum Platz sparen: Wenn ich die Kräuter in Blumentöpfe pflanze, passen nur wenige auf die Fensterbank. Pflanze ich sie in halbe Getränkekartons (Tetrapak halbieren) oder in viereckige Töpfe oder Blumenkästen, kann ich die ganze Fensterbank ausnutzen. Soll die Jungpflanze von der Fensterbank ins Beet, kann man den Tetrapak-Karton einfach durchschneiden, ohne das zarte Würzelchen auch nur zu berühren und den ganzen Inhalt ins Beet setzen. An alle Umweltberater: Ja, ich bin mir wohl bewusst, dass ich damit nur ein Vorrecycling betreibe, bevor das Tetrapak dann doch zu Müll wird. Ich bin ja selbst Umweltberaterin. Noch bessere Vorschläge dazu bitte an mich.

Selbst wenn Sie nur einen kleinen schmalen Rasen im Maß von 3 mal 1 Meter zwischen einer Hecke und einer Hauswand

Pflanztöpfchen zum selbst machen, gratis und praktisch (Bild l.)

Lecker! (Bild r.)

haben, können Sie etwas Sinnvolles damit anfangen: Bauen Sie direkt an die Hauswand schmale hohe Pflanzkästen, füllen Sie sie mit Erde und lassen Sie Essbares gedeihen. Die erhöhten Kästen haben zwei Vorteile: Sie bieten den Pflanzen Licht, das sonst von der Hecke geschluckt würde, und Wasser sowie Nährstoffe aus frischem Boden. Damit sind die Pflanzen nicht in Konkurrenz zur Hecke, die aus dem alten Rasenboden wahrscheinlich auch schon alles „Essbare" herausgezogen hat.

Hier könnten Ihre leckeren Tomaten oder Paprikafrüchte oder die Petersilie gedeihen.

Wenn Sie eine Hecke planen, könnten Sie statt immergrünem giftigem Liguster oder gelber Forsythie, die außer ihrer schönen Blütenfarbe weder für uns noch für die Bienen etwas zu bieten hat, Sträucher mit essbaren Beeren anpflanzen. Dann haben alle was davon.

Ich habe an einem schönen Herbsttag einmal alles gesammelt, was gerade so Beeren hatte. Leider ist nur ein kleiner Teil davon als Nahrung zu gebrauchen.

Alle diese Beeren waren gleichzeitig reif!

In diesem Herbst gab es gleichzeitig:

1) Pfaffenhütchen (giftig, aus den Früchten machte man früher Pulver gegen Kopfläuse), 2) Ilex (Beeren sind sehr giftig, macht er nur für die Vögel!), 3) Liguster (ebenfalls giftig), 4) Schlehen (superleckere Früchte nach dem ersten Frost), 5) Unbekannter Zierstrauch: Unbekanntes nicht probieren! 6) Gewöhnlicher Schneeball (wird normalerweise nicht gegessen), 7) Ein Zier-Schneeball (nicht essbar), 8) Bittersüßer Nachtschatten (Ranke, giftig), 9) Eberesche (Beeren essbar), 10) Holunder (Die Superfrucht!), 11) Sanddorn (Beeren mit viel Vitamin C und wertvollem Öl (essbar), 12) Weißdorn (Beeren essbar, mehr oder weniger lecker, je nach Sorte), 13) Traubenkirsche (essbar, lecker!), 14) Zier-Hartriegel mit weißen Beeren (nicht essbar), 15) Schneebeere (nicht essbar), 16) Zierapfel (verschiedene Sorten, manche superlecker, andere bitter)

Selbstversorgung auch auf dem Balkon?

Nun, das ordnen Sie jetzt vielleicht unter Utopien ein. Ich muss zugeben, es erfordert eine passgenaue Planung der anzubauenden Früchte mit Fruchtfolge und Ausnutzung jedes Quadratzentimeters. Es ist ein Job für jemanden, der gerne plant und experimentiert und der gerne Herausforderungen meistert. Mit „try and error", mit der Fähigkeit, nach Niederlagen trotzdem weiterzumachen (so ähnlich als wenn Sie ein Haus kaufen, an dem steht: „Für Handwerker geeignet").

Bestens geeignet ist ein Balkon, der nicht einer Straße zugewandt ist. An der Straße könnte zu viel Staub und Abgas auf unsere Gemüse zukommen.

Sie brauchen große Pflanzkästen, die platzsparend viereckig statt rund sind und am Geländer und der Hauswand stehen. Das Prinzip ist einfach. An den Seiten, wo Pflanzen ranken können, also zur Balkonbrüstung hin und zur Hauswand, werden Toma-

Ein Dachgarten in
Ennepetal

ten, Bohnen, Erbsen, Zucchini, Gurken angebaut, davor jeweils
Gemüsepflanzen wie z.B. Kohlrabi, Kohl oder Möhren.

An der Hauswand könnte man Pflanzen ziehen, die dort für
immer bleiben, also Wein oder Spalierobst.

Nun könnte man noch Töpfe ans Geländer außen hängen,
Blumenkästen am oberen Geländer außen befestigen, Töpfe
übereinander an der Hauswand stapeln oder ans Balkondach
hängen. Hier können rankende Erdbeeren fruchten, Gewürz-
räuter gedeihen und Salate, die immer neu eingesät werden, sobald sie abgeerntet sind.

Für kleine Ecken eignen sich die neuen Säulen-Obstbäume,
die tatsächlich nur in die Höhe statt in die Breite wachsen.

Wenn man zum Fachmann für Balkon-Gartenbau werden
möchte, empfehle ich Ihnen das Buch „Permakultur" von Sepp-
Holzer. Dort wird u.a. beschrieben, wie man in Balkontrögen
auch noch mit Hilfe von einem eingebrachten toten Holzstamm
Pilze züchten kann, oder die Idee vorgestellt, wie man durch An-
zapfen der Dachrinne auch noch Gratis-Regenwasser auf dem
Balkon sammeln kann.

Wer nun ganz mutig ist, völlig begeistert und auch noch jemand, der die Nachbarn mit seinem grünen Daumen zu begeistern weiß, kann eine revolutionäre Methode anwenden, die der „Agrar-Rebell" Sepp Holzer propagiert. Um alle zu begeistern und dem Mehrfamilienhaus eine grüne Fassade zu geben, kann man Kiwi oder Wein an der gesamten Fassade hochranken lassen, von Balkon zu Balkon!

So haben alle was davon, die Kommunikation ist mal wieder gesichert und man könnte schon wieder ein Kiwi- oder Weintrauben- oder „Wir machen gemeinsam einen Rückschnitt"-Event genießen und hinterher die „Kiwi-Kuchen mit Weintrauben"-Party feiern.

Sepp Holzer nennt diese Methode unappetitlich „Bypass-Verfahren"! Nun gut, jedenfalls ist sie viel einfacher anzuwenden als bei Herzkranzarterien. Und auch von Laien anwendbar. Man muss „nur" den Pflanzen zunächst Kletterhilfen bieten (Holzgerüste an der Hauswand über die Etagen hinweg) und ihnen dann auf den jeweiligen Balkonen, an denen sie „vorbei kommen" Pflanztröge zur Verfügung stellen. Man zweigt einen Ast ab, beschwert ihn mit einem Stein auf dem Pflanztrog und lässt ihn dort wurzeln. Mit dieser neuen Kraft kann er dann noch eine Etage höher wachsen. Selbst wenn einer der Mieter in Urlaub ist und nicht gießen kann, ist dies der Mega-Rank-Kiwi egal, denn sie hat ja genug Tröge, aus denen sie sich bedienen kann.

Mein eigener Paprika auf dem Balkon — garantiert bio (Bild l.)

Spalier-Äpfel nehmen keinen Platz weg. Außerdem braucht man keine Leiter zum Ernten. (Bild r.)

Früchte direkt vor der eigenen Nase auf dem eigenen Balkon! Und eine Wohltat fürs Landschaftsbild noch dazu. Schon der Künstler Hundertwasser hatte ja in seinen Häusern die „Baummieter" angesiedelt, Bäume und Sträucher, denen extra ein Balkon zur Verfügung stand!

Die Baummieter von Hundertwasser

„Sie sind ein Geschenk des Hauses an die Außenwelt, für die Menschen, die am Haus vorbeigehen. Der Mensch gibt freiwillig von seinem Wohnbereich kleine Territorien an die Natur zurück, von den großen Gebieten, die wir ihr widerrechtlich genommen haben. Im Haus sind von vornherein Räume für Baummieter eingeplant. Hinter der Hausmauer und vor den zurückspringenden Fenstern sind Wannen für die Baummieter aus rostfreiem Stahl eingesetzt. Die Baummieter-Wannen, die bis zu 1 m3 Erde fassen, sind aus rostfreiem Stahl mit angesetzten Wurzelkörben aus dicken Nirostastahlstäben, damit die Baummieter einen Wurzelhalt bekommen."

Hundertwasser, 1985

Wenn Sie nun begeistert sind und anfangen wollen, gehören Sie schon zu den Mutigen und den „Balkon-Rebellen". In vielen Mehrfamilienhäusern ist ein bestimmtes „Outfit" des Balkons und der Fassade vorgeschrieben. Mögen Sie also in Mieter- oder Eigentümer-Versammlungen genügend Menschen finden, die Ihnen begeistert Gehör schenken und dann voller Tatendrang Ihre Mitstreiter werden, um solche Projekte umzusetzen!

Auf meinem Balkon wächst Salat und Dill, dazu noch als Heilpflanze der japanische Knöterich, dessen Blättchen man im Sommer frisch essen kann. Außerdem übersommert der mehrfach verwendbare Tannenbaum bis zum 24. Dezember.

Wer Spaß an der Umsetzung hat, dem möchte ich unbedingt noch die Bücher von Gay Saech („Gärtnern ohne Garten", Dor-

ling Kinderslay, Starnberg 2000) und von Ellen Fischer („Das Topfgartenbuch, Gärtnern in Töpfen, Terrakotten und Kübeln", Ulmer, Stuttgart 2006) empfehlen und darüber hinaus – zur Stärkung der Motivation – den Besuch des Hundertwasserhauses in Wien

Mein Balkon mit Topinambur und „übersommerndem" Weihnachtsbaum (Bild o.l.)

Auch Kartoffeln gedeihen „ambulant" (Bild u.l.)

Platz ist in der kleinsten Hütte (Bild r.)

Was ernte ich im November?

Eine richtig reiche Novemberernte kann man auch in einem Stadtgarten einfahren, wenn man akribisch bürokratisch plant und mutig – wenn andere Gärtner schon an die Faulenzerei vor dem warmen Ofen im Winter denken – im Herbst das Wintergemüse aussät! Dies können Sie dann, zum Erstaunen der Nachbarn, bis zum Frühjahr ernten! Und wieder ein Anlass, um Kontakte zu knüpfen: „Was ernten SIE denn da unter dem Schnee?!"

Damit können Sie genau das anbauen und essen, was unsere Ahnen und Urahnen, aber auch noch meine Omas und Eltern,

Sehen Sie selbst. Das ist der Nachtisch – Himbeeren als Halbgefrorenes! Durch den Rückschnitt im Sommer trugen sie im November ein zweites Mal.

im Winter gegessen haben. Zu den winterharten Gemüsen gehören zum Beispiel alle Kohlsorten, also u.a. Rosenkohl, Grünkohl und Brokkoli. Damit haben Sie Lebensmittel im Garten, die als Krebs vorbeugend und Krebs bekämpfend mittlerweile jedem Onkologen bekannt sein dürften. Sie stärken das Immunsystem und können – wie der Brokkoli nachweislich – sogar Krebs bekämpfen.

Meine Omas kannten diese wissenschaftlichen Erkenntnisse zwar noch nicht, ihr hohes Lebensalter spricht aber unbedingt dafür. Mit Brokkoli haben Sie außerdem den optimalen Gehirndünger, denn dieser Kohl enthält genug Folsäure für geistige Höhenflüge.

„Nun soll ich jeden Tag Kohl essen? Wie langweilig"! Nun gut, da gäbe es pürierte Kohlsuppe mir geröstetem Brot, Brokkoli-Auflauf, Brokkoli in Tomatensauce zu Nudeln, die rohen Brokkoli-Stängel roh geknabbert (zart saftig), als Smoothie-Zutat, als Gemüsebeilage, in den Kräutersalat. Falls jemand unter Ihnen als Lieblingsfarbe grün hat, könnten Sie die Smoothies mit verschiedenen Kräutern mal nebeneinander stellen und zählen, wie viele verschiedene Grüntöne man erzeugen kann. Geheimtipp: Am dunkelsten wird er mit Brennnessel, am „grünsten" mit Blättern von Kohlrabi.

Und wenn Sie nicht mehr wissen, wohin mit Ihrem Bio-Brokkoli verschenken Sie ihn doch an jemanden, der Prostataprobleme hat. „Klinische Untersuchungen zeigten …, dass die Brokkoli-Abkochung nicht nur steinlösende Eigenschaften (Prostatasteine) besitzt, sondern auch vorbeugend und therapeutisch gegen Prostata-, Brust- und Blasenkrebs wirkt." (Kaufhold, Peter: Heilung aus der Apotheke Gottes, BoD, Norderstedt 2012, S. 30)

Damit Ihnen der Kohl nicht bald zu den Ohren heraushängt, verrate ich Ihnen noch die anderen „Winterharten". Auch Zwiebeln, Spinat, Feldsalat und Rüben halten es unter dem Schnee aus.

Wenn Sie einen geschützten Ort im Garten haben, vielleicht sogar einen Pflanzkasten mit Deckel an einer Hauswand, können Sie dort die teilweise winterharten Gemüse anbauen: Dann können noch Möhren, Mangold (mit roten und gelben und orangefarbenen Blattstielen, auch noch schön), Pastinak, Blumenkohl und Sellerie Ihren Speiseplan bereichern.

Ach so ein Sellerieschnitzel! In 1,5 cm dicke große Scheiben schneiden (Schnitzelgröße eben), 5 Min. in Wasser kochen, dann mit Ei und Vollkornmehl panieren, braten und zu einem Winter-Feldsalat servieren. Eine Delikatesse!

Aus der Wildnis hätte ich zum Beispiel noch folgendes auf dem Speiseplan: Gesammelte Bucheckern (geröstet) und Nachtkerzen- und Löwenzahnwurzeln frisch ausgegraben (von den Rosetten, die erst im nächsten Jahr blühen).

Die einjährigen Nachtkerzenwurzeln haben an fruchtbaren Standorten 7 cm dicke Rüben! Nicht umsonst hat man die „Schinkenwurz" früher sogar als Nahrungsmittelpflanze angebaut. Sie ist lecker sowohl roh geknabbert als auch geraspelt im Salat oder gekocht.

Man kann Kräuter oder frische Wasserlinsen sammeln für Salat und Reste vom Pflücksalat auf dem Balkon oder der Fensterbank ernten, wo der Frost noch nicht hingekommen ist. Brombeerblätter lassen sich zur Not sehr fein in den Salat schneiden. Den ganzen Winter über sind sie auch unter Schnee noch frisch. Im Notfall ersetzt das Kauen der zähen Blätter die Zahnbürste.

Man kann nun das im Sommer Eingemachte wie Beeren, Bohnen, Kirschen oder Apfelmus verspeisen. Man kann auf Getrocknetes wie Pilze (oh göttlicher Geschmack der getrockneten Stein-

Selbst mein wilder Oregano ist noch da

Frische Pilze: junge Kartoffelboviste im November

pilze!), Wurzeln, Möhren oder Apfelringe zurückgreifen. Trocknen finde ich einfach wunderbar! Wenn man schöne Herbsttage hat, trocknet man am besten in der Sonne – also ohne Energieaufwand, den man sonst für den Backofen bräuchte. Man trocknet bei ca. 50 Grad im Backofen mit leicht geöffneter Tür über einige Stunden. Äpfel und Birnen schneidet man dazu in Scheiben von ca. einem halbem Zentimeter Dicke, legt sie auf ein Rost und wendet sie einmal. Wurzelscheiben wie Nachtkerzen-, Möhrenoder Beinwellwurzeln (als Medizin) kann man auch auffädeln und an die Decke hängen. Danach müssen die Vorräte trocken in Dosen oder Cellophantüten aufbewahrt werden.

Andere Heilkräuter kann man zur Not auch im Winter frisch ernten! Natürlich haben sie nicht mehr die Heilkraft wie im Sommer, aber ätherische Öle sind immer noch drin, wie man beim Reiben der Blätter selbst feststellen kann, z.B. bei Salbei oder bei dem schon leicht angefrorenen wilden Oregano.

Viele Erntefrüchte können Sie auch aus dem Keller holen, (die Sie vorher idealerweise auf getrockneten Brennnesseln gelagert haben, damit sie länger frisch bleiben) wie Kartoffeln, Zwiebeln, Knoblauch oder Kürbisse. Am besten lagern sie in einem kühlen feuchten Kartoffelkeller, nicht zu dicht gepackt, das Obst nebeneinander und ideal einzeln in Papier verpackt. Die Möhren bewahrt man in einer Sandkiste auf.

Im Bild auf Seite 87 sehen Sie die Zutaten meines November-Salates: Reste der Brokkoli-Blüten (die ich immer als winterliches Futter für meine Karnickel stehen lasse, ich esse Blüten, Samen und Blätter), Weidenröschen-Blätter (toll für die Blase), Löwenzahn (Geschmack und Masse), Vogelmiere (Vitamine), ein Blättchen Taubnessel (nur eins, ich mag den süßlichen Geschmack nicht so, sieht aber schön aus), Kohlreste, rosa Melde mit Samen (was zum Kauen, Konsistenz wie Hirse), etwas Lungenkraut (ganz klein geschnitten, sonst ist es zu haarig, leckerer, sanfter, saftiger Geschmack), Veronica-Blättchen (neutral bis herb), Reste von blühenden Blattsalaten, 1-2 Blättchen Stiefmütterchen. Das Ganze wird gemischt mit etwas (gekauftem) Rübstiel (Stielmus hat meine Oma früher immer gekocht, mochte ich als Kind nie, heute weiß ich das roh zu schätzen!), gekochtem Buchweizen (da ich immer so viel schreiben muss, habe ich keine Zeit zum Kochen und bevorzuge Körner, die nur kurz aufkochen müssen und dann quel-

len, ist auch Energie sparender) oder Kartoffeln. Dazu ein paar getrocknete Tomaten, Schafskäse, etwas geschnittene Bio-Zwiebel und ein Salat-Sößchen. Herrlich!

Als Nachtisch gibt es Mus aus frisch gepflückten Hagebutten. Sie schmecken nach dem ersten Frost am besten: Einfach das braune Krönchen und den Stiel abschneiden, komplett kurz aufkochen, durch ein Sieb streichen, etwas Honig oder Zucker dazu. Zu Joghurt oder Quark ist dies eine herrliche Sauce.

Die Hagebutten haben für uns genau das Geschenk, welches wir im dunklen Winter am dringendsten brauchen: frisches Vitamin C! Und dann noch in dieser schmackhaften Verpackung. Außerdem hat die Hagebutte noch Mineralien wie Schwefel, Eisen und Magnesium für uns, dazu Schleimstoffe, Gerbstoffe und Pektin. Eine tolle Frucht für das Immun- und das Verdauungssystem.

Falls in den nächsten Jahren mal der Winter keinen Frost mehr bringen sollte, können Sie die Hagebutten zwei Tage in die Tiefkühltruhe legen und dann verarbeiten.

Morgens gibt es bei mir frisch ausgegrabene Topinambur-Wurzeln. Ich schneide sie roh ins Müsli (gemischt mit Keimen, Früchten, Nüssen, Hirseflocken) und freue mich am knackig-frischen

Hier sehen Sie meine gesammelter Kräuter aus meinem schon novemberigen Garten, die dann im Salat gelandet sind.

leicht süßen Geschmack. Topinambur ist die ideale Pflanze für die Selbstversorgung. Sie wächst fast überall, sieht als „Sonnenblume" auch noch wunderschön aus, ist frosthart und kommt jedes Jahr neu, wenn ich ein paar Knollen in der Erde lasse. Sie ist die ideale Nahrungspflanze für Garteneinsteiger-Selbstversorger, die man ohne Pflege immer wieder genießen kann.

Beim Ausgraben freue ich mich über die vielen Gnomen und Tiergesichter in den kleinen Knollen. Sie halten sich den ganzen Winter über im Boden frisch, nur bei starkem Frost müsste man sie etwas abdecken oder einige Knollen mit Erde in einer Kiste im Keller lagern. Topinambur könnte man an jede freie Ecke pflanzen. Wenn sie einen Zaun begleitet, kann man sie daran gleich festbinden, da sie ca. 1,50 m hoch wird. Außerdem grüßt sie den Nachbarn mit ihren schönen gelben Blüten, von denen man sich auch noch einen hübschen Sonnenblumenstrauß pflücken kann.

Dazu gibt es frischen Wildkräutersalat und die Reste vom immer noch im Garten grünenden, frischen Porree-Gemüse.

Außerdem mache ich Eintopf von dem im Keller eingelagerten Hokkaido-Kürbis mit Möhren. Für die Gemälde-Wirkung (und auch, weil ich das Blattgrün bevorzuge) schneide ich das Möhrenlaub mit hinein. Zum Nachtisch gibt es Haselnüsse und Walnüsse.

Beim Waldspaziergang entdeckte ich dann noch eine leckere Alternative: Frischen jungen Kartoffelbovist mit Brennnesseln! Wenn Sie sich mit Pilzen auskennen, können Sie auch im November noch Gourmet-Futter im Wald ernten.

Was essen Vögel und Karnickel im Winter?

Ein Erlebnis aus meiner Studienzeit brachte mich der Frage näher. Damals haben wir unter anderem „Kompostbotanik" betrieben. Das kennen Sie nicht? Ich kannte es vorher auch nicht.

Meine Biologen-Kollegen und ich hatten freiberufliche Jobs bei einem Planungsbüro, welches die Landschaften auf ihre Schutzwürdigkeit untersuchte, um dann an eben DER Stelle die Autobahn NICHT zu planen, wo am meisten Kröten, Molche, Orchideen oder andere schutzwürdige Lebewesen vorkamen. Da oft die Gelder genau im Herbst für solche Aufträge flüssig wurden, mit meistens kurzer Bearbeitungsfrist, mussten wir sofort loslegen: Unter Laub und Schnee wurde nach Resten von Sumpfdotterblumen, Fieberklee, seltenen Orchideen und Co. gefahndet, „Kompostbotanik" eben.

Diese Arbeit ging oft an die Grenzen unserer Gesundheit! Kartieren Sie mal stundenlang in unwegsamem Gelände oder bei Regen und Sturm mit einer auszufüllenden Karte, auf der die Notizen verlaufen, sowie einem Bestimmungsbuch und einer Lupe in der Hand. Es ging auch an die Grenzen unseres Wissens. Zwar gibt es Bestimmungsbücher, die einem sogar ermöglichen, wie man Gräser (!) ohne Blüte bestimmen kann, aber ansonsten war es schon eine Herausforderung, wenn man zwar ein Orchideen-Blatt gefunden hatte, aber nicht mehr den kleinsten Fitzel einer dazugehörigen Blüte!

Lange Rede, kurzer Sinn: Es fand sich unter Laub und Schnee allerlei Essbares. Viele der Kräuter waren nämlich noch frisch und grün. Das also essen Karnickel im Winter! Zur Not wäre das auch eine Nahrung für uns, sicher nicht mit der Menge an guten Inhaltsstoffen, wie ein knackiges Frühlingskraut es aufzuweisen hat, aber immerhin lebendig konservierte Blätter!

Die blattlosen Sträucher waren von unserer Truppe einfacher zu bestimmen. Zum einen erkennt man sie oft an Rinde und Wuchsform, leicht aber auch an den im Winter oft noch hängenden Beeren oder Samen – noch eine Not-Futterquelle, allerdings nicht für die Karnickel, sondern eher für die Vögel.

Aber bedenken Sie bitte bei der Winter-Beeren-Ernte: Ilex-Beeren sind NUR für Vögel gedacht und von den Eiben-Früchten dürfen sie NUR den roten Mantel essen, niemals den in ihnen enthaltenen Samen, denn der ist so giftig, dass man aus deren Inhaltsstoffen sogar Medikamente gegen Krebs herstellt. Erfahrungsgemäß haben aber die Vögel schon den roten Mantel im Herbst als Nachtisch verputzt. Wenn Sie gar keine Eibenbeeren mehr finden, kann es sein, dass ich vorher da war und alle gegessen habe. Denn sie sind einfach saftig-marmeladig-köstlich.

Essen dürfen Sie Weißdorn- und Mahonien-Früchte und auch noch hängende Ebereschenbeeren, letztere aber am besten in einer Mischung mit anderen gekocht. Wundervoll schmecken die Schlehen nach dem ersten Frost, kurz gekocht mit Honig.

Die Karnickel greifen im Winter wie die „Ur-Konzianer" (Buch: „Der große Gesundheits-Konz") auf die auch unter

So schön kann ein winterliches Brombeerblatt aussehen

Schnee noch grünen Brombeerblätter zurück: Da die Blätter auf der Unterseiten-Mittelrippe kleine Stachelleisten haben, klappt man sie zusammen und knabbert sie rund um die Stacheln ab. Ich hab`s ausprobiert: Und ja, man kann sie essen. Und nein: Sie schmecken für meine Verhältnisse nicht gourmetmäßig. Aber jein: Danach waren durch den hohen Faser-Anteil meine Zähne blitzsauber! Also als Zahnpasta-Ersatz sehr wohl zu gebrauchen. Und schön sehen sie auch noch aus.

Selbstversorgung in der Wohnung?

Bei uns in Deutschland ist die Selbstversorgung in der Wohnung nicht so einfach, es sei denn, Sie haben einen Wintergarten. Ansonsten sind unsere Wohnungen oft zu dunkel und gleichzeitig zu warm.

Eine Möglichkeit ist der Anbau auf der Fensterbank, bzw. im Fenster, in das man ein Regal baut, um mehrere Töpfe übereinander dem Licht aussetzen zu können, idealerweise sind die Regal„bretter" dabei aus Glas. Sie können ja ihren Besuchern erzählen, Sie hätten hier ein „Designfenster" kreiert.

Ansonsten können Sie Keimlinge anziehen, Pilze im Keller züchten oder Chicorée oder Löwenzahn auch im Dunkeln trei-

ben lassen und dann einmal in gelb verzehren. Der Rest unserer Gemüse keimt leider fast gar nicht auf der Fensterbank im Winter, die Tage sind einfach zu kurz.

Wenn man allerdings einen relativ warmen Wintergarten hat, kann man dort Zitronen und Orangen ernten!

Essen Sie Pflanzenbabys!

Früher war der Vitaminmangel im Winter ein echtes Problem. Es gab im Winter keine Citrusfrüchte aus Spanien oder Kiwis aus Neuseeland.

Die Menschen stürzten sich im Frühling auf die ersten grünen Blättchen des Scharbockskrautes oder der Vogelmiere als Vitamin-C-Spender oder auf frische Baumblätter.

Oder sie erzählten sich die Geschichte von den ersten drei entdeckten Gundermann-Blättchen. Wer die nämlich isst, wird das ganze Jahr nicht mehr krank. Seitdem ich das weiß, tue ich das natürlich! Und nun fragen Sie, ob es geholfen hat? Natürlich! Allerdings wissen Sie ja schon, dass ich auch alles andere am Wegrand esse, das mag auch zu meiner unverwüstlichen Dauergesundheit beitragen.

Me ne Indoor-Vogelmiere im Aloe-vera-Topf, ein spontanes Geschenk der Natur (Bild l.)

Orangenernte im Wintergarten (Bild r.)

Keimlinge –
Vitaminbomben für
den Winter

Das Aroma von Gundermann ist – wenn man ihn zum ersten Mal probiert – schon ganz besonders würzig, etwas herb, kaum zu beschreiben, so individuell! Man nannte ihn früher auch „Soldatenpetersilie". Ich habe länger über den Namen gegrübelt. Hatten die Soldaten nichts anderes? Oder haben sie ihn – wie wir die Petersilie – als Vitaminquelle und Heilkraut benutzt?

Mittlerweile schmeckt er mir richtig gut! Und Rolf bezeichnet ihn sogar als Gourmetkraut. Soweit würde ich allerdings nicht gehen.

Heute kaufen wir im Winter-Salate und Tomaten vom spanischen oder holländischen Kunstdünger-Tropf. Ginge es vielleicht auch anders?

Autark in der eigenen Küche? Klar! Mit Keimlingen von der Fensterbank. Ich esse lebendige Pflanzen, gekeimt aus Saat von Kresse (scharf!), Erbsen, Linsen (neutral), Senf (scharf!), Alfalfa (köstlich, knackig, frisch), Weizen (neutral), Hirse (neutral), Rotklee (etwas langweilig), Mungbohnen (super-knackig, wenn ohne Licht gekeimt, noch besser!).

Wie viele verschiedene Linsen es gibt! Rote, orange, gelbe, braune. Lecker!

Einen Superlativ-Keimling erhält man unbestritten aus dem Samen der Alfalfa-Pflanze. Die Übersetzung dieses arabischen Pflanzennamens bedeutet „gutes Futter". Nun denken Sie natürlich zunächst an Kuh- oder Schweine- oder Karnickelfutter. Genau! So wird es tatsächlich verfüttert! Die „Luzerne" – wie die Alfalfa bei uns genannt wird – ist eine exzellente Eiweiß liefernde Pflanze für das Vieh. Sie hat als Keimling den höchsten Eiweißgehalt aller Keimsprossen, nämlich 35 %. Wie kommt sie nur an eine solche Eiweißmenge, die die von Fleisch, Fisch und Eiern bei weitem übertreffen?

Sie hat einen Trick, den viele Schmetterlingsblütler aus ihrer Verwandtschaft ebenfalls kennen: Sie nutzt den Luftstickstoff. Dieser mit 78 % in unserer Luft vorkommende Stoff ist mir als Mensch so ziemlich egal. Ich atme ihn ein und unverändert wieder aus. Die Luzerne aber hat in ihren Wurzeln Bakterien, die diesen Stickstoff einatmen und zu wunderbarem „Stickstoffdünger" verarbeiten, den sie der „Mutterpflanze" dann zur Verfügung stellen. Dafür gewährt ihnen die „Mutter" Unterschlupf in kleinen Wurzelknöllchen. Eine geniale Erfindung! Ob diese Bakterien schon die Prinzipien der Permakultur kannten? Also diese Forderung, mit einer Pflanze oder Eigenschaft viele verschiedene Anwendungen zu ermöglichen?

Diesen Stickstoff bzw. dieses Eiweiß kann ich nämlich tatsächlich für mehr als eine Anwendung nutzen:

Einerseits kann man die Pflanzen im Herbst mähen und sie als Super-Eiweißnahrung an das Vieh verfüttern. Andererseits kann man die im Boden verbleibenden Wurzeln untergraben und damit dem Boden einen „Gratis-Grünen-Pestizid-freien-regionalen-ohne Energieaufwand-gewonnenen-Biodünger" für das Beet/Feld liefern.

Die Keimlinge oder ganzen Pflanzen können von Veganern als Fleischersatz verzehrt werden. Die Blüten dienen den Bienen als Nektarquelle, und schön (helllila) sehen sie auch noch aus.

Da ging die Begeisterung nun doch mal wieder mit mir durch! Wir waren doch bei den Pflanzenbabys! Also die Keimlinge im Winter ersetzen nicht nur Fleisch, Wurst, Eier und Fisch, son-

Für Mutige: Wasserlinse mit Gourmet-Geschmack!

dern liefern auch noch alle Vitamine, sowohl die in Fett löslichen wie A,D,E,K (kleine Eselsbrücke für meine Schüler „EDEKA"), als auch die wasserlöslichen B-Vitamine und Vitamin K. Sie sollen von allen Keimlingen auch noch den höchsten Mineralgehalt haben. Und nun das Allerbeste: Sie schmecken auch noch gut, nussig knackig! Jetzt weiß ich wieder genau, warum ich mich damals beim Biologiestudium nur für die Fachrichtung Botanik entscheiden konnte: Gibt es etwas Faszinierenderes?

Andere Pflanzenbabys können Sie in Form von Wasserlinsen essen. Nun sind dies aber eigentlich keine „Babys", sondern komplette vollständige erwachsene Pflanzen! Sie kommen einem nur so babyhaft vor, weil sie zu den kleinsten Blütenpflanzen der Welt gehören.

Ich wollte endlich auch einmal eine Pflanze besitzen, die im Guinessbuch steht. Die Wasserlinse ist die am schnellsten wachsende Blütenpflanze weltweit und bildet unter guten Bedingungen innerhalb von 36 Stunden eine „Tochter"linse.

In Wirklichkeit ist es keine Tochter, sondern eher ein Klon, aber das tut dem Geschmack keinen Abbruch.

Nachdem ich herausgefunden habe, dass sie in Holland, Israel, Mexico und Thailand wie selbstverständlich auf der Speisekarte steht, traue ich mich, sie für Gäste in den Salat zu mischen – und das auch zu erzählen. Wenn Sie das nächste Mal an einem 1. November in Holland einkaufen gehen, schauen Sie doch mal in die Kühltheken und bringen Sie sich „exotische" Wasserlinsen für den Salat mit.

Die Linsen sind eine Ausgeburt an Gesundheit! Die Enten wissen genau, warum sie sich so sehr darauf stürzen, dass auf den meisten Teichen, wo Enten leben, für uns nichts mehr übrig bleibt.

Dies ist natürlich kein Wunder: Die Wasserlinsen enthalten so viel Eiweiß wie Sojabohnen, nämlich ca. 38 %, und – obwohl es ein Pflanzeneiweiß ist – in einer Zusammensetzung, die tierischem Eiweiß entspricht! Und wenn Sie auch so wie eine Entenmutter ein Ei mit viel Eiweiß produzieren müssten, würden Sie ebenfalls jede Eiweiß-Quelle nutzen.

Die Enten kennen das Geheimnis schon lange, denn sie füttern damit sogar ihre Babys. Die Babys kennen dies dann als „Entengrütze".

Essbar ist die ganze Pflanze. Man muss nicht erst Samen ernten oder Früchte schälen wie bei Bohnen oder Nüssen, und außerdem muss man keinen Müll entsorgen.

Schon früher verfütterten die Bauern die Wasserlinsen von ihren Löschteichen an die Hühner. Heute wird sie Fischen, Hasen, Schweinen, Schafen und Pferden ins Futter gemischt. In den USA gibt es sogar Wasserlinsenfarmen, deren Ernte an Rinder verfüttert wird. Außerdem wird sie als Dünger genutzt.

Im Rahmen der Permakultur-Gartenbau-Prinzipien ist diese Pflanze ein Superlativ! Ein Grundsatz dieser Gartenbau-Methode ist es ja, hauptsächlich Pflanzen zu nutzen, die für maximal viele verschiedene Anwendungen taugen. Wie viele waren das hier noch mal für ein und dieselbe Pflanze?

Ich mag das Zeug, es schmeckt neutral wie eine Mischung aus Eisbergsalat und milder Kresse.

Ich habe mir damit schon mal einen Teil der Nahrung der Zukunft in die Küche geholt. Ich schöpfe sie einfach ab. Sie enthält genug Eiweiß, ca. 5 % Fett, Carotine, Phosphor, Magnesium, Calcium und Spurenelemente. Sie wird weltweit sogar als Heilmittel eingesetzt. Sie soll Krebs hemmend sein und gegen Erkältung, Gicht und Rheuma helfen.

Jeder kann autark die Linse im eigenen Gartenteich züchten. Sie braucht nur etwas Dünger (in Form von guter Erde z.B.) und Licht. Ein Teich von ca. 50 Quadratmetern Größe kann eine fünfköpfige Familie mit Eiweiß versorgen. Sollten die Linsen mal ausbleichen, fehlt ihnen Eisen. Dann werfe ich ein paar rostige Nägel oder einige Brennnesseln in den Teich. Dann bekommen die Linsen wieder eine schöne sattgrüne Farbe.

Draußen auf dem Teich können Sie die Linsen bis November ernten. Erst bei Frost machen die Linsen Winterschlaf und sinken in die Tiefe. Sie pupsen sozusagen, lassen ihre Luft ab, mit deren Hilfe sie auf dem Wasser schwimmen und sinken auf den Boden. Aber die Vorratshaltung ist einfach: Trocknen Sie genug Linsen im Sommer und benutzten Sie diese im Winter als Mehl oder Kraftfutter im Müsli oder Salat. Oder stellen Sie sich ein Aquarium in die Wohnung, lassen Sie die Fische für die Düngung sorgen, und genießen Sie das Grünzeug (gut gewaschen) auch im Dezember frisch.

Altes Gemüse im Schrebergarten

Das Abenteuer der städtischen Selbstversorgung finde ich erst so richtig spannend, seitdem ich verschiedene Gemüse in meinem Garten habe, die es in keinem Supermarkt zu kaufen gibt. Es gibt sie noch nicht einmal in den türkischen Gemüseläden, die immerhin schon über eine ansehnliche Auswahl exotischer Sorten verfügen, inkl. Riesenlöwenzähnen.

Aber auch die meisten Bioläden haben nicht diese ursprünglichen alten Sorten, die man zum Beispiel beim „Dreschflegel"-Samen-Versand bekommt.

Wenn Sie einmal andere Salate als Eisberg-, Feldsalat oder Lollo rosso essen möchten, probieren Sie doch mal Teufelsohren (grüne Blättchen mit dunkelroten Spitzen), chinesische Keule (ein Riesending!), grünen oder roten Stern (hübsche rosettige Sternform) oder Zuckerhutsalat (eine Form wie der Name schon

sagt). Auch der dunkelgrüne Vollherzige lohnt einen Anbauversuch, kleinblättrig und anspruchslos, na wenn man schon so heißt! Zu meinen Lieblingen gehört unbedingt auch der Erdbeerspinat, dessen Blätter wie Spinat geerntet werden und dessen Früchte wie Walderdbeeren aussehen, und ganz leicht fruchtig schmecken.

Meine Lieblingsmelde ist die Sorte „Magenta Spreen" oder „Chenopodium giganteum". Wie der Name schon sagt, handelt es sich hier um einen „Riesenspinat". Er wird bis zu 2 m hoch, hat eine wunderbare rot überlaufene Blatt-, Blüten- und Fruchtfarbe und so viele Samen, dass sie sich endlos wieder aussät. Sie ist mein Dauer-Spinatgemüse, auch zum roh essen. Die zarten Blättchen kann man naschen während der Gartenarbeit, die Samen kann man roh über den Salat streuen. Und die Stiele sind im Herbst eine Schönheit.

Die Blättchen haben ein glitzernd pinkes Mehl auf ihrer Oberfläche, mit dem man sich zur Not auch noch die Wangen rot schminken könnte.

Wenn Sie Anis und Fenchel mögen, können Sie die natürlich anbauen, aber ich möchte Ihnen noch eine einheimische Pflanze vorstellen, die ich noch lieber mag und deren Samen Sie auch bei Dreschflegel bekommen: die Süßdolde, Myrrhis odorata. Ein hübscher, weiß blühender Doldenblütler ähnlich der wilden Möhre, von dem Sie alles verwenden können. Die Blüten und die unreifen Samen schmecken würzig-süß und erinnern etwas an Fenchel. Das ist eine wahre Süßigkeit im Garten. Ich liebe

Alte Sorte „Erdbeerspinat": Erst die Erdbeerchen essen, dann die Blätter als Gemüse kochen. (Bild l.)

Baumspinat „Magenta Spreen" mit pinkem Blattmehl als Rouge-Ersatz (Bild r.)

Die Samen der Süß-
dolde schmecken
wie Fenchelbon-
bons (Bild l.)

Stiele der Magenta-
Spreen-Melde – ein
Gemälde! (Bild r.)

sie! Die Wurzeln kann man wie Möhren essen. Das Besondere
ist, dass man sie von Oktober bis November säen muss, damit
man im Mai schon die herrlichen Blütendolden essen kann. Sie
ist mehrjährig und wird immer größer. Dadurch ist sie auch ein
autarkes Element, um dessen Pflege ich mich nicht kümmern
muss. Ich darf nur noch wie im Paradies ernten.

So habe ich wieder mehr Zeit, noch mehr neue Sorten auszuprobieren, zum Beispiel den Rüsselrettich mit den scharfen Rüs-
selfrüchten, die Amaranth-Mischungen oder die Duwicker
Möhre, die aussieht wie ein Kreisel.

Die von mir gesammelten Samen dieser Exotensorten sind
bei Gartentreffen immer sehr beliebt. Wenn Sie neue Kontakte
suchen, brauchen Sie einen gärtnerisch Interessierten nur mal
zu fragen, ob er schon die nach Ananas schmeckende Judenkir-
sche oder die nach Fenchel-Bonbons schmeckende Süßdolde
kennt und ob er Samen davon haben möchte oder ob er die
künstlerisch anmutenden Stiele der Magenta-Spreen schon einmal gesehen hat.

Essbare Ziergärten, Blumen-Menüs und Gemüsedesign

Ein Nutzgarten muss nicht mit schnurgeraden Reihen von Porree oder Kohlköpfen aufwarten! Bei meinen zahlreichen Besuchen in den schönsten Gärten Englands habe ich zum Beispiel gesehen, wie ein Kohlkopf theatralisch schön mitten in einem Blumenbeet arrangiert war, als grüner Farbtupfer mit runder Form zwischen Rosen. Er war die Krönung, das Zentrum des Beetes. Design mit Gemüse!

Sie können leckeren Grünkohl (statt giftigem Buchsbaum) als Beet-Einfassung für bunte Blumen nehmen oder Hopfen und Bohnen als Fassadenbegrünung pflanzen oder diese an den Stämmen der Straßenbäume hochranken lassen. Hier kann man sie übrigens jederzeit ernten, ohne dass ein Hund sich daran vergangen hätte, denn so hoch pinkelt keiner ...

Der Vorteil der im Blumenbeet versteckten Gemüse liegt auch darin, dass die essbaren Pflanzen darin sehr viel besser vor Schnecken geschützt sind, denn in so einer Vielfalt werden sie von denen gar nicht entdeckt.

Als Alternative zum Gemüse könnten Sie auch einfach mal Ihre Zierpflanzen essen! Viele der bunten Stauden, die Sie in Blumenläden erworben haben, sind außerordentlich köstlich. Ohne Bedenken würde ich allerdings nur die Bio-Blumen aus meinem Garten oder aus der Bio-Gärtnerei essen. Oder auch meine selbst gezogenen Zieräpfel. Bei manchen Sorten werden Sie sich über das intensive Aroma wundern. Einige Sorten schmecken gar nicht, andere bestenfalls nach nichts, wieder andere enthalten das Intensive Aroma eines getrockneten Apfels.

Stiefmütterchen für 29 Cent aus Holland (als Schnäppchen im Frühjahr in der Kiste mit 30 Stück) würde ich unbedingt meiden, da sie vor Pestiziden strotzen! Bei den Züchtern hat sich noch nicht hinreichend herum gesprochen, dass man sie auch als Salat oder Teedroge betrachten könnte.

Probieren Sie doch einmal die Blüten der Eisbegonien. Sie werden vom zitronig-knackigen Geschmack begeistert sein.

Sie sollten sich auch die blau bereiften **Mahonienbeeren** nicht entgehen lassen, die Sie vielleicht nur als Zierstrauch kennen,

Zieräpfel: Manche
schmecken köstlich
(Bild l.)

Eisbegonie: zitronig-
knackige Blüte
(Bild r.)

vor denen die Oma Sie als Kind immer gewarnt hat. Nein, sie
sind nicht giftig!

Sie schmecken sehr sauer und leicht herb und eignen sich ge-
schmacklich sehr gut als Zitronenersatz und färberisch als Wucht
in rotlila zum Beispiel im Quark oder Orangensaft, ähnlich wie
Holundersaft. In den Alpen hat man früher Marmeladen und Sirup daraus gekocht (Machatschek). Man kann sie auch als säuerlichen Zusatz zu Apfelmus mitkochen oder in kleinen Mengen
roh saften und Tee oder Süßspeisen damit verfeinern.

Im Herbst können Sie einmal die Zwiebeln der **Traubenhya-
zinthe** (Muscari botryoides) kosten. Dieses blaue Blümchen hat
Sie im Frühjahr mit seinen Glöckchen erfreut und kann Sie nun
mit griechischen Erinnerungen verführen. Wenn Sie experi-
mentierfreudig sind und genug Pflanzen davon haben, empfehle
ich folgendes Rezept: Kochen Sie die gesäuberten Zwiebeln zehn
Minuten und legen Sie sie mit Mittelmeerkräutern in Öl ein.
Lassen Sie aber immer ein paar stehen, für das Frühjahr und das
Griechenlandgefühl im nächsten Herbst, oder um noch mehr
Rezepte damit auszuprobieren.

Genau so können Sie die **Lilienzwiebeln** essen (Lilium mar-
tagon). Sie werden wie Kartoffeln gekocht. Ach, wie kann ein
Gemüsegarten doch so schön sein!

Ebenso nahrhaft sind die Wurzeln der **Nachtkerzen**, Schön-
heiten mit gelben Blüten, die von (tagaktiven) Nachtfaltern be-
stäubt werden. Die Wurzel wird wegen ihrer Farbe auch Schinkenwurz genannt und wird seit langem in Europa kultiviert.

Fuchsie: auffallend und lecker

Man nimmt die Wurzel der einjährigen Pflanze (Rosette im Herbst), schält sie und isst sie roh oder gekocht. Sie ersetzt auch das Fleisch! Eine alte Bauernregel lautet: „Ein Pfund Nachtkerzenwurzel gibt so viel Kraft wie ein Zentner Ochsenfleisch." Aha, auch noch die preiswerte Lösung! Und die tierfreundliche, und anscheinend noch etwas für die Männerlenden!

Sie können alle Arten von Nachtkerzen nehmen, die großblütigen oder die kleinblütigen.

Auch die Blüten sind essbar und sehen im Salat wunderschön aus! Die Samen kann man pressen und als Öl benutzen. Das ist aber hauptsächlich ein Tipp für Rentner, die viel Zeit haben, denn die Samen sind so klein, dass man tagelang suchen und ernten muss, bis sich das lohnt. Deshalb ist das „Nachtkerzenöl", das Sie vielleicht aus der Kosmetik oder als Nahrungsergänzungsmittel kennen, auch so teuer. Als Gesundheitstipp für Neurodermitiker ist es aber dennoch zu empfehlen, sowohl in der Nahrung als auch direkt auf der Haut, z.B. direkt als gequetschte Samen.

Essbare Blüten gibt es bei allerlei Pflanzen. So können Sie bedenkenlos verschiedene Blüten über Ihre Salate geben und so durch die Farbenvielfalt den Appetit steigern und sich beim Kochen noch der Kunst hingeben. Arrangieren Sie phantasievolle Farbspiele und überraschen Sie Ihre Lieben. Kochen als Kunst? Das könnte doch ein neuer Küchentrend sein!

Ich lasse mir im Vorbeigehen auch nicht die Blüten der Fuchsien entgehen, zart-süß-herb, und alle Sorten schmecken etwas anders.

Blüten-Eiswürfel

Wenn Sie in Eiswürfelbehälter die Vertiefungen zur Hälfte mit Wasser füllen, dann eine Blüte auflegen und einfrieren, dann auf dem festen Würfel das Wasser auffüllen und wieder einfrieren, haben Sie eine perfekt in der Mitte des Würfels liegende Blüte.
Sie können natürlich auch Wein, Apfelsaft oder Traubensaft mit Blüten darin einfrieren. Die Würfel können Sie als köstliche Deko zu Orangensaft, Weinschorle oder Bowle geben.

Folgende Blüten können Sie bedenkenlos essen:

» Stockrose in allen Farbtönen sowie deren Verwandte Eibisch und Malven
» Die Blüten aller Zierlaucharten
» Blühender Porree oder Schnittlauch. Die sehen hübsch aus und schmecken nach Lauch.
» Broccoli- oder Senfblüten in gelb verleihen einen leicht senfigen Geschmack.
» Mehr neutral schmecken folgende Blüten: alle Glockenblumen, die blaue Wegwarte, die Margerite, das Gänseblümchen (Knospen besser als aufgeblühte Blüten), die Taglilie (Hemerocallis), die Nachtviole, Nelkenblütenblätter ohne die weißen Ansätze, Feld-Mannstreu, Disteln
» Auch Veilchen sind essbar, aber besser für Süßspeisen als für Salat geeignet, mit speziellem Geschmack, leicht nach Parfum eben.
» Kapuzinerkresse mit Kresse-Geschmack
» Tulpenblüten (nur die Blütenblätter, Laubblätter sind giftig, Blüten nur in kleinen Mengen, werden nicht von jedem vertragen)

Stockrose

Tulpen: essbare Blütenblätter, aber Vorsicht! Nicht zu viel, denn sie werden nicht von jedem vertragen

Einfaches Rezept: Blütenbutter für die Gartenparty

Ein Hingucker! Eine Handvoll Blüten werden fein geschnitten und in 200 g zimmerwarme weiche Butter gerührt. Für die würzige Variante nimmt man Kapuzinerkresse (in orange, rot, gelb), Senf (gelb), Lauch (weiß-grün), Löwenzahn (gelb), dazu etwas Salz.

Für eine süße Variante (unter Marmelade oder Honig auf Brot) nimmt man Blüten von Rotklee (zerrupft), blauen Borretsch, Rosenblüten, Phlox rosa oder weiß, Taubnesseln (rote, weiße, gelbe), Veilchen, Holunder, Mädesüß. Als Deko kann man noch die Butter obenauf mit Blüten verzieren.

Magnolienblüten
in Wetter:
knackig-herb

Probieren Sie doch mal die Riesenblüten der **Magnolien** als würzige, leicht herb-süße Zutat zu Ihrem Salat.

Außerdem könnte man aus seinem Teich noch die zarten Wurzeln vom Schilf essen. Vom **Wald-Geißbart** und vom **Hopfen** schmecken die ersten jungen Triebe zart und köstlich. Hopfensprossen gebraten oder roh im Salat gehören auch in der 5-Stern-Küche zu den Delikatessen und werden als Spargel-Ersatz gefeiert. Ähnlich lecker sind übrigens die Stängel der Huflattich-Blüten.

Meinen schönen **Zier-Fuchsschwanz** (Amaranthus) habe ich nun auch abgeerntet. Lange hat er mich mit seinen roten oder gelben Blüten- und Fruchtständen erfreut. Nun habe ich ihn abgeschnitten und die Fruchtstände zum Trocknen auf ein großes Blech gelegt. Wenn er trocken ist, schüttele ich die Amaranthkörner heraus, puste (draußen) einmal drüber, um die Spelzen zu entfernen und lasse die winzigen herausgefallenen Körner trocknen. Dann fülle ich sie in ein Glas, um sie bei Bedarf als Beilage zu essen. Sie müssen ca. 30 Minuten kochen und dann noch zehn Minuten quellen. Sie liefern ein supergesundes Vollkorn, das reich ist an Mineralien und Ballaststoffen. Man kann sie auch „poppen": Dazu einfach in eine heiße Pfanne ohne Fett geben. Deckel nicht vergessen, sonst fliegen einem die Körner um die Ohren! Meine Fuchsschwanzsorte ist ein „altes Gemüse" und dieser – mein – Amaranth hat im Gegensatz zum gekauften aus dem Bioladen, dessen Körner rund sind, scheibchenförmige Körnchen, mal was Besonderes! (Alte Sorten bio gibt es bei www.saatgut-dreschflegel.de)

Die herrlichen bunten **Duftpelargonien**, die es in vielen Geruchsrichtungen gibt, kann man als Tee benutzen. Eine „Zitronenform" habe ich mir getrocknet und brühe mir nun die getrockneten Blätter als Zitronentee auf. Andere riechen nach Rose oder Orange. Aber Achtung: Die Blätter sind durch ihre ätherischen Öle so stark konserviert, dass sie besonders lange zum Trocknen brauchen! Wenn sie beim Trocknen schon mal gelb werden, schadet das dem Geschmack dennoch nicht. Als „Geschmacksnoten" gibt es sogar welche mit Cola-Aroma, für den, der`s mag. (Eine herrliche Bezugsquelle für solche Aromakräuter ist die Firma „Rühlemanns", der Katalog ist für 5 Euro über das Internet zu bestellen.)

Blütentee

Wenn Sie einen Überfluss an Blüten im Garten haben, also wenn Sie – wie in den englischen Cottage-Gärten – ein paar Blütchen mit der Nagelschere entfernen müssen, um den Gesamteindruck zu perfektionieren, können Sie diese für Tee trocknen. Erstens ist Blütentee ein hübscher Anblick (zum Beispiel als Geschenk im Glas), zweitens schmeckt er. Man könnte zum Beispiel Schwarztee mit getrockneten Rosen-, Nelken-, Jasmin-, Veilchenblüten und zusätzlich etwas Minze aromatisieren. Da ist Experimentierfreude gefragt.

Blütensalz

Herb-würzige Blüten eignen sich für die Aromatisierung von Kräutersalz. Es muss nicht immer getrocknete Petersilie, Basilikum, Sellerie und Zwiebel im Salz sein, es darf auch mit Blüten von getrockneter Schafgarbe, Beifuß, Thymian, wildem Dost und Lavendel gemischt werden. Dazu trocknet man Blüten und Kräuter. Dann werden 10 g Blüten mit 100 g Meersalz gemörsert und formschön in Salzstreuern aus Glas serviert. Das Auge isst doch mit!

Zierlauch-Blüten: für zwiebeligen Geschmack (Bild l.)

Wie guckt der denn? Radieschen-Frucht. Das Auge hat wohl eine Fliege hinterlassen, als sie sich an einem stillen Örtchen — zugegebenermaßen mit einem wundervollen Ausblick in meinen Garten — niedergelassen hat (Bild r.)

Alle Blüten vom Zierlauch sind essbar. Die Blüten oder Samenkapseln werden einfach abgeschnitten und in den Salat gemischt als zwiebelig-scharfe Würze. Besonders die Engländer haben ja eine Vorliebe für die rosafarbenen oder leuchtend blauen Riesenkugeln des Zierlauchs als festem Bestandteil ihrer Gärten. Ich liebe sie. Die Zierlauche, die Cottage-Gärten und die Engländer!

Mit das leckerste, was Sie aus Ihrem Nutzgarten essen können, sind sicher die jungen grünen Früchte von Radieschen. Lassen Sie das nächste Mal die Radieschen blühen, Sie werden sich wundern.

Ich finde ja sowieso, dass es ein Erlebnis ist, die Gemüse- oder Salatpflanzen blühen zu lassen. Endlich sieht man mal die gelbhübschen, essbaren Blüten vom Broccoli, die gelben Blüten-Köpfchen des Salates, der damit endlich den Beweis antritt, wie nahe verwandt er mit den Gänsedisteln und dem Löwenzahn ist, und die dicken Blütenstände des Rhabarbers. Besonders die letzteren gehören eigentlich in ein Kunstmuseum. So eine Schönheit!

Weitere Verwendungen können Sie nachlesen in Alexander Heils Buch „Der Paradiesgarten" und in Martina Kabitzschs opulentem Kochbuch über „Blütenmenüs". In letzterem gibt es ein 5-gängiges Menü mit **Dahlien**.

Quiz Essbare Blüten

Bitte kreuzen Sie jetzt einmal an, welche der folgenden Blüten Sie NICHT bedenkenlos essen können: (Lösung im Anhang)
a) Mohn b) Margerite c) Gänseblümchen d) Löwenzahn e) Eisenhut
f) Tulpe g) Akelei h) Aster i) Gelber Hahnenfuß („Butterblume")
j) Seerose k) Hemerocallis l) Beinwell m) Passionsblume n) Phlox
o) Primeln p) alle Kleesorten q) Nelken r) Borretsch s) Ringelblume
t) Königskerze u) Stiefmütterchen v) Ilex w) Rittersporn x) Moschusmalve
y) Rhabarberknospen z) Sauerampfer

Folgende Pflanze gibt ihrem Salat den Paradies-Effekt: Blaue Himmelssternchen (Wer ist es? Lösung im Anhang)

Der Himmel auf Erden …

So könnte Ihr
Salat ...

Nachdem ich dieses einmal probiert habe, muss ich jeden Herbst einen Ausflug in den Dahliengarten der Bochumer Ruhr-Universität machen und mich (heimlich) an verschiedenfarbigen Dahlien satt essen. Diese unbeschreibliche Zartheit! Dieser Duft! Die orangefarbenen schmecken am besten!

Ich gehe nur dort zum Essen hin, wenn die Dahlien sowieso schon zum Teil ausgebuddelt sind, weil sie in den nächsten Tagen in ihr frostfreies Winterquartier eingelagert werden. Ich habe also keiner Dahlie geschadet.

... oder Ihr Brot aus-
sehen.

Blütenmenü-Quiz

1. Oh welche Farbenpracht im Herbst bei den D_____!
(Das sind die, deren Knollen den Winter über r_____ müssen.)
Der Geschmack ist leicht h_____ bis s_____ und alle Farben
schmecken etwas unterschiedlich. Es gibt sogar in Kochbüchern ganze
Menüs mit D_____! Die Blume gehört zu den Körbchenblüt-
lern, d.h. der Blütenstand ist ein ganzes K_____ voller Blüten, von denen man auch nur einzelne zur Deko herausnehmen kann.

2. Zur gleichen Familie gehören folgende essbaren Blüten:
Chry_____, Mar_____, Gä_____,
Kor_____ (blau)

Köstliche Dahlien, und alle Sorten ...

... schmecken unterschiedlich!

3. Von den Ne_____ schmecken nur die äußeren Teile der Blütenblätter, das innere weiße Stückchen ist meist bitter.

4. Essbar sind alle Blüten der Rauhblattgewächse. Die Blätter all
dieser sind eine neutral schmeckende Salatgrundlage, die Blüten sind
blau oder rosa: Ochsenzunge, Bo_____, Bei_____, Ver_____.

5. Veilchenartig schmecken die essbaren Blüten der St____-
m_____ bzw. Ve_____. Die billigen Frühlings-St_____ würde
ich dennoch nicht gerne essen. Warum nicht?_____.
Außerdem kommen sie oft aus H_____.

6. Neutral schmecken die Blüten der Blumen, die man auch als
Hustentee benutzen kann: Hi_____ und M_____.

7. Lecker aromatisch süß sind die weißen Dolden von Hol_____,
Mäd_____ und Bä_____.

8. *Kresseartig scharf und damit nur für Salat und nicht für Süßspeisen geeignet sind die Blüten der Kreuzblütler wie* S_____, Kr_____, Wiesen-Sch_____

9. *Zwiebelig schmecken die Blüten von* Bä_____, Zw_____, Kn_____, *auch* Zierl_____.

10. *Als herb-süße Schönheit kann man die einzelnen Blütchen des Körbchenblüters* L_____ *über den Salat streuen.*

11. *Riesige Blütenblätter als Deko kann man nehmen von*

» M_____ *(rot)*
» Mag_____*(weiß)*
» Ro_____ *(alle Farben)*

12. *Gelbe Dekoblüten gewinnt man von* Na_____ *und* Kön_____. *(Die sind auch noch gut gegen Husten!)*

13. *Des weiteren essbar sind die Blüten von*
» Pfin_____
» Phl_____
» Rin_____
» Rob_____ *(der Rest des Baumes ist giftig!)*
» Obs_____
» Alle Glo_____

14. *Essbare Blüten gibt es auch bei Gemüse; nämlich z.B.* Zu_____

15. *Giftig sind die Frühblüher:*
» Mai_____
» Sch_____
» Os_____
» T_____
» Salomo_____

Wilde Stadtdrogerie oder
„Wie ich lernte, den Lappenampfer zu lieben"

Kann man auch Drogerie-Artikel aus Selbstanbau gewinnen? In meinem Garten wächst freundlicherweise das Seifenkraut, welches mit Wasser vermischt schäumt. Man zerreibt entweder die Blüten, die auch noch einen wunderbar zarten Duft in der selbst gemachten Seife verbreiten oder man kocht die zerschnittenen frischen oder getrockneten Wurzeln mit Wasser.

Diesen Trick habe ich übrigens aus dem Buch „Ayla und der Clan des Bären" von Jean M. Auel. Ayla ist eine Homo-sapiens-Frau, natürlich blond, langhaarig, langbeinig und schön, die bei den Neandertalern lebt. Sie lässt uns an ihrer Ernährung, ihrer Haarpflege und ihrem Heilkräuterwissen teilhaben in einer Zeit vor 35.000 Jahren, eingebettet in eine Herz erwärmende Liebesgeschichte.

Damals war sie eben gerade mit ihrem herzallerliebsten jungen schönen Helden Jondalar verabredet und wollte ihm allseits sauber und duftend begegnen, und so geht sie zum Fluss, wo das Seifenkraut wächst, stürzt sich in die eiszeitlich kalten Fluten und schäumt sich von oben bis unten mit duftenden Seifenkrautblüten ein. „Ayla" ist eine unbedingt lesenswerte Geschichte, aus der man Vieles über Selbstversorgung lernen kann.

Seifenkraut zum Haare und Wäsche waschen

Auch bei uns wächst das Seifenkraut genau dort, wo wir es brauchen: Am Wasser. An der Ruhr kann man es an vielen Stellen finden und sich duftende rosa Blütchen für das eigene Shampoo sammeln – oder bei einem Bad in der sommerlichen Ruhr direkt vor Ort seine Haare damit waschen. Danke an Ayla für die guten Ideen!

Salbei als Zahnpasta-Ersatz

Bevor jemand die Erdölchemie und damit die Zahnbürste erfand, haben sich unsere Urahnen die Zähne mit Salbei geputzt. Die Anwendung ist kinderleicht. Man nehme ein frisches oder getrocknetes und angefeuchtetes Salbeiblatt, wickele es um den Zeigefinger und reiben sich damit die Zähne ab. Danach kann man noch das Zahnfleisch damit massieren.

Es mag im ersten Moment für uns sanft-süß-minzig-Zahnpasta-Geschmack-Verwöhnten etwas herb-bitter schmecken, aber man gewöhnt sich daran, ja man kann regelrecht süchtig danach werden. Ich kenne Menschen, die möchten die ätherischen Öle pünktlich morgens nicht mehr missen. Salbei hemmt die Karies-Keime, kräftigt das Zahnfleisch und macht den Mund kusstauglich!

Salbei ist doch unbedingt eine der drei Pflanzen, die ich mit auf eine einsame Insel nehmen würde!

Ich habe neulich versucht, mir aus Salbei ein Deo zu machen. Das ist nicht weiter schwer, denn die einfachste Variante ist nichts weiter als die Salbeitinktur.

Selbst gemachtes Salbei-Deo

Man nehme 10 g Salbei und 50 ml Wodka, lasse das ganze in der Sonne drei Wochen stehen, gieße dann durch ein Filterpapier ab und fülle es in eine Sprayflasche.

Meine Variante: Für mich persönlich hat dieses Rezept zu viel Alkohol. Ich verdünne es noch mal 1:1 mit Wasser und füge einige Tropfen ätherischer Öle dazu. Mir gefällt Lemongras und Rose.

Es riecht angenehm, muss aber drei Mal am Tag erneuert werden, damit es wirklich desodoriert.

Meine Tochter rümpfte etwas die Nase ob dieses „uncoolen" Deos, aber das bin ich ja schon gewöhnt. Als ich dann noch drei Tropfen ätherische Öle von Lemongras und Orangenblüte dazu gefügt habe, hat es ihr auch gefallen.

Ansonsten kann ich Ihnen als „wilde Drogerie-Artikel" noch das Öko-Toilettenpapier empfehlen. Hier aus der Serie: „Geschichten aus dem wahren Leben" mal die Story: „Wie ich lernte, den Lappenampfer zu lieben …"

Ach der Lappenampfer! Eine der wenigen Pflanzen, über die ich kaum etwas Nützliches zu berichten weiß. Über Sauerampfer? Ja: Lecker im Salat, sogar im türkischen Laden als Delikatesse zu haben. Alpenampfer? Ja: In den Alpen schon lange als Silagefutter oder eingestampft wie Sauerkraut für Menschen als Nahrung geschätzt. Aber der Lappenampfer? Einfach bitter!

Ich wusste nur, dass man ihn früher nahm, um Butter darin einzuwickeln, und dass der Samen bei Durchfall hilft, und dass es einige kleine Tiere gibt, die ihn schätzen, denn die lappigen großen ledrigen Blätter haben immer kleine runde Löcher. Das muss also doch jemandem geschmeckt haben.

Morgennebel im Muttental

Design-Toilettenpapier in Herzform von der Sommerlinde

Pestwurz – Toilettenpapier für Elefanten tauglich

Huflattich – Luxus-Toilettenpapier

Lappenampfer: glatte Blätter als „feuchtes" Toilettenpapier mit Morgentau zu benutzen

Letzten Sommer war bei uns Stadtfest, was bedeutet, dass bis morgens grölende angetrunkene Leute vor meinem Schlafzimmerfenster vorbei kommen. Zu allem Überfluss war gegenüber noch eine Party zum 18. Geburtstag. Das Geburtstagskind hatte vorsichtshalber alle Nachbarn einzeln vorgewarnt.

Also hab ich mir eine Decke ins Auto gepackt und auf einem dunklen und einsamen herrlichen Parkplatz im weltberühmten Wittener Muttental im Auto geschlafen. Das Muttental ist übrigens die Wiege des Ruhrbergbaus, falls Sie es erstaunlicherweise noch nicht kennen sollten.

Morgens durfte ich den Sonnenaufgang über Witten genießen, was ich sehr empfehlen kann und einen Spaziergang im Wald machen, nur von Vögeln begleitet.

Und nun verspürte ich ein dringendes Bedürfnis, ein großes noch dazu! Als Öko-Toilettenpapier hatte ich ja meinen Exkursionsteilnehmern immer schon diverse Großblätter angepriesen: Für die Ästheten, die beim Klopapier Wert auf Design legen, eben das Lindenblatt in Herzform, am besten die Sommerlinde. Deren Blätter sind groß genug, und es ist immer genug da für ein zwei- bis fünflagiges Supersoft-Gefühl … und noch genug für all die anderen, die ebenfalls im Wald geschlafen haben.

Für die, die mehr auf Komfort stehen, empfehle ich die Pestwurz, deren Rückseite flauschig ist. Außerdem sind

die Blätter groß genug für einen Elefantenpo, oder eben vierla-
gig zu benutzen.

Auch den Huflattich hätte ich gerne gehabt, ziemlich reißfest
und ebenfalls flauschig, auch gut geeignet, um ihn unterwegs als
Handschuh zu benutzen, wenn man zum Beispiel Disteln pflücken möchte. Haben Sie schon mal knackige geschälte Distelstängel probiert? Sollten Sie!

Nun, an meinem Standort gab es alle diese Drogerie-Artikel
nicht, nur Löwenzahn, Vogelmiere, Nadelhölzer, alles ungeeignet. Aber da war ER, der stumpfblättrige Lappenampfer! Für
Fachleute zum nachschlagen: Rumex obtusifolius. Taunass, in
großen Mengen. Jipphie!

Ich suchte mir ein lauschiges Plätzchen im Wald und konnte
mir dann fünfsternemäßig meinen Allerwertesten säubern wie
mit herrlichstem feuchtem Toilettenpapier. Es waren noch genug nasse Blätter da, um sich danach auch noch Gesicht und
Hände zu waschen (mit frischen Blättern natürlich). Es war einfach luxuriös, in romantischer Umgebung, mit Blick auf alte
Bäume im Morgennebel.

Am Wasser gibt es den Wasser-Lappenampfer, der ähnlich
große Blätter hat, und dessen Bedeutung als Toilettenpapier
wohl der Großmeister der Botanik Linné schon gekannt haben
muss, der vielen Pflanzen ihren lateinischen Namen gab. Er hat
diese Pflanze „Rumex hydrolapathum" genannt, der Ampfer mit
den „Wasserlappen", oder so ähnlich ...

Nach dieser Drogerie-Aktion hatte ich dann auch noch Hunger. Mein Frühstück bestand dann – Sie ahnen es schon – aus
Springkrautnüssen, von allen drei Sorten (danke mal eben an
alle Springkräuter für die leckeren Nüsslein), aus Brennnessel-
samen, aus süßen Brombeeren und herrlich saftigsüßen Holun-
derbeeren und zwischendurch aus den Saftkräutern Löwenzahn
und taunasser Vogelmiere. Taunass? War da nicht mal ein Herr
Bach? Also welche Kräuter auch immer: Bachblütenmäßig habe
ich dann die Energie von Brennnesseln, Mieren, Löwenzahn,
Gänsedistel und Wegerich genossen. Und mich großartig gefühlt.

Und falls Sie unterwegs ganz spontan noch ein Deo brauchen:
Das saftige Kletten-Labkraut quetschen und den Saft unter die
Achseln reiben ...

Kletten-Labkraut:
Natur-Deo

Tipps für die neue gärtnerische Leichtigkeit

Ich kenne einige Menschen, für die ist der schönste Garten ein Stück grün gestrichener Beton.

Sauber, leicht zu pflegen, und man muss hinterher nicht den ganzen Dreck auffegen. Falls Sie zu diesen gehören, kann ich Ihnen vielleicht mit ein paar Tricks die Liebe zum Gärtnern näher bringen. Gärtnern muss nicht aus ständigem Umgraben oder Unkraut jäten bestehen. Mit einigen Tricks und wenn man gelernt hat, etwas Unordnung im Garten zu ertragen, kann man zum melodischen Summen der Bienen einfach das Leben genießen.

Boden – wozu?

„Wer kann die Tatsache leugnen, dass wir Menschen letzten Endes Geschöpfe des Erdbodens sind?" (Herbert Girardet)

Meint er nach dem Tode, so wie Asche zu Asche? Und sind Vögel auch Geschöpfe des Erdbodens? Spätestens wenn sie fette Maden aus der Erde holen, ja wohl doch.

„Unsere Zukunft hängt vollständig von der Fruchtbarkeit unserer Böden ab." (Graham Bell in „Permakultur")

Auch das noch. Also Boden wozu?

Meine Umfrage unter verschiedensten Lebensformen (Menschen, Asseln, Kinder und Sonstige) hat Folgendes ergeben:
» *Als Stadt für Regenwürmer und Springschwänze*
» *Wo sollten Wurzeln, Pilze und Schnecken sonst leben?*
» *Als Gold für den Großbauern und den Permakultur-Gärtner*
» *Als Gratis-Kläranlage im Dienste am sauberen Grundwasser*
» *Als Spiel- und Matschmaterial für Kinder und Künstler*

Ich möchte Ihnen eine kleine Geschichte über Kohlendioxid erzählen. „Ach sie meint dieses Treibhausgas." Ja genau! Können Sie sich vorstellen, dass es Lebewesen auf unserer Erde gibt, die dieses Gas unglaublich lieben und verehren?

Unsereiner findet den Sauerstoff angenehmer und geht selbstverständlich davon aus, dass er mit 21 % in unserer Atemluft immer für uns da ist.

Wir finden den Anteil von 0,038 % an Kohlendioxid in der Luft so gerade okay und atmen das Zeug lieber als wertlosen kalorienarmen Abfall wieder aus. Unsere Ausatemluft enthält deshalb nämlich schon 4 % CO_2! Wenn Sie also jemand immer auf Atemlänge anatmen, kann es sein, dass er irgendwann müde wird.

Die Pflanzen aber finden das toll. Sie lieben das CO_2, weil sie daraus zusammen mit Wasser, Licht und ein paar Mineralien ihre Masse und ihre Kalorienträger herstellen. Und nebenbei natürlich auch unsere Kalorienträger.

Und nun kommt die Sensation: Die Luft im Boden enthält 40 % Kohlendioxid! Nix für uns! Wie kommt es da hin? Was will es da? Ist das gesund?

Für uns bestimmt nicht. Für die Pflanzen ist es das Paradies. Damals an der Uni haben wir einmal einen Versuch gemacht. Wir haben Gewächshauspflanzen mit einem Luftgemisch begast, welches mehr CO_2 enthielt als die normale Luft. Und was glauben Sie, was dann passierte? Die Pflanzen sind nicht etwa eingegangen, sie produzierten mehr Pflanzenmasse als die im Nachbarhaus mit normaler Luft.

Pflanzen finden also diese CO_2-Mengen im Boden überirdisch schön. Wo kommen sie her? Die Bodenlebewesen, die Erdgeschöpfe produzieren sie für ihre geliebten Pflanzen. Je mehr davon im Boden leben, desto angenehmere Kohlendioxidmengen finden die Pflanzen vor. Auch deshalb kommt mir vielleicht ein Riesenfeld – ohne Baum, Strauch und Wildkraut und tief umgepflügt – so tot und leer vor. Die Erdgeschöpfe fehlen.

Früher waren im Garten meiner Oma die Beete fein säuberlich mit Buchsbaum-Pflänzchen eingefasst. Sicher haben Sie sich auch schon einmal über den hübschen Anblick in alten Bauerngärten gefreut. Man hatte den Buchsbaum gewählt, weil er schon in früheren Zeiten ein sicherer Schutz vor Dämonen war. Heute weiß ich, dass er kleinräumig das CO_2 in Bodennähe vor dem Verwehen durch den Wind schützt und damit tatsächlich die Fruchtbarkeit innerhalb dieser hübschen Mini-Hecken erhöhte.

Ein Zeugnisspruch meiner Tochter hat mich immer sehr amüsiert:

„Was trägt die Wiese? Süße Blüten,
Und herbe Kräuter, Disteln, Gras
Weise gemischt nach rechtem Maß,
Der Erdgeschöpfe Kraft zu hüten.
So mischte Gott uns gütig – weise
Die süße Lust, die herbe Müh`,
Dass unsre Menschenkraft erblüh`,
Durch volle starke Lebensspeise"
(Martin Tittmann)

Ich habe mich dann immer so selbstverständlich auch zu den Erdgeschöpfen gezählt.

Die meisten IN der Erde lebenden Geschöpfe gehören – was ihren Bekanntheitsgrad betrifft – zu den großen Unbekannten. Oder kennen Sie etwa Doppelschwänze? Ich meine die urtümlichen, flügellosen, ca. drei Millimeter langen, blassen und blinden Erd-Insekten mit zwei Schwanzanhängseln. Oder kennen Sie Sumpfasseln, Zwergasseln, Maulwurfsgrillen, Ameisenlöwen oder Köcherfliegenlarven? Ist Ihnen schon einmal einer von den seltenen winzigen Pseudoskorpionen begegnet, der tatsächlich wie ein richtiger Skorpion inklusive gefährlicher Zangen aussieht? Für mich ist er die faszinierendste Gestalt unter der Erde.

Auf der Beliebtheitsskala der Tiere allgemein stehen diese Kleinen auch ganz hinten. Dabei sollte uns ihre Arbeit mit Ehrfurcht erfüllen: Je mehr davon im Boden sind, desto fruchtbarer ist er!

Die Erdgeschöpfe zerkleinern abgestorbene Pflanzenreste oder wirken in ihrer Eigenschaft als Totengräber. Einige eher altmodische sind auch Kannibalen. Aus all ihren Aktivitäten entsteht feinster Humus. Alles in allem sind sie eine friedliche nachhaltige Gemeinschaft: Was der eine als Kot ausscheidet, ist für den nächsten sein Gourmet-Frühstück. Diese vielseitige Zivilisation zwischen Algen, Pilzen, Wurzeln, Asseln, Ameisenlöwen, Bakterien und vielen anderen erinnert mich an das friedliche Nebeneinander von 5 verschiedenen Religionen damals auf Mauritius. Wie im Paradies eben.

Hunderfüßler, mal nachzählen ... (Bild l.)

Asseln waren schon immer meine Lieblinge (Bild r.)

Ich verehre die Bakterien auf meinem Komposthaufen genau so sehr wie die in meinem Darm. Wenn ich meinen Krankenpflegeschülern das erkläre, male ich immer ein Herzchen an die Tafel. Darin steht: „E. coli". Das sind einige meiner friedlichen Mitbewohner. Um genau zu sein, habe ich von den Mitbewohnern 90 Billionen – Sie natürlich auch. Sollten Sie sich also einmal einsam gefühlt haben, kann ich nur sagen: nein!

Da bei Bakterien natürlich über die Hälfte der Menschheit gleich „Oh Gott, bloß das nicht!" denkt, möchte ich doch einmal meine Bewunderung für all die kleinen Helfer zum Ausdruck bringen, die mir mein Gartenleben so erleichtern.

Ich möchte Ihnen dazu eine folgenschwere Geschichte aus Amerika erzählen. Es gab dort einmal einen begeisterten Gärtner, der seine vierköpfige Familie autark auf seinem 1000 m² großen Grundstück mit Nahrung versorgen wollte. Er hatte die gesamte Planung akribisch genau berechnet. Er wusste genau, wie viel Platz und Dünger er für wie viel Kilo Gemüse und Obst pro Jahr und pro Kopf brauchte.

Seine Frau allerdings machte ihm einen kleinen Strich durch seine Rechnung. Sie war beim Ernten immer so begeistert, dass sie, ohne groß darüber nachzudenken, auf die sorgfältig gelockerte Erde trat. Es war ihr einfach nicht abzugewöhnen.

In seiner Verzweiflung – und um sie endlich davon abzubringen – machte er einen Versuch: Er pflanzte Zwiebeln sowohl an den Stellen, auf die sie getreten hatte, als auch auf unbetretene Stellen. Und wie es so seine Natur war, wog er alles wieder ge-

Erdbeeren in meinem neuen Hochbeet

nau nach: Die Zwiebelernte auf der betretenen Stelle war um 20 % geringer! Es ist nicht überliefert, ob die Ehe dieses Desaster überlebt hat oder ob er nun einige Quadratmeter mehr für die Selbstversorgung brauchte. Was aber überliefert wurde, ist seine Gegenmaßnahme zur friedlichen Konfliktbereinigung und zum Wohle aller.

Er legte Hochbeete im Maße von 1,20 mal 60 cm an, an die man von allen Seiten zum Säen, Pflanzen und Ernten herankommt, ohne sie betreten zu müssen. Nebenbei hat er durch diese Erfindung die Gartensaison verlängern können, weil die Hochbeete wärmer sind als der Untergrund und nicht unter Staunässe leiden.

Wie konnte ein Fußtritt zu einer derartigen Ernteeinbuße führen? Und das bei fruchtbarem, gut behandeltem Boden? Und hier kommen wieder meine geliebten Erdgeschöpfe ins Spiel! In diesem unbekannten, unseren normalen „Nicht-Mikroskop"-Augen verborgenem Untergrund befindet sich ein Netzwerk aus Mikroben und Pilzen, ein Spinnennetz, welches sich über viele Quadratmeter erstreckt! Über dieses Netz werden Nährstoffe, Wasser und Informationen ausgetauscht: zum Wohle des Bodens und seiner Bewohner. Und dieses empfindliche winzige Netz wurde durch den Fußtritt an einigen Stellen zerrissen. Da alle in Symbiose leben, das heißt sich alle gegenseitig etwas zu schenken haben, war durch diese Störung das Geschenk der Mikroben an die Zwiebelwurzeln eben geringer ausgefallen. Und es brauchte einige Zeit, bis sich alle davon wieder erholt hatten.

Außerdem wurde der Boden verdichtet, was den Untergrundwesen, die Sauerstoff brauchen, weniger Luft zur Verfügung stellte, und kleine Hohlräume, die Wasser speicherten, wurden zerstört.

Und das alles, obwohl Frau Markham nur 52 kg wog! (Markham, B. L.: „Minifarming", Kopp-Verlag, Rottenburg 2012)

Arme Stadtböden im Ruhrgebiet

Die Böden in der Stadt sind ein Kapitel für sich und dazu meist ein trauriges. Haben Sie sich bei Tiefbau-Arbeiten schon einmal den Aushub angesehen? Mit unseren schönen geschichteten, seit Jahrtausenden gewachsenen Naturböden voller Gewimmel hat dies nicht mehr das Geringste zu tun!

Die guten Böden wurden abgegraben, aufgeschüttet, die Bodenschichten vermengt oder komplett entfernt für Tiefgaragen oder Rohre, die Löcher verfüllt mit Bauschutt. Der für uns sichtbare Mutterboden, der dort dann wieder aufgebracht wird, gibt uns nur die Illusion eines heilen Untergrundes.

Einen Hoffnungsschimmer sehe ich immer an einem Wittener Straßenrand, genauer gesagt auf dem Bürgersteig in der Nähe eines Waldes, der aus Kostengründen („Haushaltssanierung" heißt das heute) nicht mehr von der Stadt gefegt oder gepflegt wird. Seit Jahren sammelt sich hier das Herbstlaub, eine wunderbare Kompostgrundlage, zusammen mit etwas Erde, die vom Starkregen angeschwemmt wurde. AUF dem Bürgersteig bildet sich am ungepflegten Rand ein meterlanges schmales Beet (danke mal eben an die Erdgeschöpfe), auf dem essbare Kräuter wachsen, ungeachtet der geringen Bodentiefe und des darunter liegenden Bürgersteiges. Nun wissen Sie, wie es in unseren Städten nach ein paar Jahren aussehen würde, wenn wir Menschen dort nicht mehr leben würden. Zunächst kommen die Kräuter, danach die Sträucher und irgendwann wäre auch ganz Dortmund mit Mischwald bedeckt.

Aber zurück zum Thema: Andere Stadtböden müssen oft auf den guten Gratis-Naturdünger verzichten, denn meist wird das Herbstlaub erst mit viel Lärm und Energieaufwand weggepustet und dann auch ganz von dort entfernt: Ade ihr schönen Nährstoffe für zukünftige Erdwesen! Ebenso geht es mit dem Rasenschnitt, in dem doch die Mineralien aus der Erde stecken, die der Boden gerne wieder hätte. Welche Verschwendung! So werden diese sowieso schon armen Böden zusehends ärmer, trockener, spröder und unfruchtbarer. Im Bochumer Stadtpark können Sie ein eindrückliches Beispiel dafür sehen. Die wunderbaren Baumschön- und Seltenheiten stehen auf einem Rasen, der seinen Namen kaum noch verdient, so arm und leergefegt ist der Boden durch das ständige Abräumen des Grasschnittes und des Herbstlaubes.

Stadtböden sind oft auch eine einzige Anreicherung von Schadstoffen, wobei ich Hundekot noch als das geringste Problem betrachte, denn der ist wenigstens natürlichen Ursprungs.

Wenn der zu bestellende Garten direkt an der Straße liegt, sollten wir vielleicht lieber den vorbeigehenden Fußgängern den Anblick einer schönen Blumenpracht gönnen und das Gemüse woanders ziehen. Wenn Sie auch an der Straße Gemüse pflanzen möchten, ist es günstiger, die Straßenbeete mit einer Hecke zu sichern, die einen Großteil des Schwebstaubs, des Reifen- und Bremsbelag-Abriebs aufnimmt sowie den Ruß mit seinen Krebs erregenden Inhaltsstoffen.

Trotzdem bleibt mitten in der Stadt immer die Schadstoffflut von oben, aber beim Salat vom Discounter weiß man auch nicht, ob das Feld, auf dem er wuchs, nicht ebenfalls direkt an der Autobahn oder – wie an einigen Orten in Witten – neben einem Industriegebiet lag.

Wenn Sie es nun noch mit einem vergifteten Boden zu tun haben, weil Sie direkt neben einer Müllverbrennungsanlage, einer Zinkfabrik, einer Sondermüllentsorgungseinrichtung oder einem Stahlwerk wohnen, wird es schwierig.

Für diese Fälle gibt es Pflanzen, die den Boden entgiften. Man pflanzt sie flächendeckend an, reißt sie dann reif heraus und entsorgt sie in den Müll (nicht in den Kompost!), im Zweifelsfalle mehrere Jahre hintereinander. Es gibt eine ganze Reihe Schadstoff sammelnder Pflanzen, allen voran den japanischen Knöterich (Polygonum japonicum oder Polygonum sachalinense), der schnell wächst und hübsche große Bestände bildet. Auch China-Schilf (Miscanthus, für die Liebhaber japanischer Gärten) und indischer Senf (Brassica juncea) haben sich dafür bewährt.

Permakultur in Dortmund – der etwas andere Garten

In Dortmund gibt es einen öffentlichen Garten, über den Sie vermutlich staunen würden. Als ich das erste Mal dort auftauchte, dachte Ich: "Du meine Güte, hier hat ja seit zehn Jahren niemand mehr Unkraut gejätet!"

Und so war es auch – denn in einer Permakultur-Anlage gibt es erstens kein „Unkraut" und zweitens lässt man sowieso alles Brauchbare stehen. Und umgegraben wird auch nicht.

Ich war fasziniert von der Sortenvielfalt, selbst auf den „Wegen" gediehen allerlei brauchbare Kräuter. Ich wollte mehr wissen und meldete mich zu einer Führung an. Ich muss Ihnen sagen, dass selbst für mich, die schon vielerlei Wildkraut-Geschmacks-Nuancen kennt, hier neue sensationelle Geschmackserlebnisse zu entdecken waren: Meldearten, Erd-

Paradies-Garten in Dortmund

beerspinat, koreanische Wildkräuter und die – für ihre Anti-Aging-Wirkung bekannten –Ölweidenfrüchte.

Und jedes Pflänzlein hier hat seinen Sinn! Um dort akzeptiert zu werden, muss man als Pflanze mehrere gute Eigenschaften haben. Nur schön auszusehen reicht hier nicht. Gezüchtete Hybridpflanzen, die nicht selbst Samen liefern, habe ich dort nirgendwo gesehen.

Ich gebe Ihnen ein Beispiel. Man muss, um hier für tauglich erklärt zu werden, als Salatpflanze taugen, gleichzeitig den Bienen nützen, schön aussehen und außerdem noch den Boden verbessern. Das erfüllen übrigens die meisten **einheimischen** Pflanzen!

Nach der Führung habe ich in meinem Garten den Gundermann, den ich früher schon mal entfernt hatte, geschont. Sie

Bienenfreund
Gundermann
(und Bienenfreundin
Ursula)

kennen ihn schon als Frühlings-Gesundmacher. Er wuchert und rankt und heißt nicht umsonst: „Guck durch den Zaun" oder noch schöner „Gretel in der Heck", und genau das tut er/sie:

Er guckt durch den ganzen Garten und auf jedes Beet. Und möchte immer in der Nähe der Menschen sein. Schauen Sie einmal in Ihrer Umgebung nach. Sie werden sicher einen finden.

Nun weiß ich auch, dass das Innere seiner Blüte genau die Form eines Bienenkopfes hat. Der Gundermann ist also unter anderem ein Geschenk an die Bienen, die ich in meinem Garten ja unbedingt haben will, um Obst und Samen ernten zu können. Und überhaupt, weil ich es so meditativ schön finde, ihnen bei der Arbeit zuzusehen und zuzuhören. Deshalb habe ich auch ein paar Wildbienenhäuser in die Nähe der Gundermännchen gehängt in Form von Birkenstammstücken, in die einfach ein paar Löcher gebohrt sind. Meine Tochter ist immer ganz beeindruckt, wenn die Löcher dann zugeschweißt sind, weil dahinter die Bienen wohnen.

Zurück zum Gundermann: Er ist gleichzeitig Bienenweide, Würzkraut, Heilmittel gegen Husten, Entgiftungsmittel bei Schwermetall-Belastung, Bittermittel zur Anregung der Verdauung, äußerlich als Tee-Umschlag gegen schlecht heilende Wunden und im Garten Bodendecker, der meinen Boden vor Austrocknung schützt. Gundermann ist eben für alle da! Habe ich schon erwähnt, dass er auch hellsichtig macht? Dazu müssen Sie nur einen Kranz Gundermann um ihren Kopf winden, was außerdem noch schön aussieht und mal wieder eine Möglichkeit ist, neue interessante Kontakte zu knüpfen: „Was haben Sie denn da (Hübsches) auf dem Kopf?" Wie apart das aussieht, können Sie in dem Film von Wolf-Dieter Storl sehen: „Heiler am Wegesrand" (Aurum-Verlag, Kamphausen 2008).

Ich bin mit dem Gundermann vom Thema abgewichen, oder? Nein, gar nicht! Denn er erfüllt – wie so viele Wildpflanzen – genau die Prinzipien der Permakultur.

Ein anderes Prinzip der Permakultur ist die vielfältige Bedienung eines speziellen Bedürfnisses durch eine Vielfalt an Pflanzen. Wenn man z.B. Spinat ernten will, kann man dies nicht nur von einer einzigen Spinatart tun, sondern von Erdbeerspinat, Melde, gutem Heinrich, Brennnesseln. Sollte einmal eine Pflanzenart witterungsbedingt oder Raupenplagen-bedingt ausfallen, gibt es trotzdem Spinat.

Teich neben Gewächshaus neben Blockhütte:
Einzig sinnvolle Anordnung

Bio-WC

Bei der Anzucht

Das erklärt die ungeheure Vielfalt in dem bunten Garten, die mich so beeindruckt hat.

Ein weiteres eindrückliches Beispiel der Permakultur-Prinzipien sind die Funktionen eines Teiches. Wenn Sie einen im Garten haben, können Sie sich glücklich schätzen! Er könnte Lebensraum für Fische sein. In der Not, wenn mal ein Streik die Tankstellen lahmlegt und unsere Edekas Lieferprobleme haben, könnte man die Fische essen.

Der Teich könnte zur Not eine Gießwasserquelle für den Garten sein. Er dient natürlicherweise als Tränke für Vögel und Lebensraum für viele mittlerweile selten gewordene Wasserpflanzen, Molche, Frösche und Insekten.

Im Permakulturpark Dortmund hat dieser Teich noch ein ganz anderes Geschenk: Neben ihm steht ein Gewächshaus. Im Winter scheint die Sonne auf den Teich, der die Sonnenstrahlen auf die Gewächshauswände reflektiert und diese erwärmt. Eine tolle Passiv-Heizung!

Die Ideen des Permakultur-Gärtnerns stammen ursprünglich von Naturvölkern, die ihr Land im Einklang mit der Natur bestellt haben, zum Beispiel die Regenwald-Indianer. Ein Anbau, ohne die Natur zu zerstören, klingt für unsere heutigen Monokulturen und gigantischen Felder undenkbar, oder? Selbst der normale Bio-Anbau hat Riesenfelder. Wenn Sie mehr über den Dortmunder Garten wissen möchten, über seine Bio-Toilette, die Sonnenfallen und Schlüssellochbeete, schauen Sie einmal bei www.umweltkulturpark.de nach.

Graben Sie nie mehr um!

Ich möchte Ihnen noch ein paar Eindrücke vom Permakulturgarten vorstellen: Der „unordentliche" Eindruck des Geländes stellte mich u.a. vor die Frage: Warum liegen überall alte Pappen herum?

Nachdem ich nun die Antwort weiß, liegen auch bei mir im ländlichen, gesitteten und geordneten Dörfchen (nein, nicht in Schwaben, ich wohne in Sprockhövel) überall alte Pappen auf dem Rasen. Hier wird ab sofort nie mehr umgegraben, sondern nur noch gehackt und auch das nur selten.

Haben Sie schon einmal versucht, ein Stück Rasen in ein Stück Gemüsegarten umzuwandeln? Wenn Sie so gebaut sind wie die Klitschko-Brüder, ist das wahrscheinlich kein Problem. Wenn Sie so gebaut sind wie ich, lassen Sie es lieber.

Legen Sie stattdessen alte große Pappen auf den Boden, bedecken Sie diese mit rausgerissenem Unkraut oder – wenn Sie haben — mit Komposterde und bepflanzen Sie die Erde entweder direkt oder versenken Sie eine Kartoffel in einem Pflanzloch in der Pappe. Spätestens nach einem Jahr haben Sie an dieser Stelle den allerbesten Boden und können jede denkbare Gemüsekultur anlegen.

Eleganter ist es, wenn Sie auf einer mit dicken Zeitungen bedeckten Rasenfläche ein durch Balken begrenztes kleines Hochbeet anlegen. Ideal ist eine Größe von 1,20 mal 60 cm, weil Sie dann von allen Seiten noch dran kommen. In die „Bretterschachtel" auf die Erde füllen Sie zunächst Äste und darauf mit Kompost

Pappe statt Spaten – erspart die Klitschko-Muskeln

Darunter liegt die alte Pappe

Hochbeet aus einem alten Regal

Eingang zu einem geheimnisvollen unterirdischen Labyrinth

Kartoffelernte —
makellos!

vermischte Gartenerde. Jetzt können Sie sofort anfangen zu pflanzen.

Das Hochbeet hat noch einen Vorteil: Meine Wühlmäuse waren im letzten Sommer sehr aktiv und fleißig. Ich weiß nicht, ob die Mäuse vielleicht ahnten, dass ich das Muttental (die Wiege, des Ruhrbergbaus, nur für die, die es erstaunlicherweise noch nicht kennen sollten) so über alles liebe. Und mir nun – als Geschenk sozusagen, weil ich sie ja in Ruhe lasse und Frieden geschlossen habe – eine ähnliche Situation in meinem Garten liefern wollten. 10 Löcher in einem Umkreis von 3 m auf dem Rasen. Ich muss demnächst wohl mit Mini-Bergschäden rechnen!

Ich habe ja wohlweislich im Frühjahr unter mein Regal-Hochbeet eine Schicht Maschendraht gelegt. Die Mäuse haben nichts gemerkt (es gibt ja auch so genug in meinem Garten für sie zu naschen), und im Herbst habe ich geerntet: Absolut Maus-freie makellose herrliche Bio-Kartoffeln.

Früher schickte man zum Umgraben die Schweine auf die Flächen. Die erfreuten sich an den restlichen Wurzeln von alten Bäumen oder Sträuchern und lieferten nach dem Umpflügen einen wurzelfreien, durchmischten und noch mit ihren Hinterlassenschaften gut gedüngten Boden ab. So macht es zum Beispiel heute noch der „Agrar-Rebell" Sepp Holzer auf seinem Hof, wenn er eine abgeholzte Fläche neu für den Gemüseanbau vorbereiten will. (Sepp Holzer: Permakultur, Leopold Stocker Verlag, Graz 2010)

Die Sonnenfalle in Rolfs Garten

Allerorten wird ja versucht, das perpetuum mobile zur Energie-versorgung zu bauen, z. B. Elektroautos, Windkraftanlagen, Sprit sparende Fahrzeuge. Aber nichts geht ohne Material und Energieaufwand. Passive Sonnennutzung dagegen ist eine tolle Lösung. Und das macht man sich bei der Permakultur in Form von Gewächshäusern und/oder einer Sonnenfalle zu Nutze.

Für die Sonnenfalle schaffe man einen hohen halbkreisför-migen Hohlraum, dessen Öffnung nach Süden zeigt, und pflanze in dieses geschützte Halbrund seine sonnenhungrigen Pflanzen. Man kann dies z.B. so gestalten, dass man am äußeren Halbkreis hohe Bäume pflanzt und am inneren Halbkreis Sträucher. Oder man baut sich den Sonnenfänger aus Bruchsteinen.

Rolf war so fasziniert von der Idee, dass er gleich eine Tonne Bruchsteine bewegt hat und in seinem Garten seinen Feigen-baum eingehüllt hat, in der Hoffnung, dass er – so dick einge-packt und zusätzlich gemulcht – den Winter übersteht und ihm bald leckere Feigen liefert. Ein Jahr später hat der Baum tatsäch-lich seine ersten zwei Feigen produziert. Mitten im Ruhrgebiet!

Die Bruchsteinmauer sieht toll aus, kann Wärmespeicher für Auberginen, Tomaten und Paprikapflanzen sein, ist gleichzeitig Wind- und Erosionsschutz und Lebensraum für Tiere. Und ge-rade diese Tiere möchte jeder im Garten haben. Die Mauer-Be-

Sonnenfalle mit Feigenbaum, Bochum

wohner wie Igel, Vögel und Eidechsen fressen die Garten-Schädlinge. Und ein Igel im Garten macht sofort gute Laune.

Sepp Holzer auf seinem Krameterhof im Salzburger Land hat noch mehr neue Warmhalte-Methoden entwickelt. Dank geschickter Planung von Gewässern mit darin plazierten großen Steinen gibt es dort Flächen, die nachts Wärme speichern und tagsüber abgeben. An solchen – zudem windgeschützen Standorten – gedeihen auf seinem Hof in 1500 m Höhe wunderbare Obstsorten. Sogar Kiwis werden dort regelmäßig geerntet.

Mulchen Sie oder haben Sie etwa eine Biotonne?

Ich sage ja immer, das Zeug ist für die Biotonne viel zu schade! All meine Nachbarn dürfen ihr gerupftes Unkraut, ihren Rasenschnitt oder das Herbstlaub bei mir „entsorgen". Es kommt entweder auf meinen Komposthaufen oder dick auf meine Beete.

Dieser Mulch bringt die Nährstoffe direkt dahin, wo sie gebraucht werden, nicht über den Umweg des Komposthaufens, aus dem doch ein Teil mit dem Regen in unterirdische Gartenbereiche versickert, wo ich sie gar nicht mehr herausholen kann.

Der Rasenschnitt schützt die Erde vor Austrocknung und davor, vom Winde verweht zu werden, aber auch davor, von den immer intensiveren Regenmassen weggeschwemmt zu werden!

Im November war ich im Wald spazieren. Es hatte am Tag vorher so geschüttet, dass alle Flüsse und Bäche über die Ufer getreten waren und die Feuerwehr mal wieder Hunderte von Kellern auspumpen musste. Ich ging mitten durch einen Nadelwald: Weiche Lärchen- und Fichtennadeln unter meinen Füssen, ein sanftes Federn. Auf dem Spazierweg war durch die zu Tal stürzenden Wassermassen eine tiefe Rinne ausgehöhlt, am Fuß des Hügels auf dem Weg ein Riesenberg weggeschwemmter fruchtbarer Erde, vermischt mit Laub und Nadeln. Dort, wo kein Mensch den Boden verdichtet hat, am Hang, unter den Bäumen, war alles noch da, Erde, Mulch, Unterwuchs. Auf diese Klimaveränderung, die uns in kurzen Zeiträumen neuerdings Regenmassen beschert, reagiert man am besten mit Bäumen und Sträuchern, deren Wurzeln die Erde festhalten und Mulch oder Krautbewuchs, der oberirdisch vor allzu viel Mutterbodenver-

Was fehlt da?

lust schützt. Das heißt: Vor dem Winter nicht alles rauszureißen und abzuschneiden, denn dann ist die Erde den reißenden Wassermassen schutzlos ausgeliefert und Sie müssen wieder teuer (in Plastik verpackte) Erde nachkaufen oder noch mehr Kompost produzieren. Auch die Insekten werden es Ihnen danken. Wenn Sie einmal vorsichtig in die Samenkapseln schauen, die im November noch auf ihrem Beet stehen, werden Sie allerlei Asseln, Raupen, Ohrenkneifer und andere Insekten finden, die sich dies als Überwinterungsquartier gesucht haben. Sie können sich also viel Arbeit sparen und aufhören, auf althergebrachte Weise ihren Garten „winterfest" zu machen. Lassen Sie einfach alles stehen.

Zurück zum Mulch: Er kann noch mehr. Im Sommer spart er Wasser. Wo er liegt, brauche ich nicht gießen. Frei liegende Bodenflächen trocknen aus, so dass hier auch kein Regenwurm mehr wohnen möchte. Mittlerweile bin ich so besessen von diesem Gedanken, dass es keine unbedeckte Erde mehr in meinem Garten gibt.

Unter dem Mulch siedeln sich mit Vorliebe ganze Regenwurmfamilien an. Wenn dort mal wieder rush-hour ist, merke ich das daran, dass der Rasenschnitt von den Vögeln zerzaust wird, weil sie dort fette Beute finden. Ich gönne ihnen das. Es sind genug Regenwürmer und Tausendfüßler für uns alle da. Außerdem finde ich es lustig, den Vögeln beim Zauseln zuzusehen, wenn der Grasschnitt durch die Luft fliegt.

So kann ich auch meinen Abfall direkt entsorgen. Kein Gestank mehr in der luftdicht abgeschlossenen Bio-Tonne, die nur alle zwei Wochen abgeholt wird. Ich muss allerdings gestehen, dass ich bei meinen Nachbarn so ab und zu reinschiele und die Vielzahl an Maden, Schmierläusen und Käfern in der Tonne aus biologisch-wissenschaftlicher Sicht faszinierend finde.

Auch Ihre organischen Küchenabfälle können Sie direkt im Beet vergraben. Auf den gemulchten Beeten sind genug Regenwürmer, die dann ganz glücklich gucken.

Außerdem wächst auf den gemulchten Flächen kein „Unkraut" mehr, denn dort ist ja nun Lichtmangel. Wobei – Sie wissen schon – Unkraut ja ein verbotenes Wort ist. Wenn Sie „Unkraut" meinen, haben Sie nur noch nicht den Nutzen eben dieser Pflanzen erkannt.

„Unkraut"?

In meinem früheren Leben – also konkret vor 15 Jahren –, als ich noch Seminare für Hausmeister zum Thema Umweltschutz und Gartenpflege abhielt, gab es auch ein paar Stunden zum Thema Unkraut: Welches sind denn so die schlimmsten und was kann man dagegen tun?

Also die schlimmsten – da war man sich schnell einig – waren Löwenzahn, Giersch, kriechender Hahnenfuß, Quecke, Acker-Schachtelhalm, Acker-Kratzdistel, Brennnessel und Ackerwinde.

Nur die älteren Teilnehmer kannten noch den Hass auf das damalige „Franzosenkraut" (Galinsoga parviflora). Ich weiß auch noch, mit welcher Wucht und Antipathie meine Mutter das Zeug rupfte und mich lehrte, dass man dringend jede Pflanze vernichten müsse, da das Kraut sonst ganz Deutschland über-

Ackerschachtelhalm als Tee gegen Blasenentzündung

wuchern würde. Das war 1965. Hatten die Deutschen damals ein Problem mit ihren französischen Nachbarn?

Heute freue ich mich übrigens, wenn ich mal ab und zu eins sehe. Die düstere Prognose hat sich nicht bewahrheitet. Außerdem schmeckt es!

„Wie so Vieles, was aus Frankreich kommt, stellt dieses Kraut eine echte Delikatesse dar. Bestens als Salat. Die meisten Kopfsalate wünschen sich so zu schmecken." (Zitat aus dem Wildkräuterangebot von „Essbare Landschaften", dem Versand aus Boltenhagen. 200 g-Pack für 7,50 €.)

Zurück zu den „schlimmsten" Unkräutern: Nun kamen, wie man das im Gartenbauunterricht so macht, die Vernichtungstipps: Wenn man ganz viel Zeit hat, kann man alle mitsamt ihren Wurzeln ausgraben. Ich habe das übrigens einmal mit einer Zaunwinde probiert und bin den wurmartigen Wurzelschnüren grabend nachgegangen: Zum Schluss hatte ich eine 20 m lange (!) weiße Wurzelschnur aufgerollt. Jetzt war mir klar, warum diese Pflanze auch Teufelsdarm oder Sauwinde heißt.

Man kann auch, besonders bei Acker-Schachtelhalm, Giersch, Quecke und Brennnessel den gesamten Boden durchforsten und nur noch ausgesiebte frische Erde zulassen. Am besten geht das mit einer Grabegabel, die nur die Wurzeln heraufholt. Die Unkräuter kennen unsere Tricks und als Überlebenskünstler – dafür muss ich sie ja nun wieder bewundern – lassen sie aus jedem Stückchen zurückgelassener Wurzel ein neues Pflänzchen austreiben. Damit die Gärtner auch nächsten Jahr noch etwas zu tun haben.

Franzosenkraut: „eine echte Delikatesse" (Bild l.)

Sauwinde – und doch so schön! (Bild r.)

Weniger aufwändig, aber auch weniger ästhetisch war der Tipp, ein Jahr lang, schwarze Plastikfolie darauf zu legen. Aber wer will das schon?

Heute sehe ich das alles anders. Nutzen Sie die Kräuter doch einfach: Die Löwenzahnapotheke kennen Sie ja schon. Aber auch der Acker-Schachtelhalm kann sehr nützlich sein. Dank seiner großen Menge Silizium ist er eine Wohltat für Haut, Haare, Nägel und Neurodermitiker. Auch hilft er hervorragend gegen Blasenentzündung. Dazu wird das Kraut über Nacht eingeweicht, dann 10 Minuten gekocht und das Kochwasser über den Tag verteilt getrunken.

Die Brennnessel ist sowieso ein Allheilmittel. Seitdem ich in einer Pflegezeitschrift einen Artikel über sie fand, in dem ihre Samen als Stärkungsmittel für ältere Menschen empfohlen werden und damit den teuren Ginseng ersetzen können, verehre ich sie noch mehr. (Heilberufe 1/2009: „Nur Mut: Handschuhe an und sammeln!")

Den Giersch können Sie als Gicht vertreibende Salatpflanze nehmen, als Frühlingsgemüse oder als Frühlingskur oder gerecht mit ihren Karnickeln teilen. Für die ist Giersch unbedingt ein Gourmet-Kraut.

Selbst die Queckenwurzel kann man als zart-weißes Salatgemüse essen.

Giersch und Brennnessel zeigen ihnen übrigens immer an, dass Sie an diesen Standorten hervorragenden stickstoffhaltigen fruchtbaren Boden haben.

Wenn Sie schon genug Essbares im Garten haben und diese „Unkräuter" nun wirklich „satt" haben, können Sie sie mit Stauden zupflanzen, z.B. mit Tagetes oder mit großblättrigen Geraniumarten, die sich schnell ausbreiten und den Ungeliebten damit Licht und Nährstoffe nehmen.

Einzig für den kriechenden Hahnenfuß weiß ich nicht wirklich eine Anwendung, denn die meisten Hahnenfußgewächse sind für unseren Speisezettel nicht gedacht, und auch die Karnickel und das Weidevieh verschmähen sie. Sie verlieren ihre Giftigkeit erst im getrockneten Zustand und können von den Tieren nur als Heu gefressen werden.

Ich finde die Blätter hübsch und auch die kleinen gelben Blüten, die so butterartig glänzen. Der Nektar und die vielen

Mit Storchenschnabel können Sie Giersch zupflanzen

Karde – welch eine imposante Gestalt! (Bild o.l.),
Distel – aus der Nähe betrachtet: eine Schönheit (Bild o.r.),
Kriechender Hahnenfuß – macht glänzende Nektarblättchen für seine Bienenfreunde (Bild u.l.),
Venuswasser der Karde gegen Falten (alte Bauernregel) (Bild u.r.)

Staubblätter sind für die Bienen gedacht, weniger für mich. Ich lasse sie stehen als Bienenweide. Wenn ich bei meinem benachbarten Imker Honig kaufe, stelle ich mir vor, dass dort auch der Nektar von den „Butterblumen" aus meinem Garten drin ist.

Falls Sie dennoch immer noch nichts mit dem gelben Hahnenfuß anzufangen wissen, können sie ihn ja rausreißen, zerkleinern, auf die alte Pappe werfen und zu Kompost werden lassen.

Wenn Sie sich über Disteln, Karden oder Kletten in Ihrem Garten ärgern, könnten Sie sich auch ein Beispiel an den Permakulturgärtnern nehmen: Sie lassen alles stehen und erfreuen sich im Winter an den Vögeln, die kommen, um deren Samen zu fressen!

„Distel"finken und andere lieben eben Distelsamen oder auch alte abgeblühte Sonnenblumen. Sie können die frischen abgeschälten Distelstängel aber auch selbst als saftiges Gemüse verspeisen. Eine knackige – in der Wildnis auch als Wasserquelle zu gebrauchende – Delikatesse. Und die Karde hat noch zusätzliche Geschenke für uns: Das „Venuswasser" aus den Blatt-Badewannen soll gegen Falten helfen und die Wurzel als Tinktur oder Abkochung gegen Borreliose. (Wer das genauer wissen möchte, lese bei Wolf-Dieter Storl nach: „Borreliose natürlich heilen") Aber lassen Sie einige für die Vögel stehen.

Die Winden können Sie einfach als Augenweide betrachten und als Lieblinge der Schwebfliegen und anderer Insekten.

Die „Unkräuter" können Sie auch als „Zeigerpflanzen" benutzen. Sie „zeigen" Ihnen, mit welcher Art von Boden Sie es zu tun haben, ganz ohne ph-Wert-Messen oder sonstige großartig teure Bodenuntersuchungen.

Wenn Sie Stellen mit Brennnesseln vorfinden, können Sie davon ausgehen, dass dieses Stück Boden reich an Stickstoff ist und für den Gemüseanbau bestens geeignet! Auch die Vogelmiere und der Beifuß zeigen dies an. Machen Sie sich also einen Salat oder Smoothie von diesen Kräutern, genießen Sie die entschlackende Wirkung der Brennnessel, das Vitamin C aus der Vogelmiere, sammeln Sie den Beifuß zum späteren Räuchern und bauen danach auf der Fläche Salat oder Kartoffeln an.

Stellen mit Moos (besonders im Rasen, verflixt, warum wächst da kein Gras?) zeigen Staufeuchtigkeit an. Auch Binsen und kriechender Hahnenfuß deuten darauf hin. Hier könnte man Pflanzen anbauen, die Feuchtigkeit lieben. Wie wäre es mit dem hübschen Wildkraut Mädesüß? Dann hätte man immer das Kraut gegen Kopfschmerzen vor Ort.

Verdichtete Böden können Sie am Wegerich erkennen (der „König" des Weges eben), oder am Gänsefingerkraut, welches es eben liebt, von Gänsefüßen „getreten" zu werden. Bevor man hier tätig wird, müsste man den Boden auflockern, mit Mulch, Kompost oder Sand anreichern. Oder einfach den Wegerich stehen lassen – und ihn als Heilkraut gegen Husten, Insektenstiche oder zur Wundheilung benutzen.

Basische Böden erkennt man an Sanikel, Lungenkraut, gemeinem Ziest oder Waldmeister, trockene z. B. an der Färberkamille. Und da fallen mir doch zu jedem Kraut gleich die verschiedensten Verwendungsmöglichkeiten ein.

Mein letzter Tipp: Nehmen Sie „Unkräuter" als Übung in Gelassenheit. Sie wissen ja, wir sind doch alle Brüder und Schwestern.

Unser Gartengold I – der Wurm

Haben Sie schon einmal einen richtig glücklichen Regenwurm gesehen? Ich schon! Ich sage Ihnen, was Sie dafür tun müssen: Schenken Sie ihm auf dem Komposthaufen, seinem Lieblings- und Feriendomizil, regelmäßig verdünnte Brennnesseljauche. Dann feiert er mit seinen Kumpels dort wilde Partys! Das soll heißen: Es spricht sich rum – wie unter den Schnecken mit Rolfs einziger Möhre, Sie wissen schon. Alle erzählen dann weiter, dass es bei Ihnen einfach das beste 5-Sterne-Menü für kleine und große Regenwürmer gibt.

Die Regenwürmer sind Mann und Frau zugleich. Damit nehme ich sie immer als Erinnerung zum Frieden. Geht also doch! Und in einem kleinen Stück Beet von circa einem Quadratmeter können 400 Stück leben. Wahrlich friedliche Gesellen.

Ich habe ein Rätsel für Sie: Wer hat folgenden Spruch gesagt?

„Der Regenwurm hätte den Nobelpreis verdient für Tiere im Dienste am Menschen!"

Da war jemand genauso begeistert von ihm wie ich. Und folgender Spruch ist auch von ihm: „Ein wunderbarer Gedanke, dass sämtlicher Humus der oberen Bodenschichten durch den Körper der Regenwürmer gegangen ist."

Wow! Dazu müssen Sie zunächst wissen, dass Regenwurmkot nicht stinkt, wie Sie vielleicht gedacht haben, und dass er die wertvollste Erde ist, die Sie sich vorstellen können. Regenwurmkot hat fünfmal mehr Nitrat und elfmal mehr Kalium als normaler Boden. Damit kann ich mir den weit gereisten „natürlichen" stinkenden Guano sparen! Und auch den Kunstdünger! Und mal wieder mein Umweltgewissen beruhigen.

Der Regenwurm kann aber noch mehr. Zusammen mit den Wühlmäusen (Anmerkung: Ich hasse sie nicht mehr, seitdem ich mir vorgenommen habe, alles gelassener zu sehen), und den Maulwürfen (die manchmal Hunger auf Wühlmausbabys haben und diese etwas in Schach halten) lockern sie meinen Gartenboden und meinen Kompost. Wenn ich meine Komposterde nach ca. neun Monaten Reifezeit ernte (Neun Monate ist einfach eine Zeitspanne, um perfekt heranzureifen, Sie kennen das!), fällt die mit Gängen durchzogene Erde (große Gänge von den Maulis, kleine von den Wurmis) so locker in sich zusammen, dass ich sie noch nicht mal sieben müsste.

Ich versuche nun neuerdings nicht nur, Beinwell und Knoblauchsrauke zu züchten, sondern auch Regenwürmer. Ich bereite ihnen ein mehrgängiges Menü auf meinem Komposthaufen in Form von abwechselnd aufgeschichteten Kräutern, gehäckselten oder ganzen Ästen (damit die Würmer Luft bekommen), Laub, Rasenschnitt (nicht zu viel auf einmal, sonst ersticken sie oder das Laub schimmelt), Erde und Gemüseabfällen aus der Küche.

Auch in meinem Garten tun die Würmer und Co. ein segensreiches Werk: Die kleinen Wurmgänge, die Wasser und Luft in den Boden gelangen lassen, bieten auch Raum für die kleinen Würzelchen meiner Jungpflanzen, so dass diese dort zu großen starken erwachsenen Pflanzen werden können. Die Würmer nehmen den Mulch mit in ihre feinen Gänge, damit auch die unten lebenden Tiere und Wurzeln etwas davon haben.

Letztens im regenreichen November feierten wieder alle Würmer auf meinem Rasen eine große Party. Sichtbar an den Hun-

Regenwurm – mein
Freund und Helfer

derten von kleinen Häufchen in interessanten kalligraphischen Mustern. Ich habe mich dann schon mal auf die köstlich gedüngten Gänseblümchen gefreut, die ich ab Frühjahr direkt vom Rasen in meinen Salat geben kann.

Vielen Dank mal eben dafür an alle Regenwürmer der Welt und sonstigen Kompostwürmer, Tausend- und Hundertfüßler, Bakterien, Pilze und unbekannten Lebewesen in meinem und den weltweiten Komposthaufen!

Jetzt aber noch zu des Rätsels Lösung: **Darwin** hat den Wurm angebetet! Er war so begeistert von den Würmchen, dass er ein ganzes Buch über sie geschrieben hat (Charles Darwin: „Die Bildung der Ackererde durch die Würmer", 1881). Vorher hatte man die Würmer oft aus den Beeten rausgesucht, weil man sie für Schädlinge hielt. Mein ganz besonderer Dank gilt deshalb auch dem alten Darwin!

Unser Gartengold II – der Kompost

Der Komposthaufen erinnert mich immer daran, dass die Natur keine Müllabfuhr hat. Sie besorgt das Recycling gleich vor Ort und spart damit Transportkosten und Energie. In Ostasien wurde schon vor 4000 Jahren kompostiert. Mit der Kompostmethode können Sie unwirtliche Landstriche in fruchtbare

Beete verwandeln: Mit organischem Material, Kompostwür-
mern und einige Monaten Zeit entsteht dort fruchtbare Erde.
Nur aus Abfällen! Hier findet kein „Down"cycling statt wie oft
bei unseren Kunststoffen, sondern eine Aufwertung der Roh-
stoffe, Gold eben.

Golden ist der Komposthaufen auch, weil ich eine Menge
Geld mit ihm sparen kann: Erstens muss ich kein Geld für die
Abfuhr der „Biotonne" aufwenden und zweitens muss ich kei-
nen Dünger oder Torf mehr kaufen.

Ihr Komposthaufen will am liebsten an einem schattigen
Plätzchen stehen, umgeben zum Beispiel von Holunder, Weißdorn oder Rosensträuchern. Meiner steht halb unter einer Rie-
senfichte, umgeben von Blütensträuchern und Himbeerhecken.
Hier möchten Sie doch auch verweilen, oder? Und genau so denken die wimmelnden Erdwesen: In einer Handvoll Kompost leben mehr Insekten, Würmer und Kleinstlebewesen als Menschen auf der Erde, was ich als Biologin wieder einmal fantastisch finde. Also mehr als sechs Milliarden Bakterien, Springschwänze, Spinnen, Tausend- und Hundertfüßer, die urzeitlich
anmutenden Asseln, Fadenwürmer, Borstenwürmer, Schnecken, Maulwürfe, Wühlmäuse, Ameisen, Milben, dazu Flech-
ten, Pilze, Algen.

Sie lieben das wohlig-feuchte Klima und dieses Gefühl von
Fülle und Luxus, wenn sie mitten in ihrem Futter sitzen. Sie
brauchen Feuchtigkeit, Luft und Wärme und zwar von jedem
etwas. Nicht zu feucht, sonst schimmelt es und fault (nach zu

viel Regen oder zu dicht gepacktem Rasenschnitt an einer Stelle), nicht zu trocken (sonst verdorren oder verdursten die Kleinen) und nicht zu sonnig. Nach unten hin muss der Boden durchlässig sein, so dass sie in den tiefen Boden hinuntersteigen und ihre Verwandten zu einem Schmaus einladen können.

In meinen Komposthaufen kommen immer wieder Lagen von herabgefallenen oder abgeschnittenen Zweigen. Ich bin viel zu faul, sie zu zerkleinern oder zu häckseln (zu laut, zu viel Abgase, zu viel Spritverbrauch, zu viel Zeitaufwand), und außerdem kommt so immer genug Luft in den Haufen. Wenn ich Monate später die Erde ernte oder den Haufen umsetze, wundere ich mich immer, wie bröselig und morsch die Äste geworden sind. Vor meinen Augen zerfallen sie schon fast zu Staub. Ein Wunder? Nein, eine Assel. Meine besonderen Freundinnen, diese urtümlichen Wesen, die wie kleine Krebse an Land aussehen. Bei einer Umfrage nach ihrer Beliebtheit stehen sie an unterster Stelle! Dabei tun sie keinem was zu Leide: Sie saugen nicht (wie die Läuse) die Säfte aus meinen Pflanzen oder sie fressen auch nicht (wie Schnecken und Raupen) meinen Bio-Lieblingssalat! Sie zerkleinern stattdessen mit ihren beißenden Mundwerkzeugen meine alten Zweige und das frische Herbstlaub. Damit liefern sie den anderen Doppel- und Springschwänzen und sonstigen unbekannten Wesen unter der Erde noch ein herrlich vorverdautes Menü. Ich danke hiermit offiziell – auch im Namen aller anderen Gärtner, die Holz auf ihren Komposthaufen schichten – allen Asseln (in meinem Garten und in der restlichen Welt) für ihre wunderbare Arbeit.

Eine Gratis-Düngung für meinen Komposthaufen hole ich mir ab und zu bei einem benachbarten Pferdehof. Die haben so viele Pferdeäpfel, dass sie sie verschenken müssen. So ein Durchschnittspferd produziert immerhin ca. 20 Kubikmeter Mist pro Jahr.

Dieser Mist ist so reich an Stickstoff, Phosphor und Kalium, dass er bei meinen Erdgeschöpfen wieder zu einem fröhlichen Gelage führt. Die Pferdeäpfel dürfen nicht direkt auf die Beete, da vielleicht der Pferdebesitzer gerade vergessen hat, das Pferd zu entwurmen oder auch andere Keime darin sein können. Auf dem Kompost darf der Mist zwischen den anderen Materialien ein Jahr verrotten. Danach sind alle Würmer und Darmkeime tot (und natürlich auch Bestandteil der würzigen Kompostmischung). Im nächsten Jahr wird dieser Kompost dann als Reserve-Gold zur Freude meiner Erdgeschöpfe IN den Beeten im Garten ausgebracht.

Das war nun das Kapitel für die eher traditionellen Gärtner. Ich bin mir sehr wohl bewusst, dass ich mich mit einem Kapitel über Komposthaufen in einigermaßen viele Fettnäpfchen setze. Da gibt es die Warm-Kompost-Gurus, die Kalt-Kompostliebhaber, Leute, die „Kompost-Yoga (Olkowski) betreiben, die Komponierer, die Fanatiker und die, die eine Lebensaufgabe daraus machen und ganze Bücher darüber schreiben.

Es gibt sehr viel Literatur über die genaue Anlage eines Komposthaufens, seine Pflege, über Zusatzstoffe und Starter, Bauanleitungen oder den Schnell-Komposter für den Balkon. Die biodynamischen Gärtner geben außerdem zur Kompostreifung homöopathische Mittel dazu, komponieren ihn regelrecht. Wenn Sie in dieses Fachgebiet einsteigen möchten, müssen Sie zur Fachliteratur greifen.

Ich bin ein Fan der einfachen Methode, die man ohne große Wissenschaft und überall anwenden kann. Diese ist allerdings nur für Unerschrockene, die in der Lage sind, kreative Unordnung zur ertragen. Die Permakultur-Gärtner nämlich geben ihre alten Pflanzenreste direkt wieder auf die Beete oder vergraben ihre alten Kartoffel- und Apfelschalen in den Blumenkästen. Diese Art zu gärtnern hat mehrere Vorteile: Sie haben die tollen Nährstoffe direkt vor Ort (im Beet, im Kasten), während auf dem Komposthaufen derart viele Nährstoffe auf einer Stelle sind, dass ein Teil ungenutzt im Boden versickert.

Zweitens müssen Sie keine großen Erdbewegungen ausführen. Einen Komposthaufen müssen Sie umsetzen. Das ist schwere Arbeit. Wenn Sie das allerdings lieben, sparen Sie damit das Fitness-Studio für diesen Tag. Drittens ist es wieder einmal eine Möglichkeit, Gelassenheit zu üben.

Wenn Sie allerdings ein Liebhaber von englischem Rasen und geometrisch angelegten Beeten mit geraden Kanten sind, ist diese Methode für Sie eher ungeeignet.

Ein Beispiel aus dem Permakultur-Garten-Buch von Graham Bell hat mich sehr beeindruckt: Sie können überall gärtnern, sogar auf einem toten gepflasterten Hinterhof, wo Sie nichts weiter zur Verfügung haben als fünf alte Autoreifen. Stapeln Sie zwei davon aufeinander, füllen Sie sie mit Küchenabfällen, obenauf eine kleine Schicht Laub, Rasenschnitt oder Erde vom Nachbarn und setzen Sie fünf Kartoffeln hinein. Während die Kartoffeln in die Höhe wachsen, füllen Sie weiter mit Erde auf und stapeln weitere Reifen auf. Im Herbst können Sie Kartoffeln ernten und finden in der gesamten Höhe der fünf aufeinandergestapelten Reifen gute Gartenerde vor! Dieses Prinzip der Selbstversorgung auf noch so kleinem Raum finde ich total faszinierend. Man braucht dazu nur Kreativität und Improvisationstalent. So wurden schon Wüsten begrünt und Balkone komplett zum Selbstversorger-Garten. Wenn Sie mehr Beispiele dazu lesen möchten, empfehle ich Ihnen Sepp Holzer, Graham Bell und Bill Mollison oder den Besuch eines Permakultur-Gartens.

„Dumme rennen, Kluge warten, Weise gehen in den Garten."
Rabindranath Tagore, indischer Weiser

Opferpflanzen

Jeder hat auf Erde seine Aufgabe. Ich weiß nicht, welche Sie haben, aber meine hat irgendetwas damit zu tun, interessantes Wissen unter die Leute zu bringen.

Bäume zum Beispiel müssen die Erde schützen, Tieren und Menschen Futter und Holz liefern, uns herrliche Frühlingsblattsalate bescheren und für allerlei Geschichten und Mythen herhalten. Kohlgewächse müssen uns Kohl und therapeutische Senföle liefern sowie die Kohlweißlingsraupe ernähren.

Und dann gibt es da noch die ganz armen Schnuffis, die sogenannten Opferpflanzen.

Denken Sie jetzt an Myrrhe und Weihrauch?

Ich dachte dabei an Tagetes! Die, die uns mit ihrem schönen Duft (ich jedenfalls finde ihn angenehm würzig) und mit ihren schönen rot-orange-gelben Feuer-Herbst-Sonnentönen erfreut, die sofort gute Laune machen und das von Juni bis zum ersten Frost. Andererseits hat sie sich die Rolle als Opferpflanze ausgesucht, indem sie sich den Schnecken zum Fraß vorwirft. Und nicht nur denen, sondern auch kleinen Fadenwürmern, den

Die Tagetes opfert
sich für Schnecken
(Bild l.)

Die Kapuzinerkresse
opfert sich für Läuse
(Bild r.)

Wurzelälchen, die sich sonst auf Tomaten breit machen würden. So viele Liebesdienste am Menschen! Und dann kann man sie noch als Waffe gegen den unerwünschten Giersch oder die Winden einsetzen. So etwas sollte in keinem Garten fehlen.

Wenn ich mal schlecht gelaunt bin, hole ich mir einen Strauß Tagetes in die Wohnung. Das gelbe „Herdfeuer" und der würzige Duft lassen mich den Stress vergessen.

Eine ähnliche Ausstrahlung und Aufgabe hat die Kapuzinerkresse. Ihre leuchtenden Blüten kann man essen und als Deko in den Salat geben, die Blätter klein geschnitten als kressiges Würzkraut. Und sie opfern sich für die Läuse. Wenn man sie neben Rosen pflanzt, wandern alle Läuse von den Rosen auf die Kapuzinerkresse. Ich fand sie schon als Kind außerordentlich faszinierend, weil sie dieses seltene Tellerblatt hat. Ich habe mir früher immer vorgestellt, das wäre ein Regenschirm für die Ameisen, die ja auch tatsächlich dort wohnen. Sie melken ihre geliebten Läuse, lockern außerdem den Boden und machen dadurch wieder fruchtbare Erde für den Rest des Gartens. Als Bodendecker rankt die Kapuzinerkresse über meine abgeernteten Herbstbeete und schützen sie vor Austrocknung.

Frage aus permakulturischer Sicht: Wie viele verschiedene Nutzen hatte jetzt die Kapuzinerkresse noch mal? Zählen Sie doch mal.

Die Schnecken und ich

Noch so eine Erinnerung, gelassener zu werden. Wie eilen wir so oft von hier nach da, ohne wirklich wahrzunehmen und zu spüren, wo wir gerade sind, wie sich der Untergrund anfühlt, die Luft, das Licht, meine Haut, meine Stimmung. So eine Schnecke ist da ganz anders. Sie erinnert mich daran, inne zu halten, genauer zu überdenken, wo ich hin will oder ob ich mich gerade hier und jetzt wohl fühle.

Können Sie ein so philosophisch veranlagtes Wesen bekämpfen?

In meinem früheren Leben – als ich auch noch an Unkräuter glaubte – habe ich schon alles Menschenmögliche gegen Schnecken ausprobiert: Schneckenkorn, Schnecken mit einer Schere durchgeschnitten, lebend abgesammelt und in den Wald gebracht. Auch auf die anthroposophische Methode habe ich mich eingelassen: Tote Schnecken zu Jauche verarbeitet und damit die Beete gegossen oder sie sogar zu Schnecken-Asche verarbeitet. Diese Methoden haben mir alle überhaupt nicht gefallen. Meine heutige „Auch-Schnecken-sind-nur-Menschen-Lösung" will ich ihnen im Folgenden erklären.

Schnecken tun in meinem Garten ein gutes Werk. Sie sind ein Teil der Müllabfuhr und absolut gratis. Sie ernähren sich hauptsächlich von abgestorbenem Material und hinterlassen dabei

Schnecke – ein philosophisch begabtes Wesen?

Aus der Sicht einer Schnecke …

Schleim, den Sie als Gartenbesitzer wahrscheinlich eklig finden und der an Ihren Händen ziemlich klebt. Aus Ihrer Sicht mag das unappetitlich sein. Wenn Sie sich aber einmal in die Rolle der Bodenlebewesen versetzen, können Sie die „Sauce" als wunderbares Vollwertfutter betrachten. Sie besteht aus schleimähnlichen Kohlenhydraten, gemischt mit Eiweißen (das klebt), gewürzt mit Spurenelementen wie Eisen, Kupfer und Zink. Würmer, Bakterien und Algen verehren diesen Schleim wie wir die Vollwertkost.

Wenn die Schnecken sich auf meine mühsam vorgezogenen Salate stürzen, kommt meine gärtnerische Gelassenheit allerdings auch an ihre Grenzen. Ich teile gerne mit ihnen, aber nur in der Form, in der sie mir auch einen Teil übrig lassen! Ich biete ihnen dann Ersatzfutter in der Nähe: ausgerissene Kräuter oder Rasenmulch, auf den sie sich stürzen können. Wenn sie schon fast satt sind, können sie nicht mehr so viel von meinem Salat fressen.

Wenn ich erwachsene Schnecken finde, befördere ich sie gezielt auf meinen Komposthaufen. Dort ist der Tisch für sie reichlich gedeckt. Um meine Salate und Kohlpflanzen schichte ich stachelige Äste zum Beispiel von Ilex oder Weißdorn auf. Außerdem sind die Beete mit Tagetes eingefasst, die ja als Schneckenopfer-Pflanze auf die Welt gekommen sind.

Die Methode, sie in Bier zu ertränken ist mir zu tierquälerisch und zu teuer, und außerdem lockt der Duft alle Schnecken aus dem ganzen Dorf an.

Ich lege ihnen außerdem als Unterschlupf Bruchsteine hin. Darunter sammeln sie sich, und ich trage sie dann täglich zum Komposthaufen. Nach wenigen Tagen des „Sammelns" sind kaum noch welche in den Beeten.

Apropos, haben Sie schon mal nachgesehen, welch interessante Tierwelt sich unter so einem Stein versammelt? Eine feucht-warme Umgebung, dennoch geschützt vor Regen, Wind und Austrocknung, eine luxuriös überdachte Terrasse für allerlei Getier. Hier wohnen Asselfamilien, Spinnen, Larven, Hundertfüßler, Würmer und Ameisen. Das könnte auch Kinder interessieren!

Wenn Sie Enten mögen, können Sie sich Laufenten zulegen, die besonders gern Schnecken fressen. Sie müssen allerdings auch damit leben, dass diese ab und zu Ihren Salat zertrampeln. Dafür düngen sie ihn aber auch.

Das beste Buch zum Thema „Ich liebe alle meine Schnecken und auch sonstigen Mini-Tiere in meinem Garten von Herzen" heißt „Heute schon eine Schnecke geküsst?" von Eike Braun-roth. Eine Super-Lektüre!

Mein Igel und seine Pflanzenschützer-Kollegen

Wenn Sie so einige „ungepflegte" Stellen im Garten haben, wo Kompost, Blatthaufen oder Steine liegen, wird wahrscheinlich ein vorbei kommender Igel spontan denken: „Welch hübsches Häuschen!" Und er wird sich bei Ihnen einquartieren. Wenn Sie abends im Dunkeln noch Ihre Küchenabfälle auf den Komposthaufen bringen, könnte er Ihnen begegnen. Tagsüber schläft er lieber ungestört und von allen unbemerkt im Laubhaufen.

Damit können sie übrigens auch noch alle Nachbarskinder begeistern!

Ich liebe meinen Igel über alles, denn er frisst Schnecken, Engerlinge, Raupen und Mäuse. Also kurz gesagt: das süßeste vorstellbare Schädlingsbekämpfungsmittel.

Ich finde allerdings auch die Maulwürfe hübsch und weiß nicht genau, wen ich lieber mag. Wenn sich mal einer zeigt, wundere ich mich immer wieder über die Winzigkeit dieser Geschöpfe, die doch solche Riesenhaufen auftürmen und meinen ganzen Garten in ein unterirdisches Labyrinth verwandeln. Die Maulis lieben ebenfalls die Nacktschnecken, fressen aber auch Wühlmäusebabys und Larven. Oft nehme ich ihre aufgeworfenen Haufen und bedanke mich für die superlockere Erde: Gratis-Gartenerde für die Blumentöpfe.

Gegen Läuse haben Sie ja schon die Brennnesseljauche kennen gelernt. Die müssen Sie allerdings selbst ansetzen. Es geht noch einfacher: Für viele Käfer sind Läuse ein Fünf-Sterne-Eiweiß-Lieblingsfutter. Ein erwachsener Marienkäfer kann pro Tag 60 Läuse fressen! Damit gehört er allerdings schon zum alten Eisen, denn als jugendlich frische Larve schafft er pro Tag 400!

Für die Marienkäfer müssen Sie nun nicht viel mehr tun, als ihnen ein paar Löwenzähne oder Ringelblumen anpflanzen. Diese können Sie ja dann noch einer Zweitverwendung zuführen, entweder als Löwenzahn-Ringelblumenblatt-Salat oder Sie machen sich eine Ringelblumenblütensalbe oder einen Tee daraus zur Wundheilung.

Sicher begegnen Ihnen in der Wohnung im Winter auch immer wieder die zarten Elfchen der Florfliege. Sie möchten auf

Igel, das süßeste Schädlingsbekämpfungsmittel der Welt!

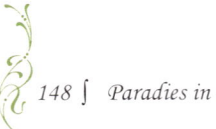

Ihrem Speicher oder hinter der Übergardine überwintern. Ihre Larven können bis zu 500 Läuse täglich fressen. Sie lieben besonders Löwenzahn, Angelika, Dill und Schafgarbe.

Sogenannte Raupenfliegen fressen Raupen und Stinkwanzen. Sie würden gerne die Raupen des Kohlweißlings verspeisen und damit meinen Kohl vor dem völligen Kahlfraß bewahren. Diese Fliegen lieben Petersilie, Gänsefingerkraut (damit haben Sie nebenbei noch das Kraut gegen Krämpfe und Durchfall im Garten) und Buchweizen.

Meine besonderen Lieblinge sind die Schwebfliegen, die wie Wespen aussehen und in der Luft zu stehen scheinen. Wenn ich lesend im Garten sitze (durch meine eher gelassene Haltung und die Permakultur-Methoden hab ich tatsächlich viel Zeit, dort nur zu sitzen), steht oft so eine Schwebfliege neben mir in der Luft. Es sieht so aus, als wollte sie auch lesen.

Auch sie gehören zu den Läuse-Vernichtern und ihnen zu Liebe stehen in meinem Garten viele Doldenblütler: Bärenklau (der einheimische, soll nebenbei die Männerlenden kräftigen, weil er Testosteron-ähnliche Substanzen enthält, außerdem die wilde Möhre, der Wiesenkerbel und die leckere Süßdolde (herrlichste Früchte, wie kandierter Fenchel zum knabbern), außerdem Dill, Schafgarbe und Petersilie.

So eine Doldenblüte voller Käfer, Fliegen, Bienen ist einfach zum Meditieren schön!

Marienkäfer auf Aussichtspunkt (Karde) (Bild l.)

Schwebfliege im farblich passenden Outfit auf Tagetes (Bild r.)

Natur macht gesund

Natur kann in vielfältiger Weise zu unserer Gesunderhaltung beitragen: Als schöne und Entspannung fördernde Umgebung, als Ort zum Meditieren, durch Ruhe, durch ihr beruhigendes Grün oder ihre aufmunternde Farbenvielfalt, durch Gartentherapie, durch eine Flut an Vitaminen in Wildkräutern, durch pharmazeutisch bedeutsame Inhaltsstoffe in Heilkräutern, den Sauerstoffreichtum, die saubere Luft. Ein Thema für viele Hundert Bücher.

Grüne Schönheit macht gesund

Die einfachste und genialste Gesundheits-Idee des Universums: Natur in der direkten Umgebung der Menschen macht gesund!

Patienten, die aus Krankenhauszimmern ins Grüne schauen, brauchen weniger Schmerzmittel und werden schneller wieder gesund als ihre Leidensgenossen mit Ausblick auf Nachbargebäude. Wussten Sie das?

Das bedeutet, dass Krankenhäuser, die in grüner Umgebung liegen, mit Blick auf Wiesen und Wald und einem eigenen Heilkräutergarten eine Menge Geld sparen könnten.

Wissenschaftler haben in einer Umfrage erforscht, was Menschen sich unter einer optimal schönen Landschaft vorstellen.

So ein Ausblick macht gesund (Phytaro-Heilpflanzenschule Dortmund) (Bild l.)

Schönheit aus England, Scotney Castle (Bild r.)

Was wäre denn Ihre Antwort gewesen? Bergwiesen auf der Alm? Ein kleines Bächlein mit Wasserfall? Ein unberührter alter Wald?

Bei einer Umfrage, welche Landschaften wir besonders schön finden, kommt erstaunlicherweise heraus, dass die Menschheit sich in dieser Frage (ausnahmsweise einmal) ziemlich einig ist. Besonders schön finden wir die Natur ohne künstliche oder technische Elemente, ohne Strommasten, Autobahnen und Hochhäuser. Am beliebtesten sind kleinräumige Wald-Wiesenlandschaften mit geschwungenen Wegen (keine schnurgeraden, die machen zu wenig neugierig) und einem See, Fluss oder Bach in der Nähe.

Auf die Forschungsfrage, warum gerade diese Art der Landschaft von uns so bevorzugt wird, sagen die eher schamanisch denkenden Gärtner: Weil die Landschaft alle vier Elemente enthält: Erde als Boden, Wasser im Fluss, Feuer in den Blüten und als viertes Element die Luft.

Die eher wissenschaftlichen Forscher wie zum Beispiel Rainer Brämer von der Uni Marburg, der unter anderem über die Gesundheit des Wanderns forscht, erklären, dass diese Landschaft für unsere jagenden und sammelnden Vorfahren die überlebensfreundlichste war. In der vielfältigen Landschaft findet man sowohl eine Menge unterschiedlicher Nahrungspflanzen und Tiere als auch Wasser und Brennholz. Und dieser Ur-Neandertaler steckt auch heute noch in Ihnen, auch wenn Sie glauben, ein moderner Mensch zu sein! So finden wir die überlebensfreundlichste Landschaft am schönsten

Wie geht es da weiter?

Treppe im Wald fördert die Neugier

Traumlandschaft in Wuppertal-Beyenburg

und erholen uns in ihr am besten. Nachweislich bauen sich bei einer Wanderung in einer schönen Landschaft Stresshormone ab und Glückshormone auf. Das erklärt die im Ruhrgebiet völlig überfüllten Spazier- und Radwege an unseren wenigen Seen.

Eine niederländische Studie von 2009, bei der die Daten von 345.000 Menschen untersucht wurden, kam zu dem Ergebnis, dass 15 von 24 untersuchten Krankheitsbildern in Gegenden mit hohem Grünflächenanteil in geringerer Anzahl vorkamen.

Den stärksten positiven Einfluss hatte das Grün auf Depressionen und Angststörungen. Dabei war die größte positive Wirkung zu verzeichnen, wenn die Grünflächen in weniger als einem Kilometer Entfernung vom Wohnort des Studienteilnehmers entfernt waren. (Journal of Epidemiology and Communitiy Health: „Morbidity is related to a green living environment", 2009)

Ich möchte einmal die Realität vieler moderner Menschen im heutigen Ruhrgebiet darstellen. Dazu hat mich ein Buchkapitel von Hans-Christoph Vahle besonders beeindruckt:

Die vom Menschen verlassene Landschaft

„Man könnte ja sagen, dass heutzutage doch recht viele Menschen in der Landschaft unterwegs sind, und zwar freiwillig – als Jogger, Mountainbiker, Wanderer, Spaziergänger oder Kletterer. … Nehmen wir an, wir gehen spazieren, zu zweit oder in einer kleinen Gruppe. Wir unterhalten uns – gerade durch das Gehen wird eine gewisse ungezwungene Gesprächsatmosphäre gefördert. … Wir vertiefen uns ins Gespräch, dadurch sind wir mit uns selbst beschäftigt. … So schließen wir uns zu einem gewissen Grade von der Umgebung ab …

Unserer Seelenwärme, unsere Zuneigung, unsre sympathische Aufmerksamkeit wird … ihr (der Landschaft) so vorenthalten..Ist das aber ein Problem? Ich denke ja. … Wir wissen oder fühlen, dass der Umgang mit Pflanzen heilsam ist. … Wir kennen schon die therapeutische Bedeutung von Gartentherapie und Naturerlebnis, und inzwischen wächst auch die Ahnung davon, dass die Arbeit in und an der Landschaft sowohl für die beteiligten Menschen als auch für die Gesundheit der Landschaft eine Bedeutung hat." (Aus Hans-Christoph Vahle: „Die Pflanzendecke unserer Landschaften, eine Vegetationskunde", Stuttgart 2007).

Wissen Sie, wie viele Wildpflanzen der durchschnittliche deutsche Bundesbürger mit Namen kennt? Zwei bis drei (Vahle). Da ist noch Potential drin!

Beschäftigung mit der Natur macht gesund

Wenn Sie die heilsamen Wirkungen der Natur genießen möchten, gibt es eine Vielzahl von Möglichkeiten.

Wie kann man sich mit Natur beschäftigen?

» *Legen Sie ein Herbar an.*
» *Basteln Sie mit Naturmaterialien.*
» *Trocknen Sie wilde duftende Blumen und machen Sie für den Winter daraus ein Sommerblüten-Duft-Potpourri (z.B. mit Mädesüß, Honigklee, echtem Labkraut, Rosenblüten, Nelkenwurz-Wurzeln (Moschusduft!), Pelargonienblättern, Jasmin- und Rosenblüten …*
» *Analysieren Sie Ihren Rasen: Welche Muster bilden die Maulwurfshaufen oder die Gänseblümchen? Kann man eine Form darin erkennen?*
» *Machen Sie ein Spiel mit Ihren Kindern: Welche Formen erkennt man in Blüten?*
» *Fotografieren Sie schöne Blumen.*
» *Sammeln Sie Beeren oder Kräuter.*
» *Schauen Sie frühmorgens in Ihren taunassen Garten oder auf eine Wiese.*

Gänseblümchen: Bilden Sie ein Muster? (Bild l.)

Akelei: Sehen Sie Tiere in der Blüte? (Bild r.)

Pure Schönheit!
(Bild o.l.)

Landart (Bild u.l.)

Das spontan kreierte T-Shirt-Design aus Klettenlabkraut-Samen passt gut zum Haarkranz aus Pfennigkraut (Bild r.)

» *Legen Sie sich auf eine Wiese und schauen Sie in den Himmel.*
» *Schauen Sie unter einen großen Stein. (Asselbabys? Spinnen? Ameisen?)*
» *Hören Sie den Bienen zu.*
» *Lassen Sie sich von Ihren Kindern zeigen, wie man spontane Broschen aus Klettenlabkraut-Samen klebt oder einen Kranz aus Pfennigkraut macht.*
» *Beobachten Sie, wie die (schweren) Hummeln an den (leichten) Blütenstängeln schaukeln.*
» *Machen Sie eine Vogelstimmen-Exkursion mit.*
» *Malen Sie Blumen oder Landschaften.*
» *Gestalten Sie „LandArt" (Kunst in der Natur).*
» *Beobachten Sie eine Pflanze von der Wiege bis zur Bahre, sammeln Sie in jedem Stadium Blättchen und herbarisieren Sie diese: Hintereinander in einer Spirale aufgeklebt ergibt dies ein wunderschönes Bild.*

Diese Tipps kannten Sie vielleicht schon. Hier habe ich noch eine Idee für eine besonders angenehme Freizeitbeschäftigung.

Sammeln Sie doch einmal Baumgesichter (in Ihrem Kopf oder als Foto-Sammlung). Die Vorteile:

» *Sie müssen dazu unbekannte Natur erkunden.*
» *Sie lernen das genaue Hinschauen.*
» *Sie sind momentan von allen Alltagssorgen abgelenkt.*
» *Sie entdecken die Großartigkeit der Schöpfung.*
» *Sie nehmen wie nebenbei die Schönheit der einzelnen Äste wahr.*
» *Die Fantasie wird angeregt.*
» *Sie entdecken küssende Bäume!*
» *Sie stellen fest, dass Kinder viel mehr sehen.*
» *Vielleicht lächelt ein Baum zurück.*
» *Und schon sind Sie im schönsten „Flow".*

Auf der folgenden Doppelseite präsentiere ich Ihnen einige Beispiele aus dem Ruhrgebiet, die ich bei meinen eigenen „Erholungs"-Touren gefunden habe. Welche Gesichter sehen Sie? (Meine Interpretationen stehen unten auf den Seiten.)

Koboldmaki aus Sprockhövel statt von den Philippinen

Clown, Schulhof, Waldorfschule Bochum

Der drohende Alte, Witten-Durchholz

Außerirdischer, Sprockhövel

Alien, Witten-Herbede, drehen Sie das Bild mal auf den Kopf!

Natur macht gesund einfach durch die pure Schönheit. Ohne selbst gärtnern zu müssen kann man sie luxuriöserweise in Parks und öffentlichen Gärten genießen. Neben Westfalenpark und Rombergpark in Dortmund sowie dem Gruga-Park in Essen gibt es noch die besonders schönen botanischen Gärten bei uns.

Schönheit im botanischen Garten

Bochum

Die Vielfalt und Anmut der botanischen Gärten ist Erholung pur, für mich manchmal aber auch Reizüberflutung. Allein in Bochum kann man über 15000 verschiedene Pflanzen anstaunen! Wem es dort zu viel wird, der kann sich im chinesischen Garten regenerieren oder auf eine der Wiesen legen und den Fröschen (von April bis Juni) oder den Bienen (bis zum Herbst) zuhören oder einfach so tun, als wäre er in einem der schönsten Parks, und sich über die Baumschönheiten freuen. Für Liebhaber der Südsee ist das Tropenhaus zu empfehlen, für Wüstenfreunde das Kakteenhaus.

Botanischer Garten der Ruhr-Universität Bochum, Universitätsstr. 150, Eintritt frei, Öffnungszeiten April bis September 9-18 Uhr, Oktober bis März 9-16 Uhr.

Schönheit im chinesischen Garten (Bild l.)

Wurzeln der Sumpfzypressen (Bild r.)

Gnome? Nein,
Wurzel der Sumpf-
zypresse im bota-
nischen Garten
Bochum

Wuppertal

Der botanische Garten in Wuppertal-Elberfeld besticht durch seine
Schönheit, die schönen Gebäude, die Anmut der Anlage, seine Küchen-
und Heilkräuterbeete und den verwunschenen Lotusblumenteich.
Botanischer Garten Wuppertal Elisenhöhe 1, Eintritt frei, Öffnungszeiten
in der Woche ab 7.30 Uhr, samstags, sonntags, feiertags ab 9 Uhr

Lotusblume – aus dem Schlamm zur lichten
Vollkommenheit!

Café – gemütlich und sehenswert

Gartentherapie

Gartenarbeit ist ja so gesund! Sie könnten die Gebühren für Ihr Fitnessstudio sparen und statt gegen die Maschine gegen die harte Gartenerde kämpfen. Und nebenbei würde es auch nur nach Ihrem eigenen Schweiß riechen. In einem Krankenhaus in Hattingen und bei verschiedenen Psychologen steht sogar „Gartentherapie" auf dem Programm!

Das Wühlen in der Erde soll beruhigen bzw. „erden", das Säen macht neugierig, die stetige Veränderung des Gartens ist spannend. In den Büchern zum Thema wird viel Theorie vorgestellt, welche Tätigkeit für welche Beschwerden hilfreich ist. Das ist mir fast zu theoretisch. Die Liebe zur Natur ist meiner Meinung nach der Schlüssel. Wenn man bei der Gartenarbeit den „flow" erlebt, das heißt, ganz im Hier und Jetzt ist, hat man doch schon viele Therapieziele erreicht. Man hat zumindest für diese Zeit ein wunderbares Gefühl. Eins zu werden mit der Biene in der Malvenblüte, die Schönheit der Blütenzeichnung wahrzunehmen, die Textur der Blätter beim Berühren zu spüren, das Rauschen des Windes zu hören, die Blätter anzustaunen, die im Herbst auf mich niederregnen, den Duft des Seifenkrautes zu riechen, den Löwenzahn zu schmecken, die Ameise zu verfolgen, die eine Laus melken will.

Nun gibt es bei der Therapie auch schon einmal Patienten, die Gartenarbeit völlig öde und uninteressant finden. Was soll man nun mit diesen machen? Birgit Kleinrath, Gartentherapeutin am Herdecker Krankenhaus, fragt dann die Patienten, was sie gerne machen würden. Der eine repariert am liebsten Rasenmäher, der andere pflanzt Hecken oder mäht, ein Kind wollte einen Weidenzaun bauen, ein anderer Patient den Sandkasten, wieder andere möchten lieber Heilkräuter säen oder pflanzen oder Unkraut jäten.

So ist eine vielfältige Beschäftigung möglich, die Sinn macht, die die Sinne anregt, gesund ist und für alle ein Segen. Welch herrlicher Garten dabei entstehen kann, sieht man in Herdecke. Der Heilkräutergarten Avalon, der zum Gemeinschaftskrankenhaus gehört, ist auf diese Weise entstanden, aber auch mit der Unterstützung vieler freiwilliger Helfer und großzügiger Spenden des Sterntaler-Vereins, der sich um Zusatztherapien für krebskranke Kinder kümmert.

In den USA wird seit langem an diesem Thema geforscht und man stellte fest, dass allein beim Betrachten einer Blume oder eines Baumes die Stress-Symptome schneller nachlassen.

Wenn man Lavendelduft riecht, reduziert sich Aggression und Traurigkeit! Das wäre also eine passende Pflanze für Krankenhausgärten, Strafanstalten, Schulen, Firmen, Amtsgerichte, Berliner Regierungsgebäude.

Für solche Fälle habe ich immer selbst gesammelten Lavendeltee im Haus, den gebe ich dann demjenigen, mit dem ich gerade Stress habe oder mir selbst, wenn die Schüler mal ausnahmsweise nicht ganz so wollten wie ich. Oder ich gehe in den Garten und grabe ein Stück Erde um und meine Aggression verschwindet darin. Oder ich setze den Komposthaufen um. Dann ist mein Adrenalin ebenfalls verpufft und ich habe außerdem noch den Sport für heute erledigt.

In der Krankenhausgartentherapie in Hattingen-Holthausen gibt es verschiedenen Gartenbereiche, solche für aktive Arbeit oder passive, für Entspannung und Erholung. Es gibt barrierefreie Gebiete, wo auch Gehbehinderte oder sogar Rollstuhlfahrer arbeiten können. Im Permakulturgarten Dortmund hat man für Menschen mit Handicap Hochbeete angelegt, nach Permakulturprinzip.

In Hattingen gibt es auch einen therapeutischen Garten für die geschlossenen Abteilungen der Psychiatrie, als Schutzraum für die Patienten.

Die Gartentherapie ist fast überall anzuwenden. Es gibt Langzeit- und Kurz-

Besser jäten als Medikamente schlucken …

Ohne den Sterntaler-Verein gäbe es den Garten wohl nicht mehr

Vielfalt im Heilkräutergarten Herdecke

Blüten gegen Stress

Apfelbaum einmal anders, ideal zum Ernten UND zum Entspannen (Bild l.)

Sissinghurst-Garten in Süd-England – für mich der schönste der Welt! (Bild r.)

zeittherapien. Es ist umweltfreundlich und – wichtig für die Krankenkassen – kostengünstig. Mein Fazit: Mehr Grün! Überall!

Und Blumen: Deren Farben haben eine tolle Wirkung. Gerade im Herbst sehen viele Bäume so golden aus, als würde die Sonne scheinen, obwohl es ein trüber Tag ist. In England gibt es weiße, blaue oder rosafarbene Cottage-Gärten, die jeweils eine ganz eigene Wirkung haben. Und wenn man einmal in Sissinghurst war, weiß man genau, was mit Gartentherapie gemeint ist. Die Schönheit dieses Gartens ist kaum zu übertreffen und lässt keinen Besucher unberührt.

Wenn an einem Altenheim oder einer „Seniorenresidenz" ein Therapie-Garten angegliedert wäre, der von den Bewohnern gepflegt werden könnte (Hochbeete und Ampelpflanzen für die Gehbehinderten), könnte auch die Ernte oder die Verarbeitung von Heilkräutern dort geschehen. Dies würde die „abgestellten" Alten wieder in eine sinnvolle Beschäftigung eingliedern und gerade bei Demenzpatienten alte Erinnerungen zurückholen. Der selbst angebaute, geerntete und in der Gemeinschaftsküche der Alten-WG verarbeitete Kohlrabi schmeckt hundert mal so gut wie der von Aldi und erfüllt mit Stolz, Lebenssinn und Freude.

Ich kenne einige Altenheime, die vor dem Haus riesige öde Monokultur-Rasenflächen haben, Hauptsache pflegeleicht. Ich wüsste da was.

Nahrungsergänzungsmittel oder „Die Bombe"

Natürliche Nahrungsmittel machen gesund! Und zwar wesentlich mehr als sogenannte „Nahrungsergänzungsmittel".

Ich möchte Ihnen einmal erzählen, was Ihr Körper denkt, wenn Sie genüsslich ein Löwenzahnblatt verspeisen. Zunächst denkt ihr Gehirn vielleicht, wenn Sie ein Anfänger sind: „Soll ich das wirklich tun? Sind da nicht zu viele Bakterien drauf? Ist vielleicht Schneckenschleim drauf? So roh, ob mir das wohl bekommt? Oder bin ich jetzt eine Futter-Konkurrenz für Karnickel oder gar Raupen?"

Wenn Sie so wie mein Urköstler-Freund Rolf sind, denkt es da vielleicht: „Oh herrlicher herber Geschmack, endlich wieder! Mein Lieblingsgemüse! Es kann doch gar nichts Besseres geben! Ob ich wohl schon süchtig bin? Wie kann ich in meinem kleinen Garten mehr davon anbauen? Kann man überhaupt nach Löwenzahn süchtig sein?"

Bei beiden aber passiert dann Folgendes: Ihre Geschmacks- und Geruchssensoren senden ans Gehirn: „Hey, da kommt eine wunderbare, wenngleich (ob sie genau dieses Wort denken, weiß ich nicht so genau) eine kompliziert zu verarbeitende Speise." Das Gehirn sendet dann an alle: „Bitte im Magen alles klar machen (Magensäure), in der Bauchspeicheldrüse alle Verdauungsenzyme bereit stellen, Dünndarm anfunken, soll sich auf chemische Biodiversität vorbereiten und auch schon mal Säfte produzieren, um allerlei Mineralien, eine Vielzahl an Vitaminen und sekundären Pflanzenstoffen aufnehmen zu können, auch mal eben eine Nachricht an meine geliebten Mitbewohner (nicht Würmer, sondern Darmbakterien) weitergeben: Für euch ist auch was dabei: Schon mal vorbereiten auf Ballaststoffe und basische Substanzen."

So wird der Körper das Löwenzahnblatt meisterlich verdauen und seine Mineralien, Vitamine und vielen verschiedenen segensreichen sekundären Pflanzenstoffe aufnehmen.

Zum Wohle Ihres Körpers und seiner Bewohner!

Wenn Sie nun die Mineralien und Vitamine lieber in chemisch reiner Form, desinfiziert und in einer bunten Hülle verpackt als Nahrungsergänzungskapsel schlucken, denkt ihr Körper: „Hey, was ist das? Ich kann gar nicht feststellen, was das ist!

Es schmeckt nach nichts. Es könnte gefährlich sein. Keine Verdauungssäfte bereitstellen! Alles schnell unten wieder raus!" Und so landen die Vitamine in der Kanalisation, wo die Kanalratten dann vielleicht noch etwas davon haben.

Aus chemischen Untersuchungen an Grünkohl weiß man, dass er mindestens 2000 verschiedene chemische Substanzen enthält, wovon allein 20 Krebs vorbeugend sind, außerdem etliche Mineralien, Vitamine und Ballaststoffe sowie Stoffe, die den Blutdruck senken, das Entzündungsrisiko minimieren, das Immunsystem stärken, Gefäßerkrankungen und Rheuma vorbeugen usw. Eine Meisterleistung! Aber auch eine Meisterleitung, die unser Darm vollbringen muss, um all die Stoffe aufzunehmen. Diese Gesundheitsvielfalt kann Ihnen keine Pille geben. Ich habe jedenfalls noch keine mit 2000 verschiedenen chemischen Substanzen auf der Zutatenliste gesehen.

Unsere Wildkräuter haben eine ähnliche Vielfalt. Ich warte immer noch sehnsüchtig auf ein paar Spezialisten, die diese einmal genau so akribisch analysieren wie die Gemüse. Damit auch die Wissenschaftler an den Wert der „Unkräuter" glauben können.

Ihr Vorgarten als Hausapotheke

A. Allgemeine Tipps

Wer sich oft im Grünen aufhält, sein selbst angebautes Gemüse verspeist und dazu noch regelmäßig Wildkräuter genießt, braucht fast keine Apotheke mehr. Die meisten Wildkräuter sind voller segensreicher Inhaltsstoffe. Sie ersetzen uns volle Apothekenschränke, und das auch noch fast ohne Nebenwirkungen!

„Deine Nahrung soll deine Medizin sein und die Medizin deine Nahrung", sagte schon vor 2400 (!) Jahren Hippokrates. Das ist der, auf den auch heute noch alle Mediziner ihren Eid schwören – und der muss es ja nun gewusst haben.

„Das Heilen ist die Aufgabe der Pflanzen. Sie sind das Immunsystem des Erdorganismus. Sie erhalten Mensch und Tier am Leben ... Immer wieder erzählen mir Menschen, dass in ihrem Garten plötzlich ein Unkraut wächst, das sie vorher nicht bemerkt hatten.

Und es stellt sich heraus, dass es genau die Heilpflanze ist, die bei der Krankheit helfen kann, die das Haus gerade heimsucht ... ", (aus Wolf -Dieter Storl: „Wandernde Pflanzen", Aarau 2012)

Wenn ich mir vergegenwärtige, dass Löwenzahn für Magen, Galle und Darm gut ist und gegen Rheuma hilft außerdem fast alle nötigen Spurenelemente enthält, Brennnessel mir Vitamin C, Eisen und Calcium liefert und die Durchblutung steigert, Gänsefingerkraut entkrampft und gegen Durchfall hilft, Brunnenkresse und Meerrettich antibiotisch wirken und meine Blase desinfizieren, Schachtelhalm mir Silicium für Haut, Haare, Nägel und Bindegewebe liefert und die Niere anregt. habe ich schon fast alle Heilmittel in meinem täglichen Salat! Und kann theoretisch fast nie mehr krank werden.

Kräuter für die eigene Apotheke

In der Praxis brauche ich ab und zu doch spezielle Heilkräuter. Also auf zur Planung des Vorgartens!

Bei vielen Stadtbewohnern ist der kleine Vorgarten (ob Ein- oder Mehrfamilienhaus) normalerweise nur zum Rasen mähen da. Oder er ist, um die Nachbarn zu beeindrucken, die einen ebenso ordentlichen Vorgarten haben, ordentlich bepflanzt oder mit immergrünen Bodendeckern in eine – im Bewusstsein nicht mehr vorhandene – Grünwüste verwandelt.

Früher war das anders: Als die Selbstversorgung noch ganz selbstverständlich war, nutzte man jedes Stück eigenen Grüns, um Essbares anzubauen. Rasen war etwas für „feine Leute". Mit einem Stück Rasen konnte man zeigen, dass man diese Fläche für die „Selbstversorgung" nicht nötig hatte.

Zurück zu unserer eigenen Hausapotheke: Vielleicht können Sie die Nachbarn ja damit beeindrucken, dass Sie diese zu einer köstlichen Tasse Minze-Salbei-Rosmarin-Tee aus eigener Vorgarten-Zucht einladen oder ihnen zu Weihnachten ein selbst gemachtes Lavendel-Kräuterkissen schenken.

Wenn man genug Platz hat, könnte man eine Kräuterspirale anlegen, die es erlaubt, diejenigen Pflanzen, die Wärme und Trockenheit lieben (und die aus dem Mittelmeergebiet bei uns zu Gast sind) nach oben zu pflanzen und die, die es lieber feucht mögen, unten anzupflanzen. Eine Pflanzanleitung dazu findet man zum Beispiel bei Margit Rusch: „Anders gärtnern", Ökobuch, Staufen 2010.

Wenn nicht genug Platz da ist, kann man Kräuter einfach nebeneinander pflanzen. Wenn Sie sie mit Liebe pflegen, wird kaum eines seinen Dienst verweigern, auch wenn es nicht an seinem optimalen Standort steht. So ist jedenfalls meine Erfahrung. Schließlich nehmen es die Kräuter ja noch nicht mal übel, dass sie (in Erde) in Tüten an der Wäscheleine hängen (bei Selbstversorgern und Stadtgärtnern zum Beispiel auf dem Balkon).

Die Kräuter werden den Sommer über gepflegt und dann – meist im Sommer –für den Winter/Notfall/kranken Nachbarn abgeschnitten und getrocknet. Dazu kann man die ganzen Pflanzen in Bündeln kopfüber in einem trockenen Raum aufhängen, nach drei Wochen Blätter und Blüten abstreifen und in einem dunklen beschrifteten Glas aufbewahren. So hat man jederzeit eine, dann für ein Jahr haltbare, selbst gemachte Bio-Hausapotheke. Diese hat dazu noch eine Super-Qualität, da man ja mit Liebe und eigenen Händen die Bio-Kräuter gepflückt hat. Kräutertees für Lebensmittelläden sind oft maschinell geerntet und sehr klein geschnitten. So haben gekaufte Beuteltees vom Discounter oft viel weniger Inhaltsstoffe als die selbst geernteten (nach Ursel Bühring: „Praxis-Lehrbuch der modernen Heilpflanzenkunde", Sonntag, Stuttgart 2009).

Wenn ich keine Apotheke in der Nähe hätte, würde ich also in der Stadt in meinem Vorgarten einige Kräuter anbauen und ein Schild „Apotheke" dran schreiben, damit die Nachbarn sich nicht über das wilde Gewusel wundern und denken: „Mein Gott, wohnt hier keiner? Hier ist ja eine Brennnesselwüste!"

Ja, warum jätet da keiner? Wenn ich die Brennnesseln neben Majoran, Baldrian, Minze und Salbei pflanze, haben diese Heilkräuter 10 bis 20 % mehr ätherische Öle (Bühring)! Die Brennnesseln ernte ich natürlich ebenfalls. Ansonsten würde sie mir auch die anderen Kräuter überwuchern. Die Samen nehme ich im Herbst als Stärkungsmittel für die Oma, die Blätter als Spinat oder Blasen- oder Entschlackungstee. Und auf dem Schild meines Apotheken-Gartens steht: Brennnessel – steigert Potenz und Gedächtnis. Da kann ja wohl keiner mehr meckern.

Ich würde als „Fremdlinge" dort je eine Pflanze der Mittelmeerkräuter hinsetzen:

Thymian gegen Husten und allgemein zum Desinfizieren, auch gegen Fußpilz, **Minze** für den Magen, gegen Mundgeruch und Übelkeit, **Lavendel** zur Schlafförderung und Beruhigung (auch der aufgebrachten Nachbarn, die ja zu Weihnachten das Kräuterkissen aus meinen selbst gesammelten Blüten bekommen), **Salbei** zum Desinfizieren, für die Verdauung und gegen Halsschmerzen, **Rosmarin** allgemein zum Anregen und Steigern meines zu niedrigen Blutdruckes und weil ich es in der Badewanne als Duft so herrlich finde.

Alle diese Kräuter muss ich nur einmal pflanzen. Sie sind winterharte Halbsträucher und können bis kurz vor dem Herbst geerntet werden. Vor dem Winter soll man sie bis auf das Holzige zurückschneiden. Nun denken die Nachbarn vielleicht im ersten Moment „Oh jetzt kehrt doch Ordnung ein", ja genau! Mit diesen „Schnittresten", die nun zur suboptimalen Zeit zwangsgeerntet wurden, kann ich mir immer noch ein schönes Kräuterbad ansetzen. Wenn diese Kräuter genug Sonne bekommen und noch an einer warmen Hauswand stehen, wachsen sie in der Stadt möglicherweise sogar üppiger als auf dem Land, da die Durchschnittstemperatur in der Stadt höher ist und es weniger Frost gibt und sich die Fremdlinge damit vielleicht ein wenig so fühlen wie in ihrer ursprünglichen Heimat.

An der Hauswand oder einem Laternenpfahl könnte Hopfen hochranken, dessen zarte Spross-Spitzen im Frühling eine Köstlichkeit sind und dessen weibliche Blüten als Tee beim Einschlafen oder bei Wechseljahresbeschwerden helfen. Ein kleines Stück Beet mit Kamille ist auch immer hilfreich, denn sie ist universell einsetzbar zum Desinfizieren, Beruhigen des Magens, zum Krampf lösen und Schmerz lindern.

B. Die Schafgarben-Apotheke

Schon als Kind fand ich die kleinen „Blütchen" so allerliebst, welche aber keine Blüten, sondern selbst Blütenstände aus vielen noch kleineren Blüten sind. Und der Duft! Und die filigranen Blätter! So hübsch wie Omas Spitzendeckchen. Wenn man sie auf ein Blatt Papier legte und Wasserfarbe durch ein Sieb darüber spritzte, gab es die schönsten Muster. Damals hatte ich noch kein „großes Latinum" und wusste nicht, dass der lateinische Name der Pflanze „Achillea millefolium" lautet und „Millefolium" übersetzt „Tausendblatt" bedeutet, sonst hätte ich vielleicht schon als Kind gezählt, ob es wirklich tausend sind.

Bei dem Namen „Achillea" denke ich immer an den alten Achilles. Der hatte eine Ferse, wie Sie sich erinnern, die als einzige nicht gegen Verletzungen geschützt war, und gerade dafür – wenn er dort mal blutete – hätte er die Schafgarbe gebraucht. Achillea nämlich wäre die Blume, die ihm die Blutung stillen und damit das Leben retten würde. Deshalb heißt die Pflanze auch Beilhiebkraut oder Zimmermannskraut, aber „Achillea" finde ich viel schöner. Sollten Sie also mal unterwegs furchtbar bluten, können sie einfach die feinen Blättchen auf die Wunde legen. So hat diese Pflanze auch vielen Verwundeten im 2. Weltkrieg geholfen und wahrscheinlich noch vielen anderen Menschen auf der Welt, denn die Schafgarbe ist auf der ganzen nördlichen Erdhalbkugel zu Hause.

Wenn Ihnen zu Hause eine Verletzung passiert, dürfen Sie allerdings auch die elegante Lösung wählen: Geben Sie stark konzentrierten Schafgarbentee auf eine Mullbinde und diese dann auf die Wunde.

Letzten Sommer hatte ich mir einen so schlimmen Sonnenbrand auf der Stirn eingefangen (vor lauter Begeisterung über meinen Garten hatte ich nichts mehr gemerkt), dass ich abends vor Schmerzen fast geheult hätte. Ich habe mir einen starken Schafgarbentee aus Blüten und Blättern aufgegossen, zehn Minuten ziehen lassen und dann in den Kühlschrank gestellt. Die kalten Kompressen mit dem Schafgarbentee brachten sofort Linderung. Vielen Dank an den lindernden Pflanzengeist! Wenn Sie keine Schafgarbe haben, hilft auch eine Einreibung mit einer aufgeschnittenen Zwiebel. Auch bei anderen Hautleiden lohnt sich ein Versuch mit Schafgarbenkompressen.

Schafgarbentee hat außerdem eine wunderbare Wirkung auf die Verdauungsorgane. Der Tee sollte immer mindestens sieben ziehen!

Wer untergewichtig ist und unter Appetitmangel leidet, bekommt in den Alpen den Enzianschnaps, bei uns aber Schafgarbentee.

Schafgarbe: Kraut für den alten Achilles

Durch die Bitterstoffe bekommen alle Verdauungsorgane große Lust, Verdauungssäfte zu produzieren. Dies fördert den Appetit und alle Verdauungsfunktionen. Da die Galle auch noch angeregt wird, trägt all dies noch zur Entgiftung bei.

Als Hustentee hat sich die Schafgarbe auch bewährt, wobei sie noch besser wirkt, wenn man Allheilmittel Nr. 2 – den Salbei – untermischt.

Schafgarbentee wirkt auch auf Herzkranke wohltuend, wirkt Krampfadern und Hämorrhoiden entgegen und fördert den Blutrückfluss zum Herzen.

Für Frauen war Schafgarbe immer schon ein Allheilmittel. Als Badezusatz bei Scheidenentzündung lindert sie die Entzündung.

Und wenn man sie gerade nicht braucht, darf man sich einfach an ihren hübschen Blüten erfreuen, zählen, ob sie wirklich millefolium (tausend) Blätter hat, den Tee einfach als Leckerchen trinken oder als Blumenstrauß seinen Lieben schenken.

C. Salbei – gegen Alles!

Für unsere Vorfahren war Salbei ein Kraut, das ihnen einen vollen Medizinschrank ersetzte! Den sollte wirklich jeder im Garten oder Vorgarten oder Balkonkasten haben. Er duftet, sieht schön aus, übersteht sogar harte Winter und wächst gut und großzügig bei uns. Besonders kräftig gedeiht er auf warmen, kalkreichen Böden, toleriert reichhaltigen Rückschnitt und verschenkt seine Heilkraft in großer Menge, ohne Arbeit zumachen. Ein Spruch aus dem 14. Jahrhundert: *„Warum soll jemand sterben, wo doch Salbei in seinem Garten wächst?"* (Volksmund)

Sein lateinischer Name sagt schon alles: „Salvia officinalis". Das Wort „Salvia" kommt von retten, heilen. Damit macht er seinem Namen ja alle Ehre und „officinalis" wurde man genannt, wenn man in der „Offizin", der Apotheke, eine wichtige Rolle spielen durfte.

Wenn man den Tee nur als gut schmeckendes Getränk genießen will, lässt man ihn drei Minuten ziehen, für die medizinische Anwendung zehn Minuten.

Die meisten Wirkstoffe hat er vor der Blüte im Juni. Man trocknet ganze Blätter für Tee oder legt sie in Alkohol ein, um eine Tinktur zu machen, die man zur Not auch als wohlriechendes Deo benutzen kann. Wenn man oft erntet, wächst der

Strauch besonders dicht nach. Selbst im Winter sind die Blätter noch zu ernten und aromatisch. Allerdings ist der Wirkstoffgehalt dann geringer als im Sommer.

Salbei: unbedingt mit auf eine einsame Insel nehmen

Salbei kann als Desinfektionsmittel benutzt werden. Ich finde seinen Duft viel angenehmer als den von Sterillium© im Krankenhaus, aber nach zehn Jahren MTA-Job vielleicht verständlich. Äußerlich gibt man den Tee auf Wunden und als Gesichtswasser auf unreine Haut. Bei Zahnfleischentzündungen gurgelt man damit. Die Tinktur desinfiziert kleine Schrammen. Für entzündete Wunden nimmt man aber besser den Tee als die Tinktur, da die alkoholische Tinktur zu sehr brennt.

Wenn man sich konzentrieren möchte, kann man ein paar Salbeiblätter kauen, da die ätherischen Öle auf der Stelle wach machen, den Geist erfrischen und die Gedächtnisleistung steigern.

Ich mische mir immer etwas Salbei in meine Kräutertees, zum einen, weil ich den Geschmack mag, zum anderen, weil er leicht desinfiziert und damit im Winter Erkältungen vorbeugt. So bin ich bisher erfolgreich allen Mandelentzündungen, Grippen und Halsschmerzen aus dem Weg gegangen. Bei Husten eignet er sich als Hustentee.

Salbeitee hat so vielfältige Wirkungen, dass er fast gegen alles hilft – außer gegen die böse Schwiegermutter.

Hauptwirkungen
» *Er lindert Halsschmerzen und Mandelentzündung.*
» *Er hilft bei Durchfall, Blähungen und Krämpfen.*
» *Er fördert mit seinen Bitterstoffen die Verdauung und den Gallenfluss.*
» *Er regt das Gedächtnis an und kann wohl auch Demenz lindern.*
» *Er fördert die Fruchtbarkeit.*
» *Er wirkt gegen Viren bei Lippenherpes.*
» *Er stärkt bei Erschöpfung.*
» *Er hilft beim Abstillen.*

Wenn Sie einen Raum von bösen Geistern befreien wollen oder bei einem Umzug die alten Energien aus der neuen Wohnung entfernen möchten, können Sie dies mit Salbei oder Beifuß tun. Sie können die einfache Lösung wählen und sich ein Büschel in den Raum hängen. Die radikalere Methode geht so: Über einem Krümel glühender Holzkohle wird Salbei verglüht. Der dabei entstehende Rauch wirkt reinigend und vertreibt alle bösen Schwingungen, schlechten Träume und alten Energien, übrigens auch Mücken und Motten. Noch einfacher geht folgende Methode: Bündel trocknen, das Bündel unten dann einfach anzünden und damit im Raum wedeln. Aber nicht vergessen, einen Topf darunter zu halten.

D. Schmerzmittel-Apotheke entlang der Ruhr
Genau da, wo es immer so feucht und kühl ist, wo man sich vielleicht die Erkältung geholt hat, wachsen die Pflanzen gegen Grippe, Kopfschmerzen und Rheuma.

Da ich immer gerne etwas gegen Schmerz und Erkältung in der Nähe haben möchte, habe ich neuerdings eine Silberweide im Garten.

Freundlicherweise sind Weiden fast überall vorhanden und man könnte theoretisch die Rinde jederzeit ernten. Den höchsten Wirkstoffgehalt haben Baumrinden allerdings im Frühjahr.

Tee gegen Schmerzen aus Weidenrinde

Man schabt von dreijährigen Zweigen die dünne Rinde ab und trocknet sie. Die Rinde wird über Nacht eingeweicht, dann im Einweichwasser zehn Minuten gekocht und der daraus gewonnene Absud getrunken. Die Wirkung setzt nach einiger Zeit ein, da das enthaltene Salicin im Körper erst noch in Salicylsäure umgewandelt werden muss.

Diese Anwendung ist auch für chronische Schmerzen geeignet, z.B. für häufigere Anwendung bei Rheumaschmerzen.

Für akute Schmerzen empfiehlt sich Mädesüß als Tee oder Tinktur. Sie wirkt schneller gegen Kopfschmerzen und Fieber (innerlich). Ich habe es ausprobiert und habe nun die Gewissheit, dass ich bei Kopfschmerzen innerhalb weniger Minuten eine Linderung bekomme. Ab sofort brauche ich kein Aspirin mehr zu kaufen. Meine kleine Tochter bekommt Mädesüß -„Aspirin" allerdings als Tee. Mädesüß im eigenen Garten braucht einen feuchten Standort, sieht bezaubernd aus – eine elfenbeinfarbene Blütenfülle in Weichzeichner-Optik – und duftet unbeschreiblich süß. Nomen ist eben Omen.

Mädesüß: Elfenbeinfarbener Weichzeichner-Effekt (Bild l.)

Mädesüß: die „Wiesenkönigin", hier eher „Uferkönigin" (Bild r.)

E. Kurz-Zubereitungstipps für Heilkräuter

<u>Als Tee:</u> Einen Teelöffel getrocknetes bzw. einen Esslöffel frisches Kraut mit kochendem Wasser übergießen (etwa die Menge einer kleine Tasse). Ca. fünf Minuten ziehen lassen, warm, nüchtern in kleinen Schlucken trinken.

<u>Als Tinktur:</u> Man nehme 100 g Kraut, frisch oder getrocknet, mische es mit 500 ml Wodka oder Doppelkorn und lasse es drei Wochen auf der Fensterbank stehen. Dann filtere man es zunächst durch ein Sieb, danach noch durch einen Kaffeefilter und bewahre die Flüssigkeit in einer dunklen Flasche auf. In dieser Form ist die Tinktur mindestens ein Jahr haltbar. Die zu verabreichende Menge beträgt ca. 10-20 Tropfen pro Anwendung.

Biervorräte – falls es doch nicht wirkt? Nein! Die preiswerteste Lösung, selbst angesetzte Tinkturen aufzubewahren

Für genaue Anwendungen lesen Sie bitte in der Spezial-Literatur nach, die im Anhang kommentiert aufgelistet ist. Auch Bestimmungsbücher sind dort aufgeführt. Man darf ausschließlich Kräuter verwenden, die man ganz genau kennt!

F. Einheimische Heilkräuter für alle Fälle

Die Tabelle ist so zusammengestellt, dass sie dem Permakultur-Prinzip entspricht: Wenn ich für eine Anwendung viele verschiedene Pflanzen kenne, wird irgendeine davon sicher gerade verfügbar sein: entweder am Wegrand, im Vorgarten, aus eigener Wildsammlung oder als Heil-Tee in der Apotheke.

Anämie	– Brennnesselsaft einnehmen (mit Wasser verdünnt) oder Brennnesseln essen gegen Eisenmangel
Akne	– Schafgarbenkrauttee äußerlich – Birkenblättertee äußerlich – Salbeitee äußerlich – Kamillentee äußerlich – Birkenblättertee innerlich – Brennnesseltee innerlich – Acker-Schachtelhalmtee innerlich
Anti-Aging	– Täglich frischen Kräutersalat essen – Lindenblütentee äußerlich gegen Falten – Efeublätter (zwei Tage in Essig mariniert, dann auflegen gegen Falten) – Labkrauttee soll gegen Falten helfen (äußerlich und innerlich)
Beruhigung	– Johanniskrauttee (über Wochen einnehmen, wirkt nicht spontan) – Melissentee – Hopfendoldentee – Lavendeltee und -bad
Blasenentzündung	– Viel Birken- und Brennnesselblättertee – Acker-Schachtelhalmtee (aufkochen 15 Minuten) – Goldruten-Wasser (zehn Stunden kalt einweichen, hilft auch gegen Nierensteine) – Weidenröschentee (kleinblütiges oder rauhaariges Weidenröschen) – Brunnenkresse frisch essen (desinfiziert Blase) – Kapuzinerkresse oder Meerrettich essen (desinfiziert Blase)
Blutdruck, hoher	– Bärlauch essen, Knoblauch essen – (Täglich ein Teelöffel Leinöl) – Kur über drei Wochen mit Tee aus Weißdornblüten, -knospen und -blättern

Blutdruck, niedriger	– Rosmarintee oder -bad
Bluterguss	– Blutweiderichtee äußerlich – Hirtentäscheltee äußerlich – Acker-Schachtelhalmtee äußerlich (im after-shave) – Schafgarbe (frische Blätter auflegen oder starker Tee äußerlich)
Blut stillen	– Blutweiderichtee äußerlich – Hirtentäscheltee äußerlich – Acker-Schachtelhalmtee äußerlich (im after-shave) – Schafgarbe (frische Blätter auflegen oder starker Tee äußerlich)

Diabetes	– Brennnesseln essen (Glukokinine senken BZ
	  und fördern die Bauchspeicheldrüse)
	– Blutweiderichtee soll Diabetes vorbeugen
	– Ganz leicht Blutzucker senkend soll ein Tee
	  sein aus einer Mischung von Schachtelhalm,
	  Birkenblättern, Schafgarbe, Brennnesseln und getrockneten
	  Heidelbeeren

Durchfall	– Blutwurz, getrocknete Wurzel als Tee – getrocknete Heidelbeeren kauen oder als Tee – Gänsefingerkrauttee – Blutweiderichtee – Frauenmanteltee – Eichenrindentee – Odermenningtee – Salbeitee – Kamillenblütentee – Kümmeltee – Thymiantee – Malvenkrauttee – Ringelblumenblütentee
Erkältung	– Holunderblütentee akut (Schweiß treibend) – Lindenblütentee akut (ebenso) – Immunsystem stärken mit Wasserdost-Teekur über Wochen
Einschlafhilfe	– Hopfentee – Baldrianwurzeltee – Lavendeltee
Fußpilz	– Stellen mit Blüten vom roten Springkraut einreiben – Stellen mit Knoblauchsaft einreiben – Springkrauttinktur aus Blüten äußerlich – Schachtelhalmtee, -bad – Thymianbad – Salbeibad – Schwarzteebad

Engelwurz: Magenbitter und
Allesheiler

Das ist der Baldrian: die Wurzeln
beruhigen

Holunderblüten: nicht nur
HUGOmäßig lecker, auch als
Erkältungstee super!

Gicht	– Brennnesseltee – Birkenblättertee – Giersch essen oder als Tee – Goldrutentee – Löwenzahn essen, Blätter oder Wurzeln
Hämorrhoiden	– Schachtelhalmtee ins Sitzbad – Blutwurztee ins Sitzbad – Kamillentee ins Sitzbad – Steinkleekraut mit heißem Wasser durchfeuchten und auflegen – Steinkleetee innerlich
Herpes	– Stinkender Storchschnabel: frische Blätter auflegen – Saft von frischen Melissenblättern auftragen – Wasserdost-Tee kurstärkt das Immunsystem
Herzstärkung	– Weißdorn-Tee aus Blättern, Blüten und Beeren, vier Wochen lang dreimal täglich – Bärlauch essen
Husten, Bronchitis	– Tee aus Gundermann – Salbeitee – Fenchel-, Anis-, Thymiantee (ätherische. Öle verflüssigen Schleim) – Spitzwegerichtee (Schleim überzieht schützend die Schleimhaut, Gerbstoffe entziehen den Bakterien den Nährboden, leicht antibiotisch wirksam) – Königskerzenblütentee (Schleim überzieht gereizte Schleimhäute, Saponine verflüssigen Schleim) – Malvenblättertee mildert Hustenreiz bei Reizhusten – Hustensaft aus in Zucker eingelegtem Spitzwegerich – Hustensaft aus Zwiebeln: klein schneiden und schichtweise mit Zucker bedecken, nach Stunden das entstandene Zuckerwasser als Hustensaft verwenden – Huflattichblätter oder -blütentee (nie zu viel!) – Salbei gurgeln oder als Tee (desinfiziert) – Isländisch Moos-Tee gegen Reizhusten und antibiotisch
Insektenstiche	– Drüsiges Springkraut, Blütensaft äußerlich – Wegerichblätter-Saft äußerlich, dazu Blätter mit der Nudelrolle quetschen – Stinkender Storchschnabel – frischer Blattsaft äußerlich – Zerdrückte Minzeblätter oder Bärlauchblätter oder -saft oder frisch angeschnittene Zwiebel äußerlich
Immunsystem stärken	– Wasserdost-Tee über Wochen (wirkt wie Echinacea) – Angelikawurzeltee oder -stängeltee oder Tinktur daraus über Wochen innerlich – Ab und zu Löwenzahnwurzeln essen (wirkt wie Ginseng)
Kopfschmerzen	– Mädesüßtee oder Tinktur (wie Aspirin) – Zitronenmelissetee – Bei Kater: Löwenzahnwurzel essen (entgiftet)

Lein: für die Leinsamen und das Leinöl

Lindenblüten: Tee zum Schwitzen

Lungenkraut: gegen Husten

Meerrettich: Natur-Antibiotikum

Schöllkraut: gegen Warzen

Thymian: gegen alle Arten von Husten

Wasserdost: Geschenk fürs Immunsystem

Weißdorn: fürs Herz

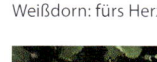

Krampfadern	– Steinkleetee äußerlich – Steinkleetee innerlich – Kalmuswurzel-Spiritus als Einreibung
Leber- und Galleprobleme	– Löwenzahnblättertee, Wurzeltee – Löwenzahn essen – Meerrettich essen oder als Saft – Brunnenkresse essen – Gundermann essen oder als Tee – Schafgarbentee – Odermenningtee – Wermuttee
Magenprobleme	– Melissentee – Kamillentee – Fenchel, Anis, Kümmel als Tee oder Samen kauen – Schafgarbentee
Migräne	– Mutterkraut als Tee oder Tinktur einnehmen, zur Vorbeugung täglich eine Blüte oder ein Blatt essen
Menstruations-beschwerden	– Frauenmanteltee – Schafgarbentee – Blutung anregend: Tee aus getrockneten Ebereschenbeeren, Frauenmantel, Johanniskraut, Ringelblume, Kamille, Rosmarin gemischt – Schmerz lindernd: Tee aus Schafgarbe, Gänsefingerkaut und Kamille (entkrampft) – Bei zu starker Blutung Tee aus Hirtentäschel, Schafgarbe und Eichenrinde innerlich
Prostata-vergrößerung	– Weidenröschentee – Brennnesselwurzeltee
Rachenentzündung, Zahnfleischentzün-dung	– Gurgeln mit Tee aus Nelkenwurzwurzel, Gänsefingerkraut, Isländisch Moos, Kamillenblüten und /oder Salbei
Rheuma	– Birken-, Brennnessel-, Gierschtee zum ausspülen innerlich – Mädesüßtee innerlich gegen Schmerz – Farntinktur äußerlich gegen Schmerz, Farn in Kissen – Löwenzahn und Giersch essen – Eschenblätter-Teekur über Wochen – Johanniskrautöl äußerlich (frische Blüten, Knospen, Blätter drei Wochen in Öl auf der Fensterbank ansetzen, dann abseihen) – (generell: mehr. Omega-3-Fettsäuren, weniger Fleisch, mehr Gemüse und Obst)

Schlafstörungen	– Lavendeltee – Baldrianwurzelkaltansatz (zehn Stunden kalt aufsetzen); wenn es schnell gehen muss, 15 Minuten kochen – Hopfenzapfentee – Melissenblättertee – Lindenblütentee
Schweiß treibend	– Johanniskraut – Teekur über Wochen – Melissentee
Seelische Verstimmung	– Melissentee – Kamillentee – Fenchel, Anis, Kümmel als Tee oder Samen kauen – Schafgarbentee
Stress	– Engelwurz-Wurzeltee oder – stängeltee oder Tinktur innerlich – Baldrianwurzeltee – Johanniskraut-Teekur über Wochen
Sonnenbrand	– Kompresse mit sehr starkem Schafgarbentee – Johanniskrautöl auftragen – Kamillentee drauf – Lindenblütentee drauf
Schuppenflechte	– Labkrautsalbe – Hirtentäscheltee äußerlich – Birke: Absud von Blättern und junger Rinde ins Badewasser
Verstauchung, Prellung	– Beinwellblätter auflegen, noch wirksamer ist ein Brei aus frisch zerstampfter Wurzel oder getrocknetem Wurzelpulver
Verstopfung	– Ballaststoffe wie eingeweichte Leinsamen oder Flohsamen oder Wegerichsamen, dazu viel trinken und bewegen – Löwenzahnwurzeltee – Eschenblättertee (nur bei leichten Formen)

Warzen	– Schöllkraut: frischer Stil-Saft (gelb) eintupfen (Vorsicht, giftig!
	  Gelber Saft soll nur auf die Warze und nur bei abnehmendem
	  Mond).
	– Knoblauchscheiben drauf

Wundheilung fördern	– Spitzwegerichblättersaft oder -tee äußerlich – Beinwell-Wurzelbrei äußerlich – Johanniskrautöl äußerlich – Vogelknöterichtee äußerlich – Wundkleetee äußerlich – Königskerze: zerdrückte Blätter äußerlich

Die Tabelle wurde nach bestem Wissen zusammengestellt.

Sie erhebt keinen Anspruch auf Vollständigkeit. Diese Tabelle ersetzt keinen Arzt oder Apotheker. Jeder benutzt sie auf eigene Verantwortung!

Die angegebene Verwendung trifft nur auf die genannten Arten zu. Ihr Gebrauch setzt daher eine sichere Kenntnis voraus. Bei Schwangerschaft und Behandlung von Kindern fragen Sie bitte vorher Ihren Arzt oder Apotheker!

Der „Heilkräuterweg" in Herdecke

Man könnte meinen, ein Apotheker, der die alten Rezepturen aus der Volksmedizin noch kannte, hätte die Sammlung hier angepflanzt. In Herdecke an der Ruhr – keine Minute von der City entfernt – hat sich die Natur diesen Heilgarten selbst zusammen gestellt! Die Vielfalt ist so üppig, dass die Herdecker hier gegen vielerlei Krankheiten etwas finden können. Und das auf einem kleinen Stückchen Erde im Radius von 200 Metern um das Hotel Zweibrücker Hof.

Herdecke – ein Traum, nur eine halbe Minute von der Fußgängerzone entfernt

Viele der Kräuter verwendete man früher in der Volksmedizin, andere sind heute höchst offiziell von einer Expertenkommission als wirksam eingestuft.

Die Liste erhebt keinen Anspruch auf Vollständigkeit. Wenn ein durchreisender Vogel denkt „Oh wie schön ist es hier" (womit er total Recht hat), sich auf einem Ast niederlässt und dort sein „Geschäft macht", findet man gleich wieder eine Art mehr …

Hier ist die Liste der Kräuter, die man dort findet, aus Platzgründen nur mit je einer Anwendungsmöglichkeit.

Ackerschachtelhalm	Abkochung unterstützt Haut, Haare, Nägel
Bärenklau	Potenz steigernd, Anti-Aging-Kraut
Beifuß	Bitterkraut, Appetit anregend
Beinwell	Wunden heilend, Brüche heilend
Birke	Blättertee Harn treibend
Blutweiderich	Blättertee Blut stillend
Brennnessel	Eisenhaltig, gegen Anämie
Brunnenkresse	Desinfizierend für die Blase
Efeu	Blätter in Essig gekocht auf Cellulitis legen
Ehrenpreisarten (drei verschiedene)	Bitterkraut zur Anregung der Verdauung
Esche	Blättertee leicht abführend
Gänseblümchen	In Hustentees, in Öl heilsam auf Wunden
Gänsefingerkraut	Tee Krampf lösend
Giersch	Gegen Gicht, Rheuma (Tee, Essen)
Gundermann	In Hustentee, auf Wunden
Hirtentäschel	Blut stillend
Hopfen	Blütenstaubtee Schlaf fördernd
Holunder	Blütentee Schweiß treibend
Knöterich, japanischer	Wurzelabkochung senkt Blutdruck
Knoblauchsrauke	Lindert äußerlich Insektenstiche
Königskerze	Auswurf fördernd in Hustentee
Klette, große	Wurzelabkochung äußerlich bei Ekzemen
Labkraut, Wiesen-L. und Kletten-L.	Früher in Salben gegen Schuppenflechte

Löwenzahn	Wurzel wirkt wie Ginseng, Harn treibend
Mädesüß	Blütentee als Aspirinersatz
Malven	Blütentee gegen Reizhusten
Nelkenwurz	Wurzelabkochung gegen Halsschmerzen
Pastinak	Blätter Appetit anregend in Kräuterbutter
Pestwurz	Wurzel Krampf lösend (früher)
Rainfarn	Blütenköpfe kauen gegen Würmer (früher)
Schafgarbe	Blutstillkraut, Verdauung anregend
Scharbockskraut	Erste Blättchen im Jahr mit Vitamin C
Schaumkraut, behaartes	Scharf-Bitterdroge, regt Verdauung an
Schlehe	Früchte gegen Rheuma
Schöllkraut	Gelber Milchsaft gegen Warzen, in Galletees
Springkraut, drüsiges	Blüten gegen Fußpilz
Spitzwegerich	Blattsaft fördert Wundheilung
Taubnessel, weiße	Blutreinigend, gegen Scheidenentzündung
Vergissmeinnicht	entzündungshemmend
Vogelmiere	Reich an Vitamin C
Wasserminze	Als Tee gegen Übelkeit und Mundgeruch
Wasserdost	Als Teekur Immunsystem anregend
Weide	Rindenabkochung gegen Schmerzen
Wiesenschaumkraut	Scharf-Bitterdroge fördert Verdauung

Für die genaue Zubereitung dieser Kräuter bitte unbedingt Fachbücher zu Rate ziehen (siehe Literaturhinweise im Anhang).

Die Liste sollte nur ein Beispiel sein für die herrliche Fülle der Ruhrgebietsnatur. Würde man alle Heilwirkungen all dieser Kräuter aufzählen, würde das ein ganzes Buch füllen.

Die obige Liste ist aus Herdecke, aber an vielen anderen Ruhr-Abschnitten findet man eine ähnliche Fülle! Wer solche Listen liebt und einmal genau wissen möchte, welche Pflanzen in seiner Umgebung vorkommen und außerdem des Lateinischen mächtig ist (Pflanzennamen,) kann das mit dem „Verbreitungsatlas der Farn- und Blütenpflanzen in NRW" tun (Henning Haeupler et.al., LÖBF Recklinghausen 2003).

Bild S. 185:
Malve gegen
Husten

Heilkräuterquiz für Experten

1. Welche Kräuter würden Sie anwenden gegen
(Bitte aus der Auswahl unten auswählen)

Husten	
Blasenentzündung	
Wunden	
Fußpilz	
Schmerz	
Zur Anregung der Verdauung	
Zur Stärkung des Immunsystems	
Zur Anregung von Leber und Galle	

a) Thymian, b) Springkraut-Blüten c) Mädesüß d) Farn äußerlich e) Gundermann f) Löwenzahn g) Schachtelhalm h) Birkenblätter i) Brennnessel j) Angelikawurzel k) Kardenwurzel l) Wasserdost m) Beinwellwurzel n) Salbei

2. Wogegen hilft Brennnessel? Bitte ankreuzen:

a) Haarausfall   b) Bluthochdruck
c) Hohen Blutzucker   d) Schmerz
e) Blasenentzündung   f) Unreine Haut
g) Anämie   h) Mangel an Vitamin C und A
i) Mangel an Calcium   j) Rheuma
k) Gicht   l) Altersschwäche
m) Husten   n) Zur Desinfektion
o) Gegen Halsentzündung

3. Wogegen hilft Kardenwurzel?

a) Osteoporose   b) Schlaflosigkeit
c) Immunschwäche   d) Muskelkrämpfe
e) Borreliose

4. Wogegen hilft Tee aus Malven- und Eibischblüten?

a) Reizhusten   b) Blasenentzündung

c) Schmerzen   d) Bluthochdruck.

5. Welche Pflanzen produzieren „pflanzliche Antibiotika"?

Th	Ätherische Öle
Kn	Allicin
Zw	Allicin
Bär (Blasenentzündung)	Arbutin
Sp	Aucusin
Ka	Senföl
Is M	Flechtensäuren
Jo	Hyperforin
En	Ä Ö
La	Ä Ö
Me	S
Bru	S

6. Der Vorteil der pflanzlichen gegenüber den synthetischen ist (durch die Vielfalt der Substanzklassen) ihre Brei_-b_____-w_____g. Außerdem sind viele multiresistente Keime dagegen noch empfindlich! Die pflanzlichen Mittel haben weniger N_____.

Lösung im Anhang

Karde sollte man kennen:
Schönheit mit silbrigen
Hüllblättern

Synthese I:
Hin zur Paradiesstadt

Vision: Die grüne essbare Erholungsstadt

1947 gab es einen Kartoffelacker vor dem Berliner Reichstag. Frage: Haben wir in der Stadt überhaupt Flächen für so etwas?

Da die Deutschen schon lange nicht mehr so vermehrungs- freudig sind wie zur Zeit des Wirtschaftswunders, müssen wir wohl davon ausgehen, dass die Zahl der Einwohner schrumpft. Möglicherweise haben wir theoretisch demnächst genug Flä- chen für innerstädtische Äcker, größere Parks und Erholungs- flächen, für Obstbaumplantagen, Johannisbeer-Hecken, Bio- Weintraubenspaliere an alten Hauswänden. Sie sehen: Wir ge- hen paradiesischen Zeiten entgegen! Wir müssen nur einige unschöne und alte Bausünden zurückbauen und einige Flächen entsiegeln. Dann holt sich die Natur ihren Teil schon zurück, und Sie wissen jetzt schon, dass man den größten Teil des Wild- grüns als Salat verspeisen kann.

Aber ganz realistisch: Auch jetzt haben wir schon genug Flä- chen. Fragen Sie einmal die „Guerillagärtner". Das sind ja die,

Muss es so ausse- hen? (Bild l.)

So würde man es in England machen (Bild r.)

die heimlich die Stadt grüner und bunter machen. Die kennen diese Flächen: Mittelstreifen, Straßenränder, Baumbeete, Brachflächen, aufgegebene Baustellen, langweilige Rasenflächen im Stadtpark oder vor „Mietskasernen", die sie in echt spannende Vegetation verwandeln. Bevor Sie nun sofort völlig begeistert damit anfangen, nachts heimlich Gemüsesamen auszustreuen oder sich dort Ihre Salatkräuter zu pflücken, muss ich Sie warnen. Es kann sein, dass die Stadt dort Pestizide ausstreut. Für einige Stadtbedienstete ist die schönste Vorstellung von Garten ein grün gestrichener Beton. Der macht keine Arbeit und sieht immer gepflegt aus. Also erkundigt man sich besser vorher.

Bevor Sie mit Ihrer Begeisterung in den öffentlichen Raum vordringen, könnten Sie ja erst einmal Ihre direkte Umgebung erfreuen und Erfahrungen sammeln. Sie könnten jeden Zentimeter Ihres Balkons in eine Dschungellandschaft verwandeln, mit Blumenkästen außen und innen, Pflanztöpfen auf dem Boden oder vertikal übereinander an der Wand, mit Ranken, die noch den Balkon herabfließen oder Spalierobst. Ein Carport ließe sich mit Spalieräpfeln überranken oder auch mit Himbeeren, Hauswände mit Spalierbirnen oder Wein, der Hinterhof mit Beerensträuchern.

Es braucht nur Phantasie, etwas Zeit, Unerschrockenheit und Initiative! Und einige Leute, die gerne gärtnern, sich von dieser Vision mitreißen lassen, bereit sind, gegen Widerstände durchzuhalten, Mitstreiter zu suchen und einfach anzufangen. Haben wir etwas zu verlieren?

In Notzeiten – bei Hungersnöten oder in Kriegen – ging man dazu über, auch städtische Grünflächen und Parks für den Gemüseanbau zu nutzen.

Die letzten Reste der städtischen Landwirtschaft findet man heute nur noch in den Schrebergärten. Diese Art des Gärtnerns wird immer mehr von türkischen, russischen und polnischen Mitbürgern entdeckt, denn denen ist die Selbstversorgung oft aus ihren Heimatländern von Kindesbeinen an vertraut. Um einen Schrebergarten zu bewirtschaften, muss man allerdings bereit sein, sich den Vereinsregeln zu unterwerfen und einigen Prinzipien der Permakultur oder der einfachen Wildheit der russischen Heimat abzuschwören.

Das können Sie bei Wladimir Kaminer nachlesen in dem Buch „Mein Leben im Schrebergarten". Seiner Frau zuliebe (was

macht Mann nicht alles?) hat er – der „Nicht-Gärtner" – in Berlin das Leben im Schrebergarten getestet und als gebürtiger Russe so naiv gedacht, man könne wie auf einer Datscha eben anpflanzen, was man wolle und seinen Garten bewirtschaften, wie man sich das selbst vorstellt.

Leider musste er feststellen, dass wir in Deutschland leben und er nacheinander gegen alle Bundeskleingartengesetze verstoßen hat außer gegen eins, nämlich das „zur Haltung von Großvieh". Nach einem Jahr hat er sich allerdings doch mit dem „letzten Bollwerk des deutschen Spießbürgertums" angefreundet.

Lebendig gestaltete Grünflächen könnten öde Siedlungen im „Legebatterie-Design" (Bernd Eckstein, Baubiologe aus Witten) zu lebenswerten Wohnräumen machen. Die Blätter sammeln die Abgase und kämmen regelrecht den Staub aus der Luft. Sie produzieren herrlichen Sauerstoff direkt vor unseren Nasen und filtern im Sommer noch das Ozon. Die Vegetation bewirkt, dass die Hitze im städtischen Sommer durch Pflanzentranspiration gemildert wird und das gesamte Stadtklima gesünder wird, was besonders für große Smog-geplagte Städte in Zukunft wichtig wird und für unsere Kinder sowieso, die in den Großstädten zunehmend an Asthma leiden.

Außerdem bietet das Grün Lebensraum für Igel, Vögel und Insekten. Zu meiner utopischen Vision gehört auch, dass man

So schön könnte es dann sein, Herdecke

Wie viele Vogelarten leben auf welchen Sträuchern?

Einheimischer Weißdorn (eingriffeliger)	32	Exotischer Weißdorn (Navalis)	3
Einheimische Kornelkirsche Roter Hartriegel (einheimisch)	15 24	Weißer Hartriegel (Zierbaum)	8
Heimischer gemeiner Wacholder	43	Chinesischer Wacholder	7

in den Innenstädten ganz selbstverständlich wieder mit frei lebenden Tieren zusammenkommt, nicht nur mit Katzen oder Hunden, die ja nicht frei leben.

Man könnte – wie es heute schon am Kemnader Stausee im Ruhrgebiet üblich ist – als Spaziergänger ungeniert durch Herden von Kanadagänsen, Graugänsen oder Enten wandern.

Oder mitten durch (domestizierte) Kühe, die in Hattingen an der Ruhr ebenfalls den Radweg nutzen.

Die Kühe finden es nett, die Menschen sowieso. Ich freue mich auf Eichhörnchen, Schmetterlinge aller Art, Kaninchen auf städtischen Wiesen (mit Unterschlüpfen gegen frei laufende Hunde), auf Igel, Eulenvögel, die nachts unheimliche Laute aus-

Die Kühe am Ruhrradweg in Hattinger fressen MEINE Kräuter

Bringt dieses Bild Ihnen nicht auch sofort die totale Entspannung? Gesehen in Bochum

stoßen, auf städtische Spatzen auf den belebten Plätzen, die endlich wieder den Tauben die „Monopol-Stellung" streitig machen, auf Enten (mit denen wir brüderlich unsere Wasserlinsen teilen) auf den vielen kleinen Teichen (dafür düngen sie ja wieder unseren Teich).

Ich freu mich auf rote und blaue Libellen, die neugierig auf meinem Gartentisch Pause machen, auf die kleinen Molche, die von den Kindern ab und zu zum Betrachten aus dem Teich gefischt werden („Die kleinen Zehen! Wie süß!"), auf die Kröten auf der Wiese. Nun gut, diese Vision könnte – für einige Großstädte betrachtet – noch einige Jahre auf sich warten lassen.

Die unwirtlichsten Flächen für Vegetation sind Wüsten. In der Natur sind die einzigen total unbewachsenen Flächen Wüsten, Meeresstrände, senkrechte Felsen, alpine Höhen.

In unseren Städten haben wir eine ganze Menge davon: gehackte Beete, wo um ein einziges Stiefmütterchen herum ein halber Quadratmeter ordentlicher vegetationsfreier Erde austrocknet, asphaltierte Straßen, Gehsteige, verputzte Hausfassaden, Autobahnen, betonierte Hinterhöfe, riesige Hochhäuser. Sahara-Feeling mitten in Dortmund! Die pure Langeweile. Tot!

Im Zentrum von Essen gibt es Straßen ohne einen einzigen Baum und Strauch. Eine kleine Parkanlage, der einzige Ort mit etwas Grün, ist gleichzeitig das städtische Hundeklo. Wo sollen sie auch sonst hin?

Dort kann man noch nicht einmal Löwenzahn, Gänseblümchen und Miere essen, zum Teil, weil auch gar keine da ist. Es gibt „nur" Zierpflanzen, die zum Teil ungenießbar oder giftig sind. Und der Rest? Lückenhafter Rasen, voller Hundehaufen.

Wenn Sie einen alten Bruchstein-Bauernhof anschauen, fallen Ihnen vielleicht die Kräuter am Fuße der Steinmauern auf oder sogar die niedlichen Farne und das Mini-Löwenmaul (Zymbelkraut), welches in den Mauerfugen lila blüht oder das hübsche gelbe Schöllkraut, dessen gelber Saft gegen Warzen hilft. Fast jeder sagt: „Wie schön, wie romantisch, wie idyllisch, ja früher." Ich habe da eine Vision.

Ich freue mich immer, wenn ich durch die Innenstädte des Ruhrpotts laufe und am „ungepflegten" Gehsteigrand allerlei essbare Kräuter sehe. Wäre da nicht gleichzeitig das städtische Hundeklo, hätte ich keine Probleme, die Gänsedisteln oder Löwenzähnchen von dort zu verspeisen. Ein angenehmer Lichtblick im kahlen grauen Gehsteigeinerlei, gelbe Löwenzahnblüten, in rosa der leckere persische Knöterich dazwischen, als Gehsteig-Bodendecker der Vogelknöterich (ein Wundkraut immer vor Ort).

Selbst ein paar stehen gelassene Brennnesseln erfreuen mein Herz. Die Samen waren doch zum Beispiel als Stärkungsmittel für die Alten (statt Ginseng) zu gebrauchen. Die Admirale, kleinen Füchse (das sind Schmetterlinge) und die Tagpfauenaugen finden diese Brennnesseln ebenfalls schön und kommen dann

Mohnblüten mitten auf der Straße in Dortmund-Nord, Die Blütenblätter wären essbar, wenn nicht …

Die A 40 mit Frei-
flächen in der Mitte
für Wildnis, vor der
großen Blühsaison

extra in die Stadt, weil sie von meiner Vision gehört haben. Einer muss ja mal den Anfang machen. Sie ziehen dort schon mal
ihre Babyraupen groß. Unerschrockene Pioniere eben.

Apropos Pioniere: Natürlich gibt es in der Stadt auch jetzt
schon Tiere – Elstern, vereinzelte Amseln, Möwen auf den Müll-
kippen, Ratten und Mäuse, aber ich meinte eben noch etwas anderes.

Als das Ruhrgebiet „Kulturhauptstadt 2010" war, hatten wir
hier ein im wahrsten Sinne Bahn brechendes Ereignis: Für einen Tag war unsere „Lebensader", die A 40, die mitten durch
den Ruhrpott führt, gesperrt und für Fußgänger und Radler be-
nutzbar. Es gab ein großes Volksfest, unter das sich auch inko-
gnito eine Vielzahl von Biologen und Naturfreunden mischte.
Dies war nämlich die einzige Möglichkeit, den Mittelstreifen der
Autobahn in Augenschein zu nehmen ohne gleich im Verkehrs-
funk aufzutauchen. Während also alles feierte, schmauste oder
im Radler-Stau stand (ja wirklich), haben diese Biologen über
60 km Autobahn analysiert und dort 450 (!) verschiedene Arten gezählt, darunter exotische wärmeliebende aus dem Mittel-
meerraum wie den Krähenfuß-Wegerich und das dänische Löf-
felkraut und sogar Pflanzen aus Afrika! (Mehr Infos beim Bochumer Botanischen Verein)

Das Potential ist da. Ein Genpool von Pflanzen für kommende
Zeiten, wenn sich bei uns dramatisch das Klima erwärmen

Blumenteppich in Datteln auf dem Mittelstreifen — Schönheit für Autofahrer und Hummeln

sollte? An den Mittelstreifen der Autobahnen fallen mir im Sommer oft die bunten Blumenmischungen auf. Hat ein städtischer Gärtner sie dort ausgesät? Geplant in Gelb, Pink und Blau? Mit verschiedenen Höhen, Blüten- und Blattformen? So schön wie ein englischer Garten? Nein! Reine Natur, Brachfläche, Ruderalvegetation!

Wenn diese Flächen im Sommer schön, bunt und vielfältig den Autofahrern entgegen leuchten, macht es fast Spaß, dort Auto zu fahren. Eine Pracht außerdem für die Bienen.

Wie im Sommer in Datteln könnte man die Mittelstreifen in Innenstädten mit wilden Blumenteppichen begrünen. Es erfreut jedes Mal mein Herz, wenn ich dort vorbei fahre.

Leider weiß man bei solchen Standorten im Ruhrgebiet oft nicht, woraus der Untergrund besteht. Auf den giftigsten Altlasten wachsen dennoch Kamille, Nachtkerze und Karde. Auf solchen Standorten rate ich von der Ernte dringend ab. Schade! Wenn man an solchen Orten Essbares anbauen will, sollte man es in Blumentöpfen tun.

Vor 45 Jahren erschien das Buch von A. Mitscherlich: „Die Unwirtlichkeit unserer Städte, Anstiftung zum Unfrieden". Wie fänden Sie eine Stadt, die uns „bewirtet"?

Eine grüne Innenstadt ist Seelennahrung mitten in der Stadt und nicht nur bei der Gartentherapie im Krankenhaus. Wenn wir in obiger Weise unseren städtischen Lebensraum begrünt haben, müssen wir vielleicht nicht jedes Wochenende ins Auto steigen, um an den einzigen See der Umgebung zu fahren, wo man – weil das beispielsweise alle Ruhrgebietseinwohner an solchen Tagen tun – auch schon keinen Parkplatz mehr bekommt.

Auch hier könnte man allerdings etwas für die Schönheit und die Natur tun: Entsiegelung des Parkplatzes durch Rasengittersteine, durch die vorwitzig allerlei Kräuter gucken, zum Beispiel der Wegerich. Apropos Wegerich: Ein Kraut, das wie mit Goldfäden die Wunden heilt, was schon Kneipp so schön sagte. Er meinte: Mit Wegerich drauf gibt es keine Narben! Oder Sie machen sich aus Wegerich einen Hustensaft. Als Wurzel in der Tasche mitgenommen hilft er, falls Sie mal ein ungewollter Verehrer oder eine Verehrerin mit einem Liebeszauber belegen will (altes Hexenwissen aus meinen früheren Leben). Tolle Sache auf so einem Parkplatz, finden Sie nicht?

Das Grün in der Stadt bietet uns allerlei Schauspiel. Sicher kennen Sie die Farborgien in rot-orange des wilden Weines im Herbst, ein furioses Abschiedsspektakel, bevor er den Gehsteig mit der blutroten Farbe seiner Blätter überzieht. Das Laub fegen kann ich als Fitness-Übung sehen und die Kinder lieben das Toben im Herbstlaub sowieso. Auch kann ich danke sagen für die fruchtbare Kompostgrundlage.

Kann es bei uns nicht auch so aussehen wie hier in Wells, England?

Laubsauger oder -puster lehne ich dagegen total ab. Der arme Mensch, der den Laubsauger bedient, muss sich dem Lärm aussetzen, dazu noch das schwere Ding tragen und die Abgase einatmen. Außerdem ist es eine stundenlange Lärmbelästigung für die ganze Umgebung, die diesen Lärm nicht bestellt hat.

Fegen dagegen ist meditativ und still, das können Sie schon bei Michael Endes „Momo" nachlesen. Ich freue mich beim Fegen oder Laub harken im Geiste schon darauf, dass mein Komposthaufen wächst, weil ich weiß, welche duftende krümelige Erde ich dort nächstes Jahr wieder erwarten darf.

Konkret: Bewirtschaftung von öffentlichen Flächen in der Stadt

Wenn Sie nun völlig begeistert von diesem ganzen Stadtgrün sind und fest entschlossen, mehr zu tun als nur Ihr eigenes Gemüse im eigenen Garten anzubauen und Ihre Frau oder Ihr Mann damit einverstanden ist, dass Sie so viel Zeit im Grünen verbringen, Sie außerdem bereit sind, Verantwortung für größere Flächen zu übernehmen, können Sie bei der Stadt anfragen, welche Flächen Sie eventuell bewirtschaften dürfen.

Vielleicht bekommen Sie unerwartete Unterstützung, weil die Stadt diese Flächen dann nicht mehr pflegen muss. Oder die Stadt betrachtet es als Imagegewinn und unterstützt Sie und Ihre Mitstreiter sogar mit öffentlichen Geldern, dem Bau eines Zauns, einer Wasserzuleitung, der Stiftung einer Regentonne, einer Bank und eines Sandkastens, mit Schildern und mit Setzlingen. Unterstützung bekommen Sie sicher auch von den örtlichen Naturschutzgruppen.

Vielleicht finden Sie Nachbarn oder Freunde, die mitmachen möchten, die Ihnen ihre organischen Abfälle liefern für den ersten Kompostansatz, die Pflanzen aus ihrem Garten übrig haben (womit man klein anfangen könnte), die Lust auf Austausch am Gartenzaun haben. Alle Nachbarn begeistern können Sie wahrscheinlich mit Pflanzentauschmärkten oder Samentauschbörsen, wo jeder etwas mitbringen muss: Kaffee, Kuchen, selbst gesammelte Samen in Tütchen, Topinambur zum Probieren, die überzähligen Kohlrabi-Pflanzen, frischen Rasenschnitt als Mulch ...

Viele Menschen auf der Welt haben schon damit angefangen. Auch in Deutschland, z.B. in Berlin, Kassel und München.

Schauen Sie sich doch solche Initiativen einmal an. Im Herbst gibt es dort meist Erntefeste, wo man selbst Geerntetes essen und kaufen, viele wertvolle Erfahrungen abfragen und (aus eigener Erfahrung) immer sehr nette Menschen treffen kann!

Ich habe noch eine Idee: Sie stellen den Antrag auf mehr Obstbäume und Nussbäume in der Stadt. Es kann sein, dass Sie dabei einen langen Atem brauchen, denn bislang ist da noch nicht viel geschehen. Die Vereinigung Straßen.NRW hat zwischen 2009 und 2010 in NRW insgesamt 485000 Bäume, Sträucher und Stauden gepflanzt, davon 350 Obstgehölze. Da ist noch massenhaft Potential drin!

Ein Segen für uns könnten beispielsweise Maronenbäume sein. In Griechenland rechnete man früher pro Mensch zum Überleben einen Maronenbaum. Dieser lieferte zwischen 100 und 200 kg Maronen pro Jahr und konnte damit einen Großteil des Kalorienbedarfes decken, denn Maronen haben ca. 43 % Stärke. Meine Heimatstadt Witten bräuchte mit seinen ca. Hunderttausend Einwohnern also noch 99990 Maronenbäume. Platz an den Straßen oder in den Parks wäre ja noch genug da.

Maronenernte im Stadtpark

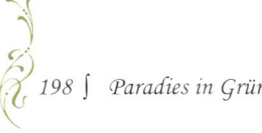

Ich kenne im Ruhrgebiet einige Privatwälder, wo regelrechte Maronenforste angelegt (für Notzeiten?) oder verwildert sind. Dort findet man auf kleiner Fläche Hunderte von Maronenbäumen mitten im Buchenwald und kann dort im Herbst die Früchte massenweise ernten. Man kann sie noch Wochen nach dem Runterfallen frisch aufsammeln, denn im Laub bzw. in der Stachelschale halten sie sich länger frisch als in unseren trockenen Kellern.

Dank der Klimaerwärmung wachsen und fruchten sie auch bei uns – nach eigener Erfahrung – von Jahr zu Jahr besser!

Paradiesisch:
Mehr grüner Wohnraum in der Stadt

Nein, nicht, was Sie nun spontan denken, nicht noch mehr Hochhäuser! Ich meine Parks und Grünflächen als Wohnraum, z.B. überdachte Sitzplätze in Parks, um damit die Möglichkeit zu schaffen, auch bei Regenwetter im öffentlichen Raum *draußen* sein zu können.

Alte Apfelsorte — mitten in der Stadt

Grünflächen in der Stadt bieten Raum für Erholung und Sport, sie reinigen die Luft und sind Spielplätze für Kinder. Warum also nicht gleich die kahle Rasenfläche vor der Mehrfamilienhaus-Siedlung in Sitzplätze mit Beerensträuchern und Blumenbeeten umwandeln für die Senioren vor Ort, barrierefrei zu betreten, mittendrin ein Spielplatz, beschattet von einem Apfelbaum.

Die Alten schälen auf den Bänken Äpfel für Apfelmus, die Kinder spielen in der Nähe und bauen mit Erde und Matsche, entdecken unter Steinen die „Erdgeschöpfe", können Erde sehen, riechen, fühlen und schmecken. Das Bundesumweltamt hat vor Jahren öffentlich dazu geraten, Kinder im Dreck spielen zu lassen, nachdem man erkannt hatte, dass dies das Immunsystem trainiert und Allergien vorbeugt. So können die Kinder auch für später ihre Liebe zur Natur entdecken und ungeahnte Kreativität entwickeln.

Auf meiner Visionswiese steht ein Walnussbaum für die Weihnachtsnüsse, die Balkone an den Häusern sind begrünt mit

Bohnen- und Erbsenranken, auch weil die blutroten Bohnen-
blüten ein Hingucker sind.

Es gibt Sonnenblumen für die Vögel im Winter und die Voll-
wert- und Rohköstler unter uns. Man findet Tomatenpflanzen,
Küchenkräuter aller Art und es duftet wie in der Provence. Hier
blühen Blumen für die Bienen (und benachbarten Imker), Salbei und Schafgarbe als Gratis-Bioheilmittel vor Ort gegen alles
(!) und Minze und Melisse für leckeren Tee. Ein Sitzplatz daneben lädt dazu ein, direkt vor Ort die Teekräuter zu pflücken und
in das mitgebrachte kochend heiße Wasser zu geben.

Grüner Wohnraum

An den Straßenrändern gibt es essbare Kräuter, die ein freundlicher Rentner mit einem kleinen Zaun umgeben hat, damit die Hunde eine andere Toilette aufsuchen. Auf dem ehemaligen Rasen wachsen Wildsalate wie Rapunzelchen und Lattich sowie Gänseblümchen (Salat-Deko). Vor dem Rasenmähen kann man schnell noch die zarten jungen Salätchen ernten.

In den Hinterhöfen rund um die Mülltonnen rankt Hopfen als Sichtschutz und als spontaner Beruhigungstee für diejenigen, die sich vielleicht doch einmal über die unordentliche Begrünung aufregen. Auch Melissen-Tee sollte hier wachsen, der bringt sofort Gelassenheit. Wenn`s noch ärger kommt: Der Tee von Blüten und Blättern des wilden Oregano soll sogar gegen den Teufel helfen.

Und wenn man sich zu sehr ärgert, kann man ja auf den innerstädtischen Grünflächen joggen gehen und sich des Adrenalins einfach durchs Laufen entledigen.

Gesundes Stadtklima – zukunftsfähig!

In Deutschland wohnen ca. 60 Millionen Menschen in städtischen Ballungsräumen. Ist das Klima dort anders als auf dem Land?

Ja! In den Städten ist es viel wärmer als auf dem Land. Wissen Sie warum?

Erstens, weil so viele Menschen dort 37 Grad warm sind, weil alle heizen (und immer noch nicht genug Wärmedämmung vorhanden ist, um die Heizwärme in den Wohnungen zu behalten), aber auch weil zwischen den Häuserschluchten kaum ein Windchen mehr geht. Auch unsere Autos und Industrieanlagen sind ja so schön warm.

Im nebligen Wald ist es dagegen kühl, weil die „Transpiration" kühlt. Sie kennen das von Ihren Achselhöhlen. In der Stadt fehlt die Transpiration, weil das Regenwasser nicht auf Bäume fällt, wo es Stunden Zeit hätte, von dort geruhsam wieder zu verdunsten, sondern es stürzt auf Straßen und Gehwege und landet dann ungenutzt im Gulli.

Die niedrige Luftfeuchtigkeit zusammen mit einer Temperatur von ca. 5 Grad im Winter begünstigt die Verbreitung von

Apfelblüte – eine der schönsten Anblicke zum Thema Klimaverbesserungsmaßnahme

Schnupfen und Grippeviren! Diese Temperatur ist genau die richtige, um Schnupfenviren-Tröpchen in exakt der Größe zu produzieren, in der sie sich am besten verbreiten können.

Natürlich hat man in der Stadt durch Pkw`s, Busse, Lkw´s, Motorräder und Industrie sehr viel mehr Schadstoffe in der Luft als auf dem Land. Umso nötiger wären Bäume, die diese auf ihren Blättern auffangen. In New York gibt es eine Initiative (MillionTreesNYC), die bis 2017 eine Million Bäume in die Stadt pflanzen will.

Mein Vorschlag: Man pflanze nur noch neue Kirsch-, Apfel-, Pfirsich-, Walnuss-, Esskastanien-, Birnen- und Pflaumenbäume auf die Grünflächen und gebe sie zur Ernte jeweils an die Anwohner der Straße frei. Sollte die Durchschnittstemperatur wirklich im Zuge der Klimaveränderung um zwei Grad ansteigen, könnte man nachträglich noch ein paar Zitronen-, Kiwi- und Feigenbäume dazu setzen.

Noch bevor wir gleich eine ganze Stadt begrünen, könnten wir ja klein anfangen und uns zum Beispiel um einen Stadtbaum kümmern, der direkt vor unserer Haustür wächst. Oft sind das arme Geschöpfe, die nur über eine kleine Baumscheibe (so nennt man das kahle Mini-Beet rund um den Stamm) Luft und Wasser bekommen und ansonsten ihre Wurzeln unterhalb von Straße und Gehsteig ausbreiten müssen. Manchmal werden sie

noch nicht einmal als wundervolle Geschöpfe wahrgenommen, sondern nur als ein unbeliebtes Stück Arbeit, weil man im Herbst die Blätter wegfegen muss, oder auch noch die herabgefallenen Früchte. Über Früchte freuen sich oft nur die Kinder, wenn es zum Beispiel um Kastanien oder Eicheln geht.

Noch schlimmer sind für viele Anwohner die klebrigen Überreste des Läusenektars auf den darunter parkenden Autos, zum Beispiel bei städtischen Lindenalleen. Dabei wüsste ich für Lindenblüten so viele Anwendungen! Gerade wenn man in der Stadt so oft erkältet ist, hilft der Lindenblütentee (im Frühjahr Blütenbüschel sammeln mit Tragblatt und vorsichtig schonend trocknen), die Erkältung in den Griff zu bekommen. Der Tee ist Schweiß treibend, Hustenschleim lösend, außerdem Blutdruck senkend und beruhigend. Und wenn man nicht erkältet ist, weil man zum Beispiel immer so viel Brennnesseln und Löwenzahn gegessen hat, und noch getrocknete Lindenblüten übrig hat, kann man den Tee äußerlich anwenden und mit Tee getränkte Kompressen auf Falten und müde Augen legen und gratis die „Anti-Aging-Wirkung" genießen.

Zurück zu den Baumscheiben. Oft genug sind sie völlig kahl oder voller Müll und allseits beliebt als Hundeklo. Oft ist die Erde so verdichtet, dass noch nicht einmal Wildkräuter dort wachsen.

Wie wär es mit einem Traubenkirschenbaum? Wächst schnell, hat herrliche Blüten und später dunkle herb-süße Früchte

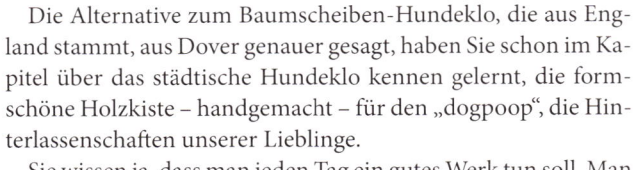

Die Alternative zum Baumscheiben-Hundeklo, die aus England stammt, aus Dover genauer gesagt, haben Sie schon im Kapitel über das städtische Hundeklo kennen gelernt, die formschöne Holzkiste – handgemacht – für den „dogpoop", die Hinterlassenschaften unserer Lieblinge.

Sie wissen ja, dass man jeden Tag ein gutes Werk tun soll. Man könnte also zum Beispiel Pate eines Baumes und seiner Baumscheibe werden, die Erde lockern, von Müll befreien oder sogar austauschen, wenn sie zu sehr verseucht ist. Man könnte dem Baum eine Schicht Kompost schenken und die Baumscheibe hübsch bepflanzen. Die oberste Bodenschicht trocknet nicht mehr aus, kann das Regenwasser halten, schön filtern und ins Grundwasser befördern. Wenn Sie sich trauen, dort Essbares anzupflanzen (in Nebenstraßen, wo nicht so viele Autos sind oder in Fußgängerzonen), würde ich allerdings ein kleines Zäunchen empfehlen, welches den Hunden unmissverständlich klar macht, dass es hier nichts zu schnüffeln gibt.

Bevor Sie nun aber voller Begeisterung anfangen und mit Ihren Freunden alle Baumscheiben der Stadt begrünen und zusätzlich anfangen, überall Bäume zu pflanzen, sollten Sie Ihre Absicht dem städtischen Grünflächenamt mitteilen, die Erlaubnis einholen, vielleicht die Naturschutzgruppen um Unterstützung bitten und alle Nachbarn von ihrem Vorschlag begeistern.

Allein in der Ruhrgebietsstadt Essen gibt es schon über 1000 Baumbeet-Patenschaften! In Dortmund können Sie sich bei www.baumpatenschaften.dortmund.de dazu erkundigen.

Die grüne Firma

Kann man nun auch in seinem Job etwas für die grüne Stadt tun? Oder vielleicht sogar der Chef? Würde es sich lohnen, die bisher ungenutzten Grünflächen umzugestalten? Ich sehe da viel Potential!

Unendliche Flächen sind bepflanzt mit immergrünen Bodendeckern, deren Früchte nicht essbar sind und die auch für Bienen wenig zu bieten haben. Welch ein Zeichen gärtnerischer Einfallslosigkeit. Allerdings benötigen sie keine Pflege, verursachen also keine Arbeit und keine Kosten. Und sind immer noch

besser als grün gestrichener Beton. Aber werden sie auch geliebt?

Warum nicht so? Gesehen unterhalb der Uni Bochum

Auch Monokulturrasenflächen, die man mit dem Rasenmäher bearbeitet, könnten in essbare Kräuterwiesen umgewandelt werden, und – wenn man dann noch will – immer noch mit dem Rasenmäher bearbeitet werden. Ich will Ihnen einige Argumente liefern.

Eine Firma könnte ihre Grünflächen umgestalten und damit

» *Die Mitarbeiter erfreuen und deren Motivation erhöhen*
» *Gewinne machen (Früchte verkaufen oder als Vorführbetrieb Schulungen zur Begrünung machen)*
» *Das Firmenimage verbessern*
» *Freundschaft mit den örtlichen Naturschutzgruppen pflegen*
» *Energie sparen*
» *Die Schönheit in der Welt vermehren*

Essbar und schön
(Bild l.)

Begehrte Frucht mit
viel Säure, Saft und
Vitaminen: die
Kornelkische (Bild r.)

Gleichzeitig kann sich die Firma rühmen, einiges zum „Umwelt-management" beigetragen zu haben.

Wenn sich gärtnerisch begabte oder interessierte Mitarbeiter finden würden, denen man Planungsspielraum und Flächen zur Verfügung stellen würde und/oder Ehrenamtliche oder Rentner aus der näheren Umgebung, die Spaß an Gartenarbeit hätten, dann an der Ernte beteiligt würden oder die Flächen am Wochen-ende nutzen dürften, wäre die Motivation vielleicht schon da. Und wenn man dann die hübschen Freiflächen noch am Wochenende den Betriebsangehörigen für ihre Grillparty überlässt, werden diese möglicherweise gerne gepflegt und hübsch hergerichtet.

Wie wäre es zum Beispiel mit einem bunten Beet voller Dah-lien, die dann zu einer Betriebsfeier alle aufgegessen werden? Im Herbst müssen die Knollen ja sowieso rein. Wenn man die Blüten also vorher feierlich verspeist, hat es keinem geschadet.

Bei einer Firmenfreifläche eignet sich eine kleinräumliche Ge-staltung, für die Mittagspause im Freien eine (oder mehrere) überdachte Lauben, freie Bänke auf Wiesen, geschützt und um-rahmt (für die Privatsphäre in der Pause) von Beeren- und Blü-tenbüschen (für die Bienen Holunder, Weißdorn, Weiden oder Faulbaum, für die Mitarbeiter Himbeeren, Brombeeren und Jo-hannisbeeren). Als kühler Ort im Sommer eignet sich eine Bank an einem tiefen Teich, der mit Regenwasser gespeist wird und gleichzeitig als Löschteich dient, unter einem Schatten spen-denden Baum.

Bei sehr freien ebenen Flächen könnte man eine Sonnenfalle bauen, in deren Windschutz man sonnig sitzt.

Die Südfassade des Gebäudes könnte mit Wein (wilder oder Weintrauben liefernder) berankt werden oder mit Spalierobst (Birnen, Äpfel). An der nach Süden gerichteten Fassade pflanzt man idealerweise Laub abwerfende Gehölze, damit im Winter die Sonnenwärme die Wände erhitzen kann. An die Nordfassade darf ein Ganzjahres-Wärmeschutz: Hier würde sich der immergrüne Efeu eignen.

Vielleicht könnte man die Firmenzufahrt mit einer attraktiven Fruchtbaumallee verschönern, zum Beispiel mit Walnussbäumen, Esskastanien, Haselnüssen, Kirsch-, Apfel- und Pflaumenbäumen, Kornelkirschen (herrlich saftige rote säuerliche Götterfrucht) und Felsenbirne (kleine süße blau-lila Beeren).

Dafür müssten sich dann Baumpaten finden, die sich mit Obstbaumpflege und Baumschnitt auskennen und dies auch mit Leidenschaft tun.

Vor dem Gebäude darf ein Fahrradparkplatz (für die Fahrräder der nun immer grüner werdenden Mitarbeiter) entstehen mit einer Rankhilfe darüber, wo Wein oder andere hübsche Blütenranken wuchern (Weigelie, Clematis). Dies sähe auch auf dem Parkplatz schön aus. Dann würde man aus den Bürofenstern nicht nur auf den Autofriedhof, sondern auf bunte Blütenranken schauen (siehe das Kapitel: „Natur macht gesund") und damit wieder ein paar Krankheitstage einsparen. Daneben könnten ein paar Blütensträucher für die Schmetterlinge stehen. Besonders eignen sich dafür Buddleia und Geißblatt und dazwischen Brennnesseln.

Wände könnte man mit Ranken begrünen, deren Früchte man später ernten kann: Hopfen (der übrigens rechts und links unterscheiden kann, er dreht immer rechts rum, schauen Sie mal nach!) liefert im Frühjahr köstliche Spross-Spitzen, um die sich die Mitarbeiter – einmal gekostet – reißen werden (so wie auch die 5-Sterne-Restaurants, der köstlichste Spargel-Ersatz, ich finde: noch köstlicher als Spargel).

Rankenfrüchte könnten auch durch Brombeeren, Himbeeren oder Weinreben geliefert werden. Spalierobst wie Birnen oder Äpfel machen auf Dauer am wenigsten Arbeit. Wenn noch gärtnerisches Zeitpotential vorhanden ist, könnte man Gurken,

Bohnen oder Erbsen als Einjährige immer neu anpflanzen. Gerade um frische Erbsen reißen sich die meisten Menschen, da es sie in unseren Lebensmittel-Läden fast nicht gibt.

Superschön und außerdem lecker sind auch die Blüten und Blätter der rankenden Kapuzinerkresse.

Wenn es verseuchte Flächen auf dem Gelände gibt (wie zum Beispiel bei Firmen an ehemaligen Industriestandorten im Ruhrgebiet), könnte man die Flächen mit Pflanzen zunächst entgiften, zum Beispiel mit schnell wachsendem japanischem Knöterich, den man dort wuchern lässt, dann mäht und entsorgt, eventuell mehrmals über mehrere Jahre, bis die Flächen dann zunächst für Blumen/Sträucher, später wahrscheinlich auch für Gemüseanbau nutzbar sind.

Rasenflächen könnte man in Blumenwiesen oder „Duftrasen" verwandeln, indem man z.B. Minze, Melisse oder andere Kräuter dicht dazwischen pflanzt. Melisse und Minze breiten sich durch ihre Rhizome (unterirdisch kriechende Wurzelstöcke) fast von selbst aus. Beim darüber Gehen riecht es einfach immer gut.

Oder man lässt allerlei Wildkraut darauf stehen und verspeist in der Mittagspause dann immer ein paar Energie spendende Blättchen vom frischen Löwenzahn, Gänseblümchen, Nelkenwurz, Vogelmiere o.a. Dies leistet dann auch noch einen beachtlichen Beitrag zur Gesundheit der Mitarbeiter.

Zusätzlich könnte ein Feuchtbiotop entstehen, welches als Pflanzenkläranlage geplant ist.

Wenn man trockene unfruchtbare Böden vorfindet und weder Zeit noch Geld hat, diese großartig zu bearbeiten oder zu sanieren, kann man angepasste Pflanzen dort ansiedeln – die hübschen bunten, die wir von den Wildfluren der Ruhrgebiets-Industriebrachen kennen: gelbe Nachtkerze, blaue Nelkenwurz, lila Buddleia oder als Teil der Kräuterecke oder Hausapotheke Thymian und Salbei. Auch Malven würden hier gedeihen.

Bei staunassen Gartenecken siedelt man leckere Brunnenkresse und essbare Wiesenkräuter an. Zum lauten Nachbargrundstück kann man als Schallschutz gestufte Hecken pflanzen.

Ansonsten gehören natürlich in diese Firma, die ja nun zur Öko-Vorzeige-Firma geworden ist, Ideen zum Wasser und Energie sparen, zur Müllvermeidung, zum umweltfreundlichen Streuen im Winter (mit Liebe zu den selbst gesetzten Pflanzen

würde ja jetzt niemand mehr Salz streuen, außer auf der Ein-
gangstreppe), zur Gartenbeleuchtung mit Sonnenenergie, deren
heiße Lampen mit Glaskugeln abgeschirmt sind, damit keine
Insekten daran verbrennen.

Das grüne Altenheim

In Witten wurde vor einigen Jahren ein neues Altenheim gebaut,
direkt neben einer schönen großen Grünfläche. Ich hoffte in-
ständig, man möge dort ein wenig „essbare Stadt" mit einpla-
nen, aber Pustekuchen. Die Grünflächen wurden eingeebnet,
Rasenmonokultur eingesät und neue Zierbäume angepflanzt.

Ich war enttäuscht! Man hatte im Jahr 2010 eben doch genug
Lebensmittel-Discounter in der Nähe und noch nicht genug
Einwohner, die sich um das Grün kümmern würden bzw. eine
essbare Stadt aktiv eingefordert hätten.

Ich hätte mir gewünscht, dass dort statt der Ahornbäume
Obst- und Nussbäume gepflanzt worden wären, dass man einen
Teil des Rasens als Gemüsebeete geplant und die Bäume als
Rankhilfen für Bohnen und Erbsen genutzt hätte. Auf den Beeten hätten die Heimbewohner Kartoffeln, Gemüse oder Bauern-
garten-Blumen anpflanzen können. In der Mitte hätte man sich
an einem überdachten Sitzplatz getroffen, um dort (sogar bei
leichtem Regen) die Kartoffeln zu schälen, sich an dem Grün

Neues Altenheim
in W tten (Bild l.)

So könnte es doch
auch aussehen …
(Bild r.)

Wäre es nicht
schön, hier zu
verweilen?

und der frischen Luft zu erfreuen und sich an die alten („Bauern"-) Zeiten zu erinnern.

In meiner Vision gibt es eine Möhrenzucht im Vorgarten, eine Flut an Formen und bunten Farbtupfern, die verschiedensten Blattformen, Bänke unter Sträuchern, lauschige Sitzplätze an vielen Stellen, eine Buche (für die Bucheckern), eine Kastanie (Bastel-Kastanien) und einen Pflaumenbaum (für den Kuchen).

Mit Nussbäumen, die auch noch als Deko oder Schattenspender taugen, ließen sich – ohne Pflege-Aufwand – kiloweise Nüsse ernten, einfach so (Baumhasel oder Türkische Hasel).

Des Weiteren gäbe es Himbeersträucher zum Naschen und als Sichtschutz, Malven (für die Bienen, den Hustentee und zum Essen die leckeren knackigen Samen), Riesenspinat als Salat und als Sommer-Hecke.

Dazwischen winden sich kleine Wasserläufe, die gurgeln und plätschern. An ihren Ufern blühen bunte Wasserpflanzen (Iris für die Bienen, Rohrkolben für uns zum Essen), darin tummeln sich Fische und/oder Frösche (Fische fressen schon mal den Froschlaich). Auf einem kleinen Teich, der eingezäunt ist, damit kein Kind hineinfällt, wachsen Wasserlinsen und Seerosen, am Ufer Wasserpfeffer (Pfefferersatz für die Küche), Beinwell (Heilpflanze für die „Gebeine" und leckere essbare Blätter).

Unbedingte Voraussetzung ist natürlich, dass jemand die Verantwortung für die Pflege des Grüns übernimmt: Hier muss Laub

Sen orin beim
Kräuterpflücken

geharkt, Fallobst aufgesammelt (Wespengefahr), Nüsse und Maronen geerntet werden. Es müssen sich Menschen verbindlich – mit Hilfe der Heimbewohner – um die ganze Anlage kümmern.

In Altenheimen gibt es bisher wenige solcher Menschen, die dazu die Zeit haben oder das Interesse/Engagement oder auch das gärtnerische Wissen. Vielleicht könnte man dazu ein paar „grüne Damen" engagieren, die sonst zum Beispiel in Krankenhäusern ehrenamtliche Dienste leisten.

In einem Artikel in einer Heilberufe-Zeitschrift (Heilberufe 4/2011: „Eden als Alternative") las ich, dass Bewohner von Altenheimen laut einer Studie von 1990 an Einsamkeit, Langeweile und Nutzlosigkeit leiden. Diese Leiden belasten laut des Artikels die Gesundheit dieser Menschen sehr stark. Es gibt dort „keine Alltagspflichten, keine spontanen Ereignisse. Sie haben den Kontakt zur Natur, zu Tieren und Kindern eingebüßt."

Wie kann man dem abhelfen? Indem man ihnen eine sinnvolle Tätigkeit anbietet! In einer Altenpflegeschule, wo ich unterrichte, hängt an der Wand ein von Schülern für die Altenheim-Bewohner gebastelter Wandbehang, auf dem ein Bauernhof abgebildet ist mit Schäfchen aus echter Wolle und einer Tanne mit einem Stämmchen aus Holz. Darüber steht „Fühl den Bauernhof". Welch eine beschämende Vorstellung!

Kann man so etwas nicht „echt" fühlen lassen? Die „Alten" echte Wolle kämmen lassen, die dann verarbeitet wird? Die „Alten" echte Kartoffeln schälen lassen und echte Erde fühlen lassen, indem man den Garten bestellt?

So wären die Bewohner nicht nur „Betreute", sondern gleichzeitig Gärtner, Gastgeber, Köche, Hausfrauen, Küchenhilfen und kämen außerdem noch zu selbst hergestelltem frischem und gesundem Essen.

Sie würden nicht nur so dahinvegetieren müssen mit „beschäftigt werden" (Karten spielen, Bingo, Fernsehen), sondern hätten wie früher eine echte Aufgabe und ein erfüllteres Leben. Soweit sie es eben können.

Das Eden-Modell-Projekt aus Österreich zeigt nach ersten Auswertungen, dass derart lebende alte Menschen, deren Alltag mit abwechslungsreichen Aufgaben und spontanen Begegnungen angefüllt ist, weniger aggressiv sind und weniger Bedürfnis verspüren, aus dem Heim wegzulaufen. Die Motivation, das Bett zu verlassen und sich zu bewegen, nimmt zu, was das Wundliegen massiv reduziert. So kann mehr Grün am Heim deutlich zur Lebensqualität beitragen.

Ein anderes lebendes Beispiel für ein Paradies-Heim ist „Aja`s Gartenhaus" in Frankfurt, wo in Wohngruppen zu je acht Personen Menschen mit Demenz wohnen. Das liebevoll eingerichtete Haus ist von einem schönen großen Garten eingerahmt, welcher Sitzoasen bietet und mit Handläufen aus dicken Seilen auch Menschen mit Gehbehinderung oder Orientierungsschwierigkeiten eine Stütze und Orientierung bietet.

Das Pflegepersonal lebt mit den Bewohnern wie in einer Familie zusammen, und so sind alle „Dienstleistungen", die man gemeinhin in Altenheimen outsourct, hier selbst zu erledigen. Es muss gewaschen, gebügelt, gespült und gekocht werden, und die Bewohner werden – je nach Lust und Können – an allem beteiligt. Während eine Bewohnerin spült, schält die nächste Kartoffeln, während eine andere Petersilie erntet oder Unkraut jätet. „Da kann jeder nach seinen Möglichkeiten etwas beitragen. Denn die Hände können oft noch etwas, was der Kopf nicht mehr kann. Viele spüren, dass sie sich nützlich machen können und zur Gemeinschaft gehören" (Medizin individuell 13. Jg. Ausg. 47, S.13, Gemeinschaftskrankenhaus Herdecke 2011).

So können viele Bewohner über einen langen Zeitraum ihre Fähigkeiten bewahren. Zusätzlich zu den vier Wohngruppen

Kräuter, die die meisten Senioren noch kennen: Johanniskraut, Schafgarbe, Holunder (Bild l.)

sind noch neun Wohnungen im Dachgeschoss des Hauses an ältere Menschen vermietet worden. Diese mussten sich verpflichten, sich gegenseitig zu unterstützen und sich ehrenamtlich auf dem Grundstück zu engagieren. So ist ein wunderschöner „essbarer" Erholungsgarten für alle entstanden. Man kann draußen sitzen, essen, ernten, spazieren gehen, sich an tollen Farben, Formen, Blumen, Gerüchen, Licht und Schatten, Schmetterlingen und netter Gesellschaft erfreuen. Es ist also möglich, das Paradies-Altenheim.

„Der Weg ist oft steinig – aber er lohnt sich – denn wie würden wir gerne unser Leben verbringen, wenn wir in ein Pflegeheim umziehen sollten!" (Silvia Haupt auf einem Geriatrie-Kongress in Wien, Mai 2009, mehr über das Eden-Projekt bei silvia. haupt@wienkav.at)

Der grüne Kindergarten

Wie wäre es mit einem kleinen Teich, der als essbares Gemüse Wasserlinse beherbergt und als Würzkraut am Rand die gelbe Taubnessel mit Steinpilzgeschmack? Dies könnte als erstes Geschmacks-Erlebnis für Stadtkinder im grünen Kindergarten schon mal die Neugier wecken.

Wenn man dann noch den Rasen verspeisen könnte in Form von Salat und als Deko dazu die selbst gesammelten Gänseblüm-

Gärtnern macht Spaß … wenn man dann noch einen Hunderfüßler entdeckt

chen, Margeriten, Malven oder Kapuzinerkresse drüber drapieren darf, schmeckt er sicher noch mal so gut.

Natürlich müssen Teiche im Kindergarten eingezäunt sein. Wenn dafür kein Platz da ist oder die Anlage für die Kleinen zu gefährlich ist, kann man die interessanten (und leckeren) Wasserpflanzen auch einfach in einer großen Schüssel anpflanzen.

Ein Kindergarten-Gelände könnte allerlei Beerensträucher beherbergen. Sie sind ideale Heckenpflanzen als Grenze zu den Nachbargrundstücken oder „Raumteiler", um auf dem Gelände kleine private Flecken zu schaffen, wo man im Sommer sogar noch Himbeeren oder Brombeeren oder Johannisbeeren in schwarz, rot oder weiß naschen kann.

Für den Kindergarten eignen sich auch sehr gut einige große Pflanzen des japanischen Staudenknöterichs. Zum einen kann man die frischen Blattspitzchen im Frühjahr wie Sauerampfer genießen, zum anderen aus den hohlen Stängeln, die wie der Bambus kleine „Knoten" haben, Flöten basteln! Mit einem ein-

Mit Erdbeeren kriegt man jeden ... aber vorher ist es richtig Arbeit

zigen großen Halm lassen sich sieben Flöten herstellen – und alle haben einen anderen Ton! Wie spannend! Und dann kommen im Herbst auch noch so viele interessante Käfer und Bienen zu den elfenbeinfarbenen Blüten. Den Knöterich muss man allerdings im Zaum halten, denn sonst überwuchert er bald den ganzen Garten. Ideal ist er in einem riesigen Pflanztrog aufgehoben.

Man könnte hier auch ein „essbares Blumenbeet" anlegen. Wenn Sie einmal zurückblättern und sich die Vielfalt der essbaren Blüten anschauen, könnte da ein – in Regenbogenfarben angelegtes – Beet entstehen, dessen bunte Blumen alle essbar sind. Der gelbe Streifen könnte aus Gänsedistel und Löwenzahn bestehen, der orangefarbene aus Calendula und Habichtskraut (mit herrlich leckeren Blätter zudem), übergehend in zunächst orangefarbene und dann rote Kapuzinerkresse (damit Kinder auch mal ein scharfes Geschmacks-Erlebnis haben). Weiter geht es mit Wildem Oregano in lila und blauen Vergissmeinnicht.

Wie wäre es mit einer Holzschaukel? Auch die Erwachsenen haben damit Spaß (Bild l.)

Holzhütte, deren Dach eine Naturapotheke beherbergt, urig oder? (Bild r.)

Gibt es auch grüne essbare Blüten? Na klar, Frauenmantel!

Mit Würzkräutern wie Minze, Melisse, Thymian und Salbei könnte man Riech-Rätsel machen, Teekräuter trocknen und dann im Winter gleich als Tee für Triefnasen einsetzen.

Für den eigenen Salat beim Mittagstisch eignet sich ein Salatbeet mit kleinem Portulak, Pflücksalaten in verschiedenen Farben und Blattformen. Und für die Leckermäulchen kann man noch die kleinen süßen Zuckererbsen anbauen. Erfahrungsgemäß warten die Kinder täglich schon drauf, dass sie endlich reif sind. Denn im Laden gibt es sie fast nie und wenn doch, kommen die „Zuckerschoten" meist in „Nicht-bio-Qualität" mit dem Flieger aus Afrika und kosten ein Vermögen.

So wie wir uns daran freuen, Kinder aufwachsen zu sehen, können sich Kinder daran erfreuen, Pflanzen wachsen zu sehen. Wie aus einem Samen (am eindrücklichsten und schnellsten bei Mung-Bohnen oder anderen essbaren Keimlingen) erst ein weißes Würmchen, dann zwei Blättchen und schließlich ein ganzes Pflänzchen sprießt. Einfach so! Ein Naturwunder!

Gänseblümchen-Quiz

1. Allein schon der Name! Natürlich lieben die Gänse es! Aber die Menschen noch viel mehr, denn der lateinische Name „Bellis perennis" bedeutet „ew_____ Sch_____!"

2. Die unromantischen unter uns übersetzen das „perennis" auch schon mal mit „ausdauernd". Das meint nun nicht den Ausdauersportler, sondern, dass es das ganze J_____ gr_____ und sogar im W_____ blühen kann und eben immer wieder kommt.

3. Die Schweizer nennen es „Margritli" und erinnern damit an die Verwandtschaft zur größeren Ma_____.

4. Und die Namen Himme____6l_____ und Mari_____6_____ zeugen von der der großen Verehrung, die die Menschen diesem Blümchen schon früher entgegen gebracht haben.

5. Keine Blume ist wohl mehr Ki_____6_____! Schon die Allerkleinsten machen daraus kleine St_____, Kr_____ für ihre P_____ oder schenken sie ihren M_____.

6. Das Gänseblümchen ist ein klein wenig verpimpelt. Nicht immer, wenn ich eine Blüte zum Schmücken meines Smoothies pflücken will, finde ich auch eine, denn bei Regen h_____ es sein K_____ g_____.

7. Es kann sich sogar bewegen! Seine Blüte schaut immer in die S_____!

Gänseblümchen –
Kinderblume

8. Essen Sie es doch mal: Im S_____ oder im S_____ mit Blüte und Blatt! Es liefert E_____, V_____, M_____. Die Kn_____ schmecken leicht nussartig und besser als die geöffneten Bl_____.

9. Als Heilpflanze hat es nur ganz milde Wirkungen (es ist ja auch so klein). Es ist

» ganz leicht Sch_____ lösend und damit geeignet, H_____t_____ beigemischt zu werden
» ganz leicht abf_____
» ganz leicht Sch_____ st_____
» ganz leicht Ap_____ an_____
» leicht Bl_____ reinigend und damit als Frühj_____k_____ und gegen G_____ geeignet.

10. Der Namen Maßli_____ kommt, da es den Ap_____ anregt, von Mäs_____!

11. Was wir als „Blüte" sehen, ist in Wirklichkeit ein ganzer K_____ voller Blüten (mehr als 100!). Die inneren gelben sind kleine R_____ blüten, die äußeren weißen sind kleine Zu_____. Es gehört zur „Familie" der Korbblüter und ist damit nahe verwandt mit dem Lö_____, welcher 200 Einzelbl_____ in seinem Köpfchen hat.

12. Die weißen Gänseblümchen-Blütchen kann man als Orakel benutzen: „Er l_____ m_____, er l_____ m_____ n_____ Auch das noch …

Das grüne Krankenhaus

Die meisten Krankenhäuser sind mitten in der Stadt. Ich kenne eins, da ist die einzige Grünfläche in der Nähe der Friedhof. Ob ich da als Patient wandeln möchte? Da komme ich auf seltsame Gedanken.

Andere haben streng und sauber angelegte Rasenflächen mit Koniferen, denn die Pflege darf nichts kosten. Dort wird auch im Herbst noch mit dem Laubpuster die Fläche frei gemacht.

Für mich eine absolute Untugend. Abgas! Lärm! Und das noch direkt am Krankenhaus, wo es alle hören können, die frisch Operierten, die schwer Kranken, die Neugeborenen! Benzin-Verschwendung und Mulch-Verschwendung, aber das glaubt mir da noch keiner.

„Es soll doch ordentlich aussehen", „Wir schaffen es in der kurzen Zeit nicht ohne Laubpuster mit dem geringen Budget", „Fegen oder Laub harken ist doch viel zu anstrengend" – das war die kleine Auswahl aus Antworten meiner Umfragen bei den Gartenbaufirmen.

Die gepflegten Flächen sind – für mich – nicht unbedingt solche, die ich mir freiwillig zum Spazieren gehen aussuchen würde. Wie oben schon beschrieben, will der neugierige Naturforscher lieber auf gewundenen Wegen mit Spannung erwarten, was hinter der nächsten Biegung kommen könnte: Ein blühendes Beet? Ein Holunderbusch? Ein Karnickel auf der Wiese?

Gemeinschafts-krarkenhaus Herdecke (Bild l.)

Grün am Herdecker Krarkenhaus (Bild r.)

Blütenpracht im Krankenhausgarten, Günsel als Bitterkraut, Natur-Schönheit und Bienenfutter

Ein schönes Beispiel für ein Krankenhaus im Grünen ist das anthroposophisch orientierte Gemeinschaftskrankenhaus Herdecke. Es hat das Privileg, mitten im Grünen und dennoch stadtnah zu stehen. Die Patienten sind relativ schnell im Wald oder auf Pferdewiesen und können sich dort bei Spaziergängen erholen. Ich habe dort meine drei Kinder zur Welt gebracht und auch sonst einige Aufenthalte gehabt und mich nie wie in einem Krankenhaus, sondern – beim Blick vom Balkon – immer wie in einer Kurklinik gefühlt.

Das Schönste an der Gartenanlage sind nicht nur die vielen Wiesen drum herum, die herrlichen Bäume an den Spazierwegen zwischen den einzelnen Krankenhausgebäuden oder die schön angelegten Blumenbeete mit Sitzbänken, sondern es ist

der Heilpflanzengarten! Er ist so bunt, wild, farbenprächtig und schön wie ein englischer „Cottage-Garten", für deren Besichtigung ich sonst immer weit bis nach England fahren muss. Kaum ein Patient kann sich dessen Schönheit entziehen.

Diese herrlichen Beete sind zum großen Teil dem Engagement des Personals zu verdanken. Freiwillige sind immer erwünscht. Wer keinen eigenen Garten hat, aber gerne einen hätte, wäre doch hier genau richtig!

Als ferne Utopie könnte man andenken, auch Heilmittel aus dem eigenen Heilkräuter-Garten im Krankenhaus anzuwenden. Unser strenges Arzneimittelgesetz macht das derzeit allerdings unmöglich.

Ein ganz anderer Aspekt des „grünen" Krankenhauses ist die Verwendung von „Öko"-Desinfektionsmitteln. In Herdecke und anderen anthroposophischen Krankenhäusern werden schon lange Mittel zur Bodenreinigung oder auch zur Waschung von Patienten auf der Basis ätherischer Heilpflanzen-Öle verwendet. Den Fußboden reinigen kann man mit Reinigungs-Lösungen auf der Basis von Orangenschalen- oder Lavendelöl. Desinfizierende Patienten-Waschungen können mit duftender Reinigungsmilch auf der Basis von Salbei, Thymian, Johanniskraut oder Rosmarin gemacht werden. Näheres zu revolutionär-ökologischen Hygiene-Anwendungen kann man nachlesen bei Franz Sitzmann: „Hygiene kompakt", Huber-Verlag, Bern 2012.

Therapeuten pflegen den Garten, aber Freiwillige sind als Helfer auch immer erwünscht (Bild l.)

So schön ist es im Heilpflanzengarten (Bild r.)

Synthese II: Lebendige Beispiele aus Bochum und dem Rest der Welt

Prinzessinnengärten in Berlin

Seit Mitte 2009 gibt es in Berlin die „Prinzessinnengärten". Von Freiwilligen bepflanzt, beerntet und befeiert, wird hier auf Brachflächen – in unwirtlichsten grauen Stadtlagen – in Containern Essbares angepflanzt. Vielfalt, Bio-Qualität, Pflanzen und Helfer aus allen Erdteilen machen dieses Projekt zu einem Kultur-und Natur-Event, zu einem Politikum dazu: Selbstverantwortung, Selbstbestimmung, Selbstgestaltung von öffentlichen Flächen!

Jeder kann mitmachen, mit ernten, feiern, Gartentipps bekommen, neue (Garten-) Freunde finden und miterleben, wie ein graues ungeliebtes Stückchen „vergessener" Stadt zu einer grünen Oase wird!

Die Flächen werden jeweils neu von der Stadt zugewiesen und angemietet. Auf diesen stehen dann für eine Saison die bepflanzten Container: Tetrapaks, Bäckerkisten oder Säcke, die dann – wenn nötig – mit Autos oder auf Schubkarren mit viel Hallo und Aufsehen umziehen können.

Wer alte Gemüsesorten kennen lernen möchte, ist hier genau richtig, denn hier wird mit allem experimentiert, was Bio-Höfe noch an alten Sorten zu bieten haben. Aus diesem Grund lohnt es sich auch für konventionelle Gärtner, hier einmal rein zu schauen.

Geschaffen wurde dies alles von der gemeinnützigen Organisation „Nomadisch Grün", die alle Einnahmen durch den Verkauf der Produkte oder des angegliederten mobilen Cafés direkt wieder in die Gärtnerei zurückfließen lässt. Vielen Dank an die Idealisten und Pioniere mit dem langen Atem!

Was man hier erleben und lernen kann, haben die Gärtner jetzt erstmals in ihrem Erfahrungswerk zusammengefasst: Die Lektüre lohnt sich und macht Mut. Man unterstützt mit dem

Prinzessinnengärten in Berlin-Kreuzberg

Kauf des Buches diese zukunftsweisende Initiative. Lesenswert: Nomadisch Grün: „Prinzessinnengärten, Anders gärtnern in der Stadt", Dumont 2012.

Ich wünsche mir, dass in vielen Großstädten die Idee nachgeahmt wird.

„Meine Ernte" – auch für Gelsenkirchener

Ein Modellprojekt zusammen mit der Stadt München gibt es seit 1999: Bauern bearbeiten Ackerflächen, säen sie mit Gemüse ein und verpachten dann je eine Parzelle mit verschiedenen Gemüsesorten für eine Saison an in der Nähe wohnende Bürger. Die kümmern sich um das Beet und ernten dort bis November. Dann wird alles wieder umgepflügt und im nächsten Jahr neu verteilt. So gibt es für die Pächter preiswertes Biogemüse zum selbst ernten. Man lernt, dass der Kohlkopf nicht im Aldi wächst und dass man ihn wässern und Unkraut jäten muss. Hier können auch Kinder, die nicht auf eine Waldorfschule gehen (Waldorfschüler haben das Unterrichtsfach Gartenbau), erahnen, welchen Aufwand man betreiben muss, bis man einen Salat oder eine Möhre ernten kann, dass es manchmal Schnecken- oder Raupenplagen gibt. Unsere Omas wussten das alles sehr wohl, aber mit ihnen ist auch das Allgemeinwissen um Anbau und eigene Vorratshaltung verloren gegangen.

Sind wir heute total abhängig? Oder süchtig nach Versorgung durch die großen Discounter, die uns glauben machen wollen, es gäbe nur zehn Apfelsorten oder nur eine Sorte Kohlrabi? Oder wir bräuchten zum jung, schön und glücklich sein unbedingt ein bestimmtes Mineralwasser aus Frankreich in einer Plastikflasche, welches 1000 km mit dem Lkw zu uns gefahren ist.

Bei den Krautgärten hat man die Wahl zwischen 20 Gemüsesorten. Ein kleines Stück kann man selbst einsäen. Eine Parzelle von 45 qm kostet 179 Euro, eine von ca. 85 qm kostet 329 Euro und darf von Anfang Mai bis Mitte November bewirtschaftet werden und zwar ausschließlich biologisch. Durch die Gesellschaft vieler Menschen, die je eine Parzelle bewirtschaften, ist man nicht allein, kann Erfahrungen austauschen und Schwätzchen halten. Außerdem wird man in Fragen durch Experten unterstützt.

Allerdings müssen sich die Gärtner vertragen: Genutzt wird das Angebot von Kindergärten, Familien, Einzelpersonen, Rentnern. Die Grenzen zwischen den Parzellen sind höchstens eine Furche breit. Ohne Hecken, Zäune oder Gartenlauben.

Dieses Projekt ist gut geeignet für Garten-Anfänger, die ein erstes Mal das Abenteuer des selbst Gärtnerns erleben wollen, die in der Stadt wohnen und sich für regionalen Anbau interessieren.

Der Unterschied zum eigenen Garten ist folgender: Es gibt leer gefegte Reihen zwischen den gerade eingesäten Möhren. Erlaubt sind Blumen, Gemüse und Kräuter. Es gibt keine Bäume, Sträucher, Sandkästen, Bänke, Stauden. Jeder hat seine Parzelle nur für den Zeitraum von Mai bis November gemietet.

Was einem hier entgeht, ist möglicherweise der Spaß, einen Baum oder Strauch, den man später abernten könnte, blühen, fruchten und wachsen zu sehen, eine Verbundenheit mit dem Land, seinen „Unkräutern und Regenwürmern" zu entwickeln, sich schon im Herbst beim Zurückschneiden wieder auf die Johannisbeeren im nächsten Jahr zu freuen, die Stauden als zuverlässige nachhaltige Dauerbepflanzung zu erleben, das Tierleben in einem winterlichen Garten anzuschauen. Vielleicht sind die Krautgärten eher etwas für Menschen, die oft umziehen, viel auf

Reisen sind, und die nur mal kurz eine Verbundenheit mit dem Land und die Freude an der Selbstversorgung erleben möchten, passend zu unserer mobilen Zeit.

Und für Menschen, die preiswertes Biogemüse schätzen, möglichst wenig Arbeit damit haben wollen und sich jedes Jahr neu dafür entscheiden wollen.

Ich hoffe, dass viele Teilnehmer dennoch einmal Lust bekommen, einen Permakulturgarten anzuschauen, der keine großen Landmaschinen braucht. Die Hoffnung auf viel mehr Paradies-Utopie erwächst bei mir aus folgenden Sätzen des Krautgärten-Flyers: „Der Wunsch, innerhalb von Städten eigenes Gemüse anzubauen, hat sich in den vergangenen Jahren zu einem deutlichen Trend entwickelt. So sind in vielen Städten auf geeigneten Flächen gemeinschaftliche Gärten entstanden." Sag ich doch.

Das Projekt wird immer beliebter. Im Jahre 2013 gab es schon an 22 Standorten solche Gärten, z.B. in Berlin, München, Wiesbaden, Bonn, Bochum und Dortmund, Tendenz weiter steigend.

Einen der neuesten gibt es im grünen Städtedreieck zwischen Gelsenkirchen, Bochum-Wattenscheid und Essen. Im Jahr 2013 waren dort schon 50 Parzellen vermietet. Mehr Info unter www.meine.ernte.de.

Ein Öko-Schrebergarten in Bochum

In Bochum gibt es einen Öko-Schrebergarten. Der Verein „Kraut und Rüben" ist schon etwas Besonderes, sonst hätten nicht Funk und Fernsehen schon mehrfach über ihn berichtet.

Mit einem Durchschnittsalter von 42 Jahren (im Gegensatz zu 56,5 Jahren bei den üblichen Kleingarten-Vereinen) gärtnert hier die Nachwuchs-Jugend.

Die Mitglieder haben einen Vorbild-Schrebergarten geschaffen mit ausschließlich biologischer Bewirtschaftung, einem naturnahen Spielplatz, einer Obstwiese und sogar einem Stall mit bäuerlichen Kleintieren wie Ziegen, Enten und Hasen. Es gibt ein Feuchtbiotop, ein Trockenbiotop, einen Imkergarten und nebenan ein Naturschutzgebiet. Öffentliche Grünflächen sind mit einheimischen Gehölzen bepflanzt zum Wohle der Bienen und anderer einheimischer Insekten. Hier kann man auch aller-

Der Öko-Schreber-
garten in Bochum

lei baubiologische Anlagen bewundern wie eine Dachbegrü-
nung oder konstruktiven statt chemischen Holzschutz. Ein
Super-Vorzeige-Garten!

Diana Zeller aus dem Gartenverein auf die Frage, was für Sie
an diesem Garten das ganz Besondere ist: „Wir unterliegen zwar
auch dem Kleingartengesetz, aber trotzdem sind die Gärten in-
dividueller. Es dürfen auch Wildkräuter wachsen, wenn es gepflegt ist. Auf der Obstwiese wächst das Heu für unsere Schafe
und Ziegen. Außerdem ist es schön zu beobachten, wie sich immer mehr Tiere ansiedeln, die in „normalen" Anlagen nicht vorkommen. Wir haben einen kleinen Steingarten, dort lebt eine
wunderschöne Eidechse. Auch in unseren Steinmauern leben
viele Tiere. Durch die Weidenzäune und Mauern hier hat man
oft den Eindruck, man wäre im Urlaub. Außerdem lernen meine
Kinder, auch bei Lebensmitteln nicht auf „Äußerlichkeiten" zu
achten. Ein Apfel aus dem Supermarkt, der zwar keine optischen
Mäkel hat, ist leider oft mit vielen Pestiziden besprüht und mit
einer Wachsschicht überzogen, damit er auch schön glänzt. Unsere Äpfel, Birnen, etc. haben optisch oft „Mängel" aber einen
hervorragenden Geschmack und kein Gift in der Schale. Man
kann sie ohne Bedenken einfach mit essen."

Eigene Ernte!

Wer sich ansonsten für Schrebergärten interessiert, eine leichte Gartenlektüre fürs Wochenende sucht und sich zum Thema „Normal-Schrebergarten" einmal köstlich amüsieren möchte, dem empfehle ich das Buch von Wladimir Kaminer „Mein Leben im Schrebergarten".

Berliner Stadtfarmer auf dem Dach

In Berlin soll 2013 die größte Dachfarm der Welt eröffnen. Hier sollen auf 7000 m² Dachfläche tonnenweise Kohlrabi, Tomaten und Kräuter angepflanzt werden, die mit Fischkot gedüngt werden, der in den unteren Etagen durch Barsch-Zucht gewonnen wird. Nein, kein Scherz! Hört sich doch wie ein Perpetuum mobile an, oder? Ich hätte als altmodische Biologin niemals gedacht, dass man ein funktionierendes Biotop bzw. autonomes Ökosytem in einem mehrstöckigen Hochhaus mitten in der Stadt anlegen kann. („Bewegung der Stadtbauern – Urban farming" / Westfälische Rundschau, 17.11.2011) Ich bin völlig fasziniert von der Idee!

Andernach

Der Traum und das absolute Vorbild aller Stadtgärtner ist sicherlich die kleine Stadt Andernach. 2010 hat die Stadt für ihre Bürger auf öffentlichen Flächen 101 verschiedene Tomatensorten angepflanzt, in Bio-Qualität und zum Ernten für jedermann. Ein Traum wird Wirklichkeit, meiner Vision schon ganz nah!

Hier gab es etwas für Entdecker. Auch für die, die noch nie vorher Interesse am Gärtnern hatten. Naschen war erlaubt. Sogar erwünscht. Auch für Gourmets. Es gab alte südamerikanische Ur-Sorten, gelbe Tomaten, Flaschen-, Fleisch-, Cherry-Tomaten, gelb-grün gestreifte, längliche, frühe und späte, feste und weiche, orangefarbene, rot-grün panaschierte! Und die Geschmacksvielfalt: säuerlich, süß oder herb!

Das Jahr darauf haben die Stadtväter ihren Bürgern Bohnen gegönnt. Ich liebe Bohnen ganz besonders, weil viele von ihnen Künstler sind, allen voran die mit einem Engel bemalte „Monstranz-" oder Engelbohne. Bohnen sind grün, gelb, rot oder braun panaschiert, dick oder schlank, in verschiedenen Größen, Farben und Formen. Die Blüten sind ebenso schön. Manche brillieren in leuchtend rot und stehen damit den rankenden „Zier"-Pflanzen in nichts nach.

Im Jahr 2012 war Zwiebelsaison und es gab 20 Sorten zu entdecken. Bisher habe ich vielleicht sechs kennen gelernt.

Daneben gibt es in Andernach Gemüsebeete mit Zucchini und Mangold, Apfel-, Mandel- und Mispelbäume und Kräuterbeete. All dies darf öffentlich beerntet werden und wird finanziert und organisiert von der Stadt selbst. Begleitet, gepflegt und beerntet wird es von interessierten Bürgern.

Seitdem die öffentlichen Parkanlagen zu Gemüsegärten umgestaltet wurden, muss die Stadt dort weniger Müll einsammeln, denn kaum einer wirft den Müll in den Gemüsegarten. Es sind weniger Hunde-Hinterlassenschaften zu sehen, und viel mehr Menschen kommen vorbei und nutzen die hübschen Anlagen. Es ist ja spannend dort!

Vorher kam man täglich an einer Konifere vorbei, die ihr Aussehen in zehn Jahren kaum veränderte. Heute ändert sich das Landschaftsbild nahezu täglich: Es keimt, blüht, fruchtet, duftet und schmeckt!

Havanna

Havanna ist mein lebendiges Vorbild für eine Weltstadt – Hauptstadt – Millionenstadt – die sich innerhalb von fünf Jahren als essbare Stadt etabliert hat. Dies geschah allerdings nicht ganz freiwillig.

In den 1990er Jahren verlor Kuba, als die Sowjetunion zerfiel, einen wichtigen Absatzmarkt für Exportgüter sowie seinen preiswerten Lieferanten für Öl. Auf einmal fehlten die Nachlieferungen an Dünger und Pestiziden, denn sowohl der Transport als auch Dünger und Pestizide erforderten den Einsatz von Erdöl.

Die Wirtschaft brach zusammen. Das Volk musste hungern.

Allerdings nur wenige Jahre. In den Folgejahren wurden die Menschen kreativ: Sie pflanzten ihr eigenes Gemüse zwischen Hochhäusern und auf großen Brachflächen an. Auf einmal wurde jede nur bepflanzbare Fläche begrünt. Da man keine chemischen Pflanzenschutzmittel und Dünger mehr zur Verfügung hatte, baute man automatisch biologisch an. So lernte die Bevölkerung in kürzester Zeit alles über biologische Schädlingsbekämpfung und Düngemethoden mit Kompost.

Gegen Schadinsekten hatte man die Beete mit Basilikum und Calendula eingerahmt, was auch noch schön aussah und nebenbei als Kraut zu gebrauchen war. Mit dem Anbau von Mais und Sonnenblumen lockte man Florfliegen an. Wie im Paradies gab es hier also Schädlingsbekämpfungsmittel, die man hinterher sogar noch verspeisen konnte.

Der Staat unterstützte die Bürger, indem er ihnen noch mehr Flächen zur Verfügung stellte und vor Ort Stellen einrichtete, wo man Saatgut und Beratung bekommen konnte. Außerdem wurde an bestimmten Stellen Kompost aufbereitet.

Schon 1995 war die Hungerkrise überwunden! Dieser Einfallsreichtum der Bürger, die Eigeninitiative und die Schnelligkeit der Anpassung an eine Krise finde ich bewundernswert.

Mit der Zeit bildeten sich immer bessere Anbaumethoden heraus. Man lernte, wie man mit Fruchtfolgen den Boden fruchtbar erhält, wie es durch eine Vielfalt an Saaten krisensicher, vielseitig und interessant blieb und wie man natürlichen Dünger erzeugt, der außerdem preiswert oder sogar gratis ist.

Früher musste Kuba den größten Teil seiner Lebensmittel importieren. „Dank" der Krise stammt heute 50 % des in Kuba gegessenen Gemüses aus eigenem biologischem Anbau.

Dazu noch eine Jugenderinnerung von meiner Tante aus den Kriegs- und Nachkriegsjahren 1945: „Ich musste im Juni 1945 zurück nach Düsseldorf, wo alles in Trümmern lag. Du glaubst nicht, wie erfinderisch die Menschen damals in der Stadt plötzlich waren. Es gab so gut wie nichts zu kaufen, die Menschen hungerten, für viele meiner Schulkameraden war die Schulspeisung das einzige, was sie am Tag zu essen bekamen. Da haben die Leute in jedem Blumenkasten, in Hinterhöfen, auf Balkonen, am Bahndamm, auch in städtischen Parks Gemüse gezogen. Ein Nachbar von uns hielt im Hinterhof Kaninchen. Im Hausflur stand immer ein Eimer, in den alle Hausbewohner ihre Küchenabfälle, Kartoffelschalen etc. taten für diese Kaninchen. Dass sie später im Kochtopf landeten, wusste ich damals noch nicht."

Gemüsegarten über Manhattan

Ich erzähle Ihnen von einem Bauernhof, von dem aus Sie das Empire State Building sehen können. Er liegt nicht etwa in einer grüne Aue. „Die Eagle-Street-Rooftop-Farm" befindet sich dem Dach einer stillgelegten Bagel-Fabrik in Brooklyn.

Auf 560 m^2 wird hier – mit phantastischem Blick auf eine Hochhauskulisse – Gemüse angebaut und geimkert. Sogar ein paar Hühner laufen auf dem Dach herum. Das Gemüse wird im Erdgeschoss des Hauses verkauft, der Rest geht an benachbarte Restaurants. Natürlich würde dieses niemals für eine Stadt wie New York ausreichen. Dieser „Hof" hat mehr Vorbildcharakter. Hier kann man lernen, wie Gemüse angebaut wird. (Mehr Beispiele dieser Art in: Mitchell, A.: „Mein Küchenbalkon")

Die Ökodorf-Bewegung

Von Bernd Eckstein, Baubiologie aus Witten

Ungläubiges Staunen ist meistens die erste Reaktion, wenn Menschen zum ersten Mal von unserem Projekt hören. Dabei haben sie meistens ein fest gefügtes Bild in ihrer Vorstellung, wie ein Ökodorf auszusehen hat und wie es da zugeht. Dieses Bild ist weit von der Realität entfernt, die in unserem Ballungsraum vorherrscht. Die Gegensätze zwischen Vorstellung und Realität scheinen unvereinbar.

Es schwingt auch eine stille Sehnsucht mit, etwas mehr von der Natur, von der Schönheit der Landschaft und von den auf gegenseitigem Vertrauen und Anerkennung basierenden menschlichen Beziehungen in unsere Städte zu bringen.

Immer mehr Menschen, so ist zu beobachten, machen sich auf, dieser stillen Sehnsucht einmal nachzugehen und nach Alternativen und Möglichkeiten zu suchen, mehr Natur und Schönheit in die Städte zu bringen. Es ist ihnen ein bedeutendes Anliegen geworden, ihren Beziehungen zur Welt ringsum und ihren Mitmenschen mehr Beachtung zu schenken und zu Heilung und Harmonie beizutragen.

Statt sich zu beklagen, dass die von ihnen gewählten Politiker und Mächtigen der Welt keinen Fehler auslassen und die Lebensbedingungen auf unserem Planeten immer schlechter werden, schauen sich diese Menschen um. Was konkret können sie selbst tun und verändern, damit diese Welt eine bessere wird, in der das Leben und alle Menschen gleichermaßen gedeihen können und in der es eine Freude ist, darin zu leben.

Das ist auf dem Lande anscheinend viel einfacher als hier bei uns in der Stadt. Dort ist Natur noch viel näher, hier in der Stadt haben wir scheinbar nur Asphalt, Lärm, Abgase, Häuser und Siedlungen im „Legebatterie-Design". Im Ernst: Es ist wirklich der gleiche auf Vereinzelung und beliebiger Austauschbarkeit bauende Gedankengang, der zu diesen Legebatterien und diesen gleichförmigen Häusern führte. Aber wenn es nur diese Gedanken waren, die zu diesen materiellen Gegebenheiten führten, können genauso gut andere Gedanken zu ganz anderen, viel schöneren und lebenswerteren Städten führen.

Wir stellen also fest: Unser Ökodorf beginnt in unseren Gedanken. Dort bauen wir zunächst unsere Luftschlösser und blühenden Gartenlandschaften und holen sie von dort aus in unsere Städte. Je mehr wir uns damit befassen, was alles möglich ist, desto mehr finden wir überall noch ein Plätzchen, an der wir die Natur zu uns in den städtischen Raum einladen können. Hier eine vernachlässigte Baumscheibe auf dem Bürgersteig an der Straße. Blumen werden gepflanzt und blühen allen vorbei kommenden Hunden und Müll hinterlassenden Passanten zum Trotz. Dort wird ein verwahrloster Hinterhof verschönert, Kletterpflanzen ranken sich an ehemals kahlen und verwitterten Betonwänden empor, laden die Bewohner der Häuser zu einem kleinen Plausch in einer lauschigen Ecke ein. Gemeinsam wird gegärtnert, gebastelt, gespielt und gebaut, Freundschaften beginnen zu wachsen. Das Leben kann so schön sein.

Weltweit beschäftigen sich immer mehr Menschen mit diesen Themen, übernehmen Verantwortung für ihr Tun, verbinden sich mit Gleichgesinnten und verändern die Welt. (-> GEN Global Ecovillage Network, www.ecovillage.org oder für Europa: www.gen-europe.org) Ziel ist es, eine Lebensweise zu finden, bei der Energie- und Ressourcenverbrauch die Regenerationsfähigkeit der Erde, unseres Ökosystems nicht überschreitet.

Gemeinsames Gestalten ist angesagt, jeder darf und soll sich im Rahmen seiner Möglichkeiten einbringen und mitbestimmen. Gemeinsam finden wir regelmäßig viel bessere Lösungen als jeder Einzelne für sich allein. Kollektive Intelligenz wird spürbar und eröffnet sich als kollektives Forschungsfeld.

Grundlage für das Entstehen dieser gemeinschaftlichen Gestaltungsprozesse ist immer eine auf Liebe und gegenseitigem Vertrauen basierende Beziehung der Menschen untereinander, soweit dies bei dem gegenwärtigen Entwicklungstand jedes Einzelnen eben möglich ist. So kommen dann Wissen, Erfahrungen und Fertigkeiten jedes Einzelnen an die richtige Stelle und somit allen zugute.

Grenzenloses Wachstum ist auf dem letztendlich begrenzten Lebensraum unseres Planeten nicht möglich, das haben unter anderem auch die Menschen erkannt, die sich weltweit in der Transition-Town-Bewegung (www.transitionnetwork.org, deutsche Seite: www.transition-initiativen.de) zusammengeschlossen haben. Zwei damit zusammenhängende Probleme, nämlich die in absehbarer Zeit erschöpften Erdölvorräte und der mit dem Energieverbrauch in Zusammenhang gebrachte Klimawandel nehmen die Transition-Town-Leute zum Anlass, einmal über unsere Art und Weise nachzudenken, wie wir u.a. unsere Nahrungsmittel produzieren. Sie kommen dabei zu erschreckenden Erkenntnissen.

Hier wächst das Bio-Gemüse für die Ökodörfler

Die Permakultur liefert hier einen hoffnungsvollen und vor allem freudvollen Weg aus der Sackgasse, in der wir uns befinden. Statt immer wieder auf neue „grün gestrichene" Technologien zu setzen, mit denen wir unseren Energieverbrauch reduzieren können, zielen die bisher erarbeiteten und auch schon praktisch erprobten Lösungsvorschläge auf eine Veränderung unseres Lebensstiles und eine breite Palette von „kleinen", aber sehr effektiven Lösungen ab. Eine von den Bewohnern der Städte und Gemeinden eigenverantwortlich organisierte und lokal und regional ausgerichtete Produktion von Nahrungsmitteln führt dabei zu einer Verbesserung der zwischenmenschlichen Beziehungen und einer viel stabileren und krisensicheren Versorgung der Bevölkerung.

Dies ist auch einer der ganz wesentlichen Anliegen unserer Initiative, immer größere Anteile unserer Lebensmittel selbst anzubauen und damit einen Beitrag zur Gesundung von Mensch und Landschaft zu bewirken, die Fruchtbarkeit unserer Böden zu erhöhen und Oasen der Vielfalt und Fülle entstehen zu lassen, Kreisläufe zu schließen, von der Natur zu lernen, im Einklang mit ihr zu leben und zu arbeiten.

Nach dem Vorbild von landwirtschaftlichen Kooperativen wollen wir Arbeit und Kosten des Gesamtprojektes gemeinsam tragen und die Erträge gerecht nach dem jeweiligen individuellen Bedarf verteilen. Das bedeutet, dass das erzeugte Gemüse z.B. in einer Verteilungsstelle für die Abholung bereitgestellt wird und sich jeder Teilnehmer an unserer Kooperative so viel davon mitnehmen darf, wie er benötigt. Vielleicht ist noch jemand im Laden anwesend, der etwas lenkend eingreift und dafür sorgt, dass bei Gemüsesorten, bei denen die Erträge noch nicht so groß sind, trotzdem jeder davon etwas abbekommt.

Gestartet ist unser Projekt mit einer Anzahl kleinerer, verstreut in der Stadt liegenden Gärten, in denen wir uns gegenseitig regelmäßig bei der Arbeit unterstützen und deren Erträge wir untereinander aufteilen. Natürlich arbeiten dort die Gartenleute auch viel alleine in den Gärten, aber bei den Gartentreffen wird regelmäßig aus der Gartenarbeit ein fröhliches gemeinschaftliches Ereignis. Von den Arbeitsergebnissen her ist es immer so, als hätte jemand den Turbo eingelegt, so viel Arbeit wird erledigt und es macht allen sogar noch Spaß. Leckeres Essen vom gemeinschaftlichen Buffet, Kaffee und Kuchen halten Leib und Seele zusammen und schaffen zusätzliche Gelegenheiten für den Gedankenaustausch. Jeder kommt, wenn es für ihn passt, und geht, wenn er keine Lust mehr hat oder andere Termine wahrgenommen werden müssen.

Jetzt haben wir ein größeres Stück Land von ca. 2100m² in Aussicht. Wir wollen professionelle Hilfe mit einbeziehen, vielleicht können wir z.B. einer Gärtnerin mit unserem Projekt ein regelmäßiges Einkommen ermöglichen. Als Hauptverantwortliche sind dort vor allem fachliches Wissen und Können gefragt sowie Organisationstalent, um freiwillige Helfer aus unserer Kooperative bei anstehenden Arbeiten mit einzubinden und alles zu koordinieren, auf dass am Ende unser aller Einsatz auch fürstlich durch üppige Ernten belohnt werde und wir ein schönes Erntedankfest ausrichten können.

An die Gärten schließen sich fast nahtlos weitere Projekte mit an, bei denen es um das Erstellen von Hochbeeten, Geräteschuppen, Backöfen, Außenküchen, Komposttoiletten, Terra-Preta, Verwertung von Gartenabfällen und Strauchschnitt, Windmühlen, Wind- und Klangspielen, Gartenkunst, Workshops usw. geht. Ideen gehen uns nie aus und helfen uns mit Freude nach vorne zu sehen.

So beginnt unser Ökodorf Ruhrgebiet. In einer späteren Ausbaustufe bauen wir sicherlich auch ökologische Siedlungen für uns oder gestalten – gemeinsam mit den Bewohnern von Einheits-Legebatterie-Wohnanlagen mit umgebenden phantasielosen aber pflegeleichten Grünanlagen – menschen- und naturfreundliche Wohnlandschaften und Lebensräume, in denen es eine Freude ist, zu leben. Also, lasst uns anfangen! Mehr Infos unter www.oekodorf-ruhrgebiet.de

Die besten Wildpflanzen in der Stadt

Bäume in der Stadt – wozu?

Wozu gibt es überhaupt Bäume? Was würden Sie antworten?
Eine ganz offene Umfrage unter verschiedensten Lebensformen
hat folgendes ergeben:

» *Für Darwin: Weil es in der Evolution auch Bäume geben musste*
» *Für hungrige Raupen: Da war mal eine „Raupe Nimmersatt",
   erinnern Sie sich?*
» *Für Kinder: um Baumblätter zu pressen und Bilder daraus zu
   kleben*
» *Für Gallwespen: als Geburtsort und Kinderstube, auch für
   Gallmücken*
» *Für Minierraupen: als Rennstrecke*
» *Für den Wind: zum Rascheln*
» *Für Eichhörnchen und Vögel: als Versteck*
» *Als Schattenspender*
» *Als beruhigendes Grün im städtischen Grau*
» *Blätter für Mulch im Winter*
» *Für Farborgien im Herbst*

Zum Staunen! Redwood aus England, Sheffield Park

» Zum Essen
» Für Heilblätter-Tees
» Im alten Griechenland als Papierersatz
» Als Klopapier
» „Grün ist die Hoffnung" (Spruch von meiner Oma)
» Um sich mal anzulehnen und Energie zu tanken
» Für den Hund, um sein Beinchen dort zu heben
» Als Rankhilfe für meine Bohnen und Himbeeren
» Für uns alle und die Schönheit in der Welt

Schönheit! Jugend-
liche Kastanie

Das erhebt keinen Anspruch auf Vollständigkeit. Weitere Vorschläge bitte an die Autorin.

Außerdem macht Holz gesund. Jetzt ist es endlich amtlich. Ich zitiere aus meinem neuen Lieblingsbuch „Die geheime Sprache der Bäume" von Erwin Thoma: „Wer umgeben von reinem Holz schläft, erspart sich in einer Nacht die Arbeit des Herzens von einer Stunde. Das Herz ist entspannter, der Körper gelöster und der Puls kommt in dieser Nacht mit rund 3600 Herzschlägen weniger aus. Gleichzeitig sind die erholsamen Tiefschlafphasen länger, das Immunsystem wird messbar stärker und kurz gesagt: Holz verlängert unser Leben. Es wirkt sofort! Sobald man sich in einen hölzernen Raum begibt, in ein Vollholzbett legt oder am Tisch aus reinem unbehandeltem Holz sitzt …"

Eine weitere Studie wurde in Schulen und Kindergärten gemacht: „Im Massivholz erspart sich jedes Kind zwei Stunden Herzarbeit täglich. Und das in einer Zeit, wo Kinder ohnedies so schwer zur Ruhe kommen … Wer kann mit so einem Wissen noch eine Schule, einen Kindergarten mit anderem Material als mit Holz einrichten …" (Thoma, ebenda)

Mittlerweile gibt es dazu weltweit Forschungen unter anderem in Kindergärten und Altenheimen, die das oben Zitierte bestätigen. Es liegt wohl zum Teil an den ätherischen Ölen des Holzes. Der „Holzforscher", der dieses für uns herausgefunden hat, ist Dr. Max Moser von der Uni Graz.

Seitdem ich nun auch ein kleines Kissen mit Zierbenholzspänen im Bett habe, schlafe ich wesentlich ruhiger und mein Kopf gibt nachts Ruhe. Eine befreundete Tier-Heilpraktikerin berichtet von unglaublichen Effekten auf kranke und überdrehte

Hunde, die ruhig werden, wenn sie (freiwillig) ihre Schnauze auf das Zirbenspäne-Kissen legen.

Man kann von einem Baum noch viel mehr ernten als nur Holz für Möbel oder die Inneneinrichtung. In den Alpen konnte man früher von einem Baum einfach alles gebrauchen.

Das getrocknete Laub der Bäume wurde den Stalltieren im Winter als mineralreiches Futter gegeben, zum Beispiel die Blätter von Ahorn, Linde, Erle, Obstbäumen, Weiden, Pappeln und Birken. Das Laub wurde getrocknet, dann eventuell noch gemahlen und ins Futter gestreut.

In Kärnten wurden die ganzen belaubten Äste geschnitten, zum Trocknen in der Scheune aufgehängt und so komplett als Heu im Winter in den Stall gehängt. Das vertrieb den Tieren zusätzlich die winterliche Langeweile, denn an den Ästen konnte man anschließend auch noch knabbern.

Diese Idee könnte – wenn sie heute vermehrt bei uns angewendet würde – helfen, die Regenwälder zu retten. Denn die werden in großer Menge abgeholzt, um für unsere Kühe Sojafutter anzubauen. In Wahrheit ist die Idee ja aus der Not geboren, da man im Hochgebirge in der kurzen Vegetationszeit einfach nicht genug Heu für das Vieh ernten kann.

Wir könnten das Laub auch gleich selbst essen!

Bei meinen Frühlingskräuterwanderungen probieren wir uns durch allerlei Blätter. Meine Lieblinge sind die Hainbuchen, so zart und saftig, aber nur die allerersten Spitzchen im frühen Frühjahr. Andere Teilnehmer schwören auf die zart behaarten

Was ist hier passiert? „Schnee" auf Gänseblümchen, hier im Juni in Bochum-Stiepel, Lösung im Anhang

Rotbuchen- und wieder andere auf saftig frische Birkenblättchen. Die Lindenblätter enthalten Zucker und schmecken sogar leicht süßlich! Und das – im Gegensatz zu den anderen genannten – nicht nur im Frühjahr, sondern das ganze Jahr über.

Früher war es in einigen Alpenregionen üblich, das Roggenbrot mit Zitronensaft zu beträufeln und dann dick mit Lindenblättern zu belegen.

Pappellaub wurde früher in Frankreich wie Sauerkraut eingelegt. Machen Sie doch mal den Geschmackstest: Die jungen Blätter enthalten viele Mineralien und regen Ihre Verdauung an.

„Verzehrt man bei Tageslicht ein frisch gepflücktes Blatt, ist etwas von dem, was man zu sich nimmt, noch vor 8 Minuten Teil der Sonne gewesen, denn so lange braucht das Licht von der Sonne zur Erde."

(Brendan Lehane in „Macht und Geheimnis der Pflanzen").

Das war der poetische Teil für heute. Sie können die Blätter auch als Tee zubereiten (frisch oder getrocknet, bei frischen immer mehr nehmen) und haben dann eine kleine Gratis-Hausapotheke. Sie wissen ja, mein Ansinnen ist es, die Krankenkassen zu entlasten. Hätten Sie gedacht, dass die Alleebäume da vorne an der Straße – mitten in der Stadt – als Apotheke taugen?

Man nimmt frische oder getrocknete Baumblätter, zerkleinert sie, gießt einen Teelöffel pro Tasse mit kochendem Wasser auf und lässt mindestens fünf Minuten ziehen. Wenn Sie frische Blätter verwenden, nehmen Sie die doppelte Menge.

Zarteste Versuchung – Buchenlaub im April

Rätsel: Welche Baumblätter erkennen Sie?

Ich gebe Ihnen eine kleine Hilfestellung:

1. Blätter schmecken süß:_____

2. Blätter sind als Speiselaub zu gebrauchen:_____

3. Dieser Baum bildet den Großteil unserer Laubwälder:_____

4. Baum mit weißer Rinde:_____

5. Rote Nektardrüsen am Blattstiel, Fruchtbaum:_____

6. Die deutsche „_____".

7. Liefert leckere Blüten im April/Mai:_____

8. Blüht die „_____" vor der Eiche, bringt der Sommer große Bleiche (Hitze), blüht die Eiche vor der „_____", bringt der Sommer große Wäsche

9. Blätter wie Hände, Blütenstände wie Kerzen, Früchte bringen Glück in der Tasche:_____

10. Baum mit roten Beeren:_____

11. Baum mit den urigsten Baumgestalten:_____

12. Runde liefert Aspirinersatz:_____

13. Hier gibt s Nüsse:_____

14. Leckere gelbe Blüten im Mai:_____

(Lösung im Anhang)

Lindenblätter – köstlich!

Kleine Baum-Apotheke: jeweils Blättertees

Birke	Die „weiße Jungfrau Birke" reinigt und klärt: Sie entwässert, klärt Niere und Blase und hilft natürlich auch gegen Gicht, denn die Harnsäureschlacken treibt sie auch aus
Eberesche	Sie hilft bei Heiserkeit, Übelkeit und Durchfall
Esche	Sie reinigt wie die Birke, hilft aber auch bei Verstopfung, Rheuma und Gicht
Haselnuss	Reinigt das Blut und hilft als Hustentee
Rosskastanie	Gegen Krampfadern und periphere Durchblutungsstörungen, gegen Husten (früher schon bekamen die Pferde (Rösser) Laub und Früchte bei Husten ins Futter, deshalb heißt sie ja „Ross" …
Rotbuche	Äußerlich bei entzündeter Haut
Schlehen	Hilft der Blase sowie bei Magen-Darm-Verstimmung
Walnuss	Hilft bei Magen-Darmproblemen, Leberproblemen, äußerlich bei Hauterkrankungen. Brüchige Fingernägel werden besser bei einem Bad mit Walnussblättertee

Mehr finden Sie in dem Buch von Rita Pilaske:„Heilkraft der Bäume", Mainz 2002.

Man zapfet aus der Birke
recht angenehmen Wein,
man reibt sich, dass es wirke,
die Glatze damit ein".
(Wilhelm Busch)

Junge Buchenblätter

Birkenhaarwasser

100g frische Birkenblätter in 500 ml Wodka legen, in einem geschlossenen Glas an der Sonne drei Wochen stehen lassen. Dann durch ein Sieb und einen Kaffeefilter geben, in dunklen Gläschen aufbewahren und täglich die Kopfhaut damit einreiben. Ernährt und belebt die Kopfhaut und fördert den Haarwuchs. Wer genug Brennnesseln im Garten hat, gebe zu den Birkenblättern noch (gereinigte) Brennnesselwurzeln dazu.

Spitzahornblüten als knackige Deko (Bild l.)

Gelb-grüner Deko-Effekt mit Ahornblüten im Salat (Bild r.)

Überaus köstlich sind auch die Blüten einiger Bäume, z.B. die des Spitzahorns. Im Salat oder auf einem Brötchen schmecken sie zart, saftig, leicht süß. Und erste der Anblick! Die Blüten des Berg- und Feldahorns sind auch essbar, allerdings etwas herber.

Und früher machten die Feinschmecker aus Eicheln Kaffee.

Mythos Baum-Quiz

1. Welcher Baum blutet beim Fällen?
a) Rot-Buche   b) Eiche
c) Eberesche   d) Schwarzerle

2. Welche Baumfrucht in der Tasche bringt Glück? (Alte Bauernregel)
a) Eichel   b) Haselnuss
c) Kastanie

3. Wie geht das Gedicht weiter? Wer reitet so spät durch Nacht und Wind,
es ist_____

4. Und welcher Baum beherbergt den Geist, der den Jungen dann tötet?
Die _____ (Der Geist ist der _____ könig)

5. Welche Baumfrucht hat den höchsten Fettanteil?
a) Marone   b) Eichel
c) Buchecker   d) Kastanie

6. Ilse Bilse, keiner willse, die böse Hülse … Welche Pflanze ist damit gemeint? Und warum?
a) Robinie (Hülsenfrüchte)   b) Ilex
c) Buche   d) Kiefer

7. Ringel, ringel, Reihe, sind der Kinder dreie, sitzen unterm _____,
machen alle husch, husch, husch … Unter welchem heiligen Busch sitzen sie?

8. Was bedeutet der alte schweizerische Spruch: „Viel Buech – viel Fluech"?
a) Wenn es viele Bucheckern gibt, stirbt der Baum danach
b) Wenn es viele Bucheckern gibt, wird es ein harter Winter
c) Von zu viel Bucheckern gibt es Blähungen

9. In welcher Form darf man Bucheckern in großer Menge genießen?
a) Roh   b) Gekocht
c) Geröstet   d) Als Öl gepresst
e) Den Ölpresskuchen

10. *Welche der folgenden Aussagen ist richtig?*
a) In Notzeiten hat man Rosskastanien gegessen
b) Aus Eicheln macht man Waschlauge
c) In Notzeiten hat man Eichelmehl gegessen
d) Eichelmehl ist bitter

11. *Die Eibe: Welche Aussagen sind richtig?*
a) 500 g Eibennadeln sind tödlich für ein Pferd
b) Eiben sind Nadelbäume ohne Zapfen
c) Eibenholz schützt vor bösen Geistern
d) Eibenholz wird zu Möbeln verarbeitet
e) Aus Eibenholz macht man Medikamente
f) Eiben stehen oft auf Friedhöfen
g) Vögel mögen Eibenfrüchte
h) Rehe und Hasen fressen Eibennadeln
i) Früher hat man Kinderwagen nicht unter Eiben abgestellt
j) Aus Eiben macht man ein Anti-Krebs-Mediament

12. *In welchem Strauch schüttelt Frau Holle ihre Federn?*
a) Weißdorn   *b) Eberesche*
c) Holunder   *d) Schneeball*

Das Herz der Natur – die Brennnessel

Ach die Brennnessel! Wäre sie nicht so garstig, sie wäre schon von der Erdoberfläche verschwunden. Auch wenn Sie es nicht glauben: Sie ist eine kleine Apotheke.

Die Menge an guten Sachen, die Sie mit der Brennnessel zu sich nehmen, kennt keine Grenzen. Wenn Sie 100 g als Salat oder im Smoothie schaffen, haben Sie schon fast den Tagesbedarf an Calcium, den dreifachen Tagesbedarf an Vitamin C und eine ordentliche Portion Eisen intus.

Manchmal habe ich es gerne komplizierter. Ich habe mir eine alte Saftpresse gekauft, so eine, wie Sie sie vielleicht noch aus Omas Zeiten kennen, ein drei kg schweres Ungetüm, das man am Tisch

festschraubt, mit einer Kurbel wie bei einem Fleischwolf. Die Kraft zum Drehen hat man dann, wenn man öfter Brennnesseln genossen hat. Da tropft der dunkelgrüne Saft heraus und erfreut all meine Organe, Saft von einer gerade noch lebendigen Pflanze! Kann es Besseres geben? Als einen Saft, der nicht gekocht oder konserviert ist, von einer Pflanze, die noch nicht vor dem Laden in der Sonne gelegen und all ihre Vitamine eingebüßt hat?

Wenn Sie Angst vor den Brennhaaren haben, können Sie die Brennnesseln vor dem Verarbeiten waschen und kräftig ausschlagen. Diese Prozedur lässt die Brennhaare aufplatzen, der Brennhaar-Cocktail vermischt sich mit dem Wasser und ist nicht mehr zu spüren.

Auch im Smoothie sind sie auf einfache Weise zu genießen: Einfach die ganzen Pflanzen kopfüber rein, mit Apfel, Banane und Wasser.

Brennnessel-Smoothie (Bild l.)

Brennnessel-Apotheke (Bild r.)

Brennnessel-„Chips"

Große Blätter auf ein Brett legen und leicht klopfen, auf beiden Seiten salzen und Saft ziehen lassen. Dann abtupfen und einzeln in Pfannkuchenteig ausbacken, in der Pfanne oder der Fritteuse. Das Ergebnis: Knusprige grüne Chips, die auch Kindern schmecken!

Aber die Brennnessel ist nicht nur zum Essen da. Seitdem ich meine Tomaten mit Brennnesseljauche dünge, wachsen sie in den Himmel. Das gleiche Geschenk hat unser Pflänzchen auch für Haare: Mit Brennnesselwurzeltee als Haarspülung wachsen auch Ihre spärlichen Haare in den Himmel.

Rudolf Steiner hat einmal gesagt: „Die Brennnessel ist für die Natur etwa das, was das Herz für den Menschen ist." Ich könnte jetzt also noch über die Geschenke berichten, die unser Schatz für Hühner (herrlich gelber Eidotter und bessere Legeleistung), Kühe (mehr Carotine in der Milch und mehr Milch), Prostata-Geplagte, (schmerzloseres Wasserlassen mit Brennnesselwurzeltee), Nierengeschädigte (Harn treibend) oder Mädels in der Pubertät mit Akne (Reinigung der Haut durch äußerliche und innerliche Anwendung) hat, über Geschenke an die umliegenden Pflanzen (bester Dünger der Welt!), die Schmetterlinge (Leckeres für die Raupen von Admiral, Fuchs und Tagpfauenauge) und die Gärtner (Supermulch, Brennnesseljauche oder Brühe gegen Läuse). Außerdem darüber, dass man im Winter die Äpfel auf getrockneten Brennnesseln lagern kann und diese Äpfel sich dann länger frisch halten. Oder auch Gaben für die Lebensmittelindustrie, die grüne Farbstoffe aus der Brennnessel gewinnt. Eigentlich genug Gründe, um die Brennnessel im Garten anzubauen.

Wenn ich im Wittener Feldbahnmuseum botanische Führungen mache, wo die alten, ehemaligen Steiger alte Untertage-Loks vorführen, erzählen sie meinen Teilnehmern immer wieder gerne, wie es war, als die Oma im Krieg Brennnesselgemüse gekocht hat.

Brennnesselgemüse sieht immer braun aus statt grün. Das liegt an dem vielen gesunden rostigen Eisen darin

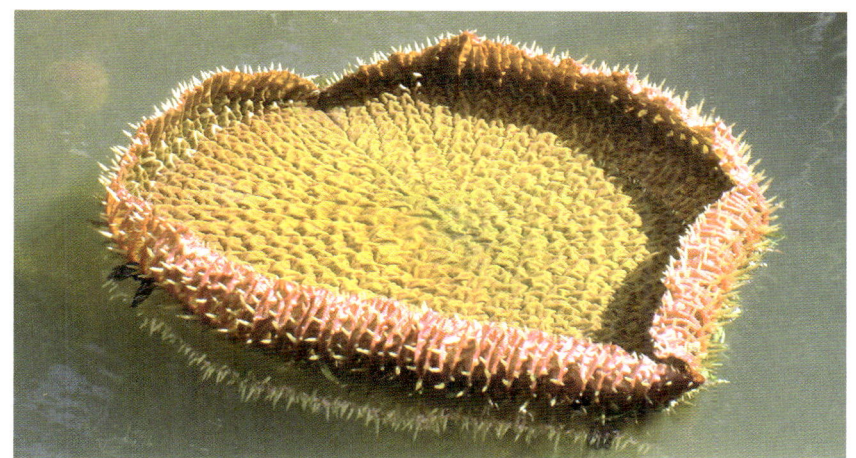

Kennen Sie die Geschichte von Milarepa? Das war ein indischer Heiliger, der als Einsiedler auf einem einsamen Berg lebte und sich ausschließlich von Brennnesseln ernährte. Wenn er einmal unter die Menschen kam und die ihm ein Festmahl vorsetzten, wollte er doch immer nur das EINE essen. Auf Bildern wird er immer grün dargestellt. An die Geschichte musste ich denken, als ich über eine neu entdeckte Meeresschnecke (Elysia chlorotica) las, die sich von Algen ernährt, dann selbst ganz grün wird (indem sie der Alge die Gene stiehlt) und dann selbst – wie ein Pflanze – das Licht nutzen kann. Ob Milarepa das mit der Brennnessel auch konnte?

Nun ist ja die Brennnessel das Herz der Natur und passend dazu hat sie natürlich auch herzförmige Blätter. Haben Sie schon einmal nach Herzformen in der Natur gesucht? Ich finde, die schönsten Herzchen haben die Primeln in ihren einzelnen Blütenblättern. Ich meine diese kleinen bunten Primeln, die wir als erste im März aus den Blumenläden auf unsere Beete holen in der Hoffnung, dass nun endlich der Frühling kommt.

Grüne Laub-Herzblätter haben natürlich die Linden, die ja schon immer die Bäume der Liebenden waren, aber auch die Hasel, verschiedene Veilchen, die nesselblättrige Glockenblume und die ährige Teufelskralle.

Nicht nur die Brennnessel hat Herzblätter, hier ein besonderes Herzblatt: die Victoria regia, Seerose, fotografiert in Mauritius

Brennnessel-Quiz

1. Was brennt da?
Eine Mischung aus Bie____gi___ ähnlichen Substanzen und His_____ (das Zeug, was bei uns Allergien auslöst) und einem Stoff, den auch die Am_____ produzieren.

2. Früher sagte man immer, die Schwangeren sollten täglich einen Esslöffel Brennnesselsaft zu sich nehmen. Welche 2 Mineralien sind in der Brennnessel enthalten, die gerade für die Schwangeren ein Segen sind?
a) C_____ (600 mg /100 g Pflanze) schützt vor O_____ und vor dem Spruch „Jedes Kind kostet einen Z_____ ".
b) E_____ schützt vor A_____ (4-8 mg/100g).

3. Wozu hat man die Stängel der Nessel früher genutzt?
Man sagte auch, das sei das L_____ der armen Leute.
Dazu gibt es ein Märchen von einer Fee und einer armen Müllerstochter

4. Wer hat gesagt: „Die Brennnessel ist die größte Wohltäterin des Pflanzenwachstums?" Und was hat er damit gemeint?
R_____ S_____. Als Jau_____ der beste D_____.

5. Als Nachbarpflanze von Baldrian, Minze und Salbei erhöht sie deren Gehalt an ä_____ Ö_____ um 20 %!

6. Mittel gegen das Brennen auf der Haut: Einreiben mit Saft von A_____, Weg_____, Sp_____bl_____, Knobl_____, Zw_____.

7. „Urtica dioica" heißt sie auf lateinisch. Urtica heißt „brennt" und dioica heißt „zweihäusig". Was soll das bedeuten?
a) Sie wächst besonders gerne da, wo mehrere Häuser stehen
b) Sie hat männliche und weibliche Blüten auf 2 verschiedenen Pflanzen
c) Die Samen sehen aus wie Häuser.

8. Wer hat gesagt: „Niemals kann sich Böses bilden, wenn wir uns ihre wunderbare Kraft regelmäßig in Form von Tee einverleiben."
M_____ Tr_____. Gemeint hat sie je dreiwöchige Tee-kuren.

9. Die Wurzeln sind für die Männer. Als Tinktur oder Abkochung gegen Pro_____ver_____. Als Abkochung für die H_____ gegen Ha___ra_____

10. Brennnessel ist die Lieblingsspeise folgender Schmetterlingsrau-pen: Ta_____, kleiner F_____, Adm_____, Landk_____. Wer diese liebt, muss Brennnesseln im Garten haben!

11. Brennnesseltee hilft gegen unreine H_____, Blas_____e_____, Rh_____, G_____ und senkt den Blutz_____ .

12. Brennnessel pur und roh im Salat enthält Vitamin __ und A.

13. Brennnnessel im Futter der Hühner bewirkt, dass der Eidotter g_____ wird durch das Vitamin _____. Im Futter der Kühe steigert sie die M_____.

14. Brennnesselsamen wirken wie Ginseng: Sie stärken das I_____ und wirken gegen Müd_____. In einer Pflegezeitschrift werden sie empfohlen als Kraftnahrung für a_____ M_____. Und sind noch viel preiswerter als Nahrungsergänzungsmittel.

Die Vogelmiere – Notfallgemüse im Winter

Auch sie hat herzförmige kleine Blättchen. Sie erfreut uns mit kleinen weißen sternförmigen Blütchen, kriecht etwas über den Boden und wurzelt immer da, wo sie den Boden spürt.

Sie ist im Winter oft das einzige, was einen an den Frühling erinnert, weil sie so frisch grün und vital aussieht, sogar im Januar am Wegrand vor der Dortmunder Westfalenhalle, wo leider gleichzeitig das Hundeklo war. Schade, sie sah so lecker aus.

Ganz eindeutig ist sie zu erkennen an dem „Gummiband." Man möchte ein Stück knackiges Grün pflücken und – hat ein Gummiband in der Hand. Es zieht sich elastisch. Machen Sie einmal den Test: Man kann den Stängel wirklich wenige Millimeter in die Länge dehnen. Ihr anderer Name ist Hühnerdarm oder – finde ich passender von der Größe her – Mäusedarm.

Diese Miere ist ein Wunder an Lebenskraft. Die Samen können bis zu 60 Jahre im Boden schlummern und dann erst keimen. Die Blüten öffnen sich meist morgens und erfreuen uns und die Hühner dann 12 Stunden lang. Die Miere wächst auch unter dem Schnee. Und keimt dort sogar!

Ich schätze sie besonders, weil sie meine Beete – wenn ich ihr nicht Einhalt gebiete – nach einiger Zeit komplett überwuchert. Damit spare ich mir die Arbeit des Mulchens. So schützt sie meine empfindlichen Keimlinge und den Boden vor dem Austrocknen und erfreut auch die Regenwürmer. Sagte ich schon einmal, dass in der freien Natur kein unbedeckter Boden vorkommt, es sei denn in der Wüste? Das frei gejätete Beet ist eine Erfindung des Menschen.

Als Heilpflanze nimmt man die Vogelmiere zur Heilung der Haut. Man kann das gequetschte Kraut direkt auf die Haut geben. Ich quetsche immer mit der Nudelrolle. Meine Vorfahren – Sie wissen schon – haben es vorher zerkaut. Früher hat man es in Igelfett gekocht (ich entschuldige mich hiermit dafür im Namen meiner Urahnen). Die Indianer nehmen eine Vogelmiere-Abkochung äußerlich gegen Hautleiden.

Wer wie ich im Winter Entzugserscheinungen hat, weil die Smoothie-Zutaten alle aus dem Bioladen kommen oder es zum x-ten Mal püriertes Möhren- oder Kohlrabi-Grün im Smoothie oder der Suppe gibt, darf die frische Vogelmiere essen, zu jeder

Vogelmiere, sieht aus, als hätte sie zehn Blütenblättchen, sind aber nur fünf

Zeit. Damit gönnt man sich eine Portion Vitamin C (100 g Miere haben ca. 130 mg Vitamin C und decken damit den Tagesbedarf), Vitamin A und Kalium oder füttert die Gänse, Hamster, Rennmäuse, Karnickel, Enten, Hühner und Kanarienvögel damit.

Ich pflanze mir die Miere in meine großen Pflanztröge auf den Balkon zwischen die anderen Kräuter und Gemüse. Sie nimmt dort keinem den Platz weg, da sie nur eine Minifläche zum Wurzeln braucht und ansonsten am Topf herunter rankt. Nach meiner Ernte wächst sie immer wieder nach. So liebe ich sie!

Man kann sie aufs Brot legen, davon Spinat kochen, sie in den Salat oder die Suppe tun oder als Heilmittel nehmen: Vögel hätten Vogelmiere genommen, zumindest um 1639, als der alte Apotheker Schröder schrieb: „Dieweil es den Hühnern und Vögeln eine angenehme Speis ist und ihnen sehr wohl dienstlich, so sie krank sind und nicht essen wollen."

Nun guten Appetit!

Der Efeu und die grünen Fassaden

Ich möchte Ihnen einmal erzählen, was Sie mit einem Allerweltskraut wie Efeu alles in der Stadt erleben können.

Ist Ihnen schon einmal aufgefallen, dass Sie genau feststellen können, wann der Efeu in die Pubertät kommt? Es ist so wie bei meiner Tochter, auch da ist es nicht zu übersehen.

Also zunächst hat er eine „kindliche" Form. Damit meine ich die Blattform, die Sie sich für einen regulären Efeu so vorstellen, mehrfach gelappt, einfach hübsch eben.

Wenn er „geschlechtsreif" wird, sieht er auf einmal ganz anders aus. Das Blatt glänzt mehr, fällt mehr auf und die Blattform wird rautenförmig. Er wird zum Strauch, bekommt einen richtigen selbstständigen Stamm und muss sich nicht mehr festklammern. Hoffentlich wird das bei meiner Tochter bald auch so.

Er bildet richtige Äste aus und formt wunderhübsche grünliche Blüten in halbrunden oder runden Dolden, die ein wenig wie Christbaumkugeln aussehen.

Neben meiner Wenigkeit verehren auch die Bienen diese sehr, weil sie dort im Spätherbst noch reichlich Nektar finden. Sehr

Efeu-Beeren, wie Christbaumkugeln – nur für die Vögel

hübsch anzuschauen ist dann die „Beerenwerdung", denn diese sind zunächst grün und haben kleine spitze Zwergenhütchen. Danach werden sie ganz rund, erst grün, dann schwarz, den ganzen Winter über ein beliebtes Futter für die Vögel und ein hübscher Anblick für alle.

Das war die passive Seite: Entspannung für die Seele durch den hübschen Anblick.

Nun zur aktiven Seite: Betrachten Sie einmal die Welt so, als könnten Sie alles (und ich meine wirklich alles!) irgendwie ernten und gebrauchen. Wenn Sie das nicht glauben, können Sie einmal bei Michael Machatschek „Nahrhafte Landschaften" nachlesen. Es gab sogar eine Verwendung für Kirschkerne, Buchenblätter, Reisig, Farn.

Und was hat das nun mit Efeu zu tun? Der ist doch giftig! Nun ja, die Beeren überlassen wir den Vögeln, aber mit dem Laub können Sie allerlei anfangen. Als gekochte Spezialität ist Ihnen der Efeu vielleicht aus dem „Prospan"-Hustensaft bekannt.

Efeu ist eine der wenigen Pflanzen, die Jod sammelt und soll – beim mit Efeu begrünten Haus – Jod an die Luft abgeben.

Efeu gegen Cellulite

Zwei Handvoll junge Efeublätter in ½ Liter Pflanzenöl einlegen, zwei Wochen an die Sonne stellen, dann erwärmen und einen Esslöffel Honig darin verrühren. Dann durch ein Sieb gießen und in eine dunkle Flasche füllen. Die Einreibung und besonders die Massage damit fördert die Durchblutung und verringert die „Dellen".
Alternativ können Sie frische Efeublätter 2 Tage in Essig legen und dann die feuchten Blätter eine halbe Stunde auf die Beine legen. Die Prozedur ein mal pro Woche wiederholen.

Efeu-Haus-Bewohner sollen deshalb seltener an Schilddrüsenproblemen leiden. So sind die Erfahrungen aus den Alpen (nach Machatschek: „Nahrhafte Landschaft").

Die Blätter können Sie auf Geschwüre legen, nachdem Sie sie gekocht oder in Wasser eingelegt haben.

Falls Sie zufällig im Hinterhof Tiere halten wie Schafe oder eine Kuh, können Sie zur Not im Winter den gekochten Efeu in kleinen Mengen als Heu verfüttern. Das Kochwasser nimmt das giftige Hederin auf und wird weggeschüttet. Das Wort „Efeu" stammt wohl ursprünglich von „epheu" und meint Ewigheu, eben auch im Winter und eben „Heu" (Machatschek). Er hat auf das Vieh eine aufputschende Wirkung und steigert sogar die Milchleistung bei Kühen.

An einer mit Efeu begrünten Fassade wohnen viele Vögel, die dort vor Regen, Wind und Feinden geschützt ihre Babies groß ziehen können und dabei allerlei Insekten verspeisen.

Das begrünte Haus minimiert äußere Temperaturschwankungen. Es ist im Winter wärmer, im Sommer kühler. Auch kann eine Berankung eine unschöne Fassade verdecken. Nicht umsonst heißt der schnell wachsende windende Knöterich (Fallopia aubertii) aus dem Gartencenter „Architekten-Trost", weil er ultraschnell die Macken verdeckt, allerdings nur im Sommer. Bei diesem Problem nehmen Sie zusätzlich Efeu. Der ist immergrün. Allerdings braucht er ein paar Jahre.

Der Segen der Migranten: Überall im Ruhrpott

Darf ich in der essbaren Stadt auch die Migranten zulassen? Ich meine natürlich die Pflanzen, diese oft ungeliebten Neubürger, die sogenannten Neophyten, die nicht selten zu erbitterten Debatten zwischen Botanikern, Stadtplanern, Umweltschützern führen.

Wie unsere Vegetation wohl ohne Migranten aussähe? Es gäbe keine bunten Spätherbst-Ränder an den Autobahnen. Der herbstlich gelbe Sonnenschein dort kommt nämlich aus Südafrika. Mittlerweile blüht im Herbst bis zum November an den Straßen flächendeckend das schmalblättrige Greiskraut: Senecio inaequidens.

Kastanie

Es gäbe nicht diese herrlichen, im September so hübsch weiß blühenden Orgien des japanischen Knöterichs, es gäbe nicht die dunkelgelbe Wucht der aus Kanada stammenden Goldrute auf den Brachflächen, die so wundervoll die Nieren heilen, nicht die pinke Masse an hummelverliebtem Springkraut an den Flüssen oder den lilafarbenen, von Schmetterlingen hoch verehrten, Sommerflieder.

Ausgerechnet so viele Migranten im Ruhrpott. Viel mehr als in Bayern! Soll ich das als symbolische Geste der Natur auffassen? Weil wir tatsächlich so viele Migrantenmenschen im Pott haben? Sind diese Pflanzen mit den Einwanderern gekommen? Oder wegen ihnen? Damit diese auch ein Stück Heimat hier haben? Kommen sie, weil unsere deutsche Flora (Bevölkerung) ausstirbt und dringend Nachwuchs her muss, also sozusagen Fachkräfte?

Da stelle ich mir auch die Frage, ob ich als „Öko-Aktivistin" und Greenpeace-Mitglied die Neuen bekämpfen muss, damit die alten Auenlandschaften so bleiben wie sie sind, mit Einheimischen eben. Eine viel diskutierte Frage. Ich meine, dass alle Botanik stetem Wandel unterliegt. Dass alle eine Daseinsberechtigung haben, die alten Auenlandschaften natürlich, aber eben auch die Neulinge.

Ich könnte mir auch die Frage stellen, ab wann ich die Pflanzen als Fremdlinge bezeichnen will, denn im allerengsten Sinne sind auch Kastanien Migranten, die ursprünglich aus Kleinasien und dem Mittelmeergebiet stammen. Auf diese wundervollen Prachtbäume möchte heute sicher niemand mehr verzichten.

Oder auf die ebenfalls mediterranen Platanen und deren herrschaftlich anmutende Alleen, z.B. mitten in Dortmund an der B1. Kastanien und Platanen verbreiten sich allerdings kaum von alleine und bergen nicht die Gefahr, alles zu überwuchern.

Vor einigen Jahren habe ich einmal als Biologin im Botanischen Garten in Bochum gearbeitet. Neben der Planung hatte ich die Aufgabe, die Pflanzen richtig zu beschildern. Die Pflanzen wussten davon allerdings nichts. So war das Schild ein Jahr später noch da, die Pflanze aber oft schon nicht mehr oder einen Meter daneben. Kann man Botanik einfrieren?

Jede Pflanze hat ein Geschenk für uns. Wir müssen es nur herausfinden.

Das drüsige Springkraut – Nüsse für alle Fälle

Ich finde es herrlich, dass sich das drüsige Springkraut, welches ursprünglich aus Asien kommt, so ausgebreitet hat. Seine Nüsse sind lecker und die Blüten helfen äußerlich aufgerieben oder zwischen die Zehen gesteckt gegen Fußpilz. Eine preiswerte und wirkungsvolle Methode. Viele Fungizide in den Antipilzsalben sind heute schon zum großen Teil wirkungslos, weil die Pilze sie seit Jahren schon aus den Cremes kennen, aber noch mehr aus den mit Fungiziden ausgerüsteten Synthetik-Schuhen und Socken. Knoblauch ist auch eine Alternative im Kampf gegen Fußpilz, aber die Springkrautblüten riechen besser.

Die meisten Menschen finden die rosa Springkrautweiden einfach schön, wenn auch die Geschmäcker bezüglich des Duftes verschieden sind. Es liefert uns indisches Flair am Wasser, am Wegrand, auf der Waldlichtung. Versuchen Sie einmal eine Meditation neben einem Springkrautbestand, wenn die Bienen und Hummeln in die einzelnen Blüten krabbeln und ganz darin verschwinden. Vielleicht können Sie auch die Liebe der Tiere zu diesen Pflanzen spüren.

Auch im November noch esse ich mich auf meinen Herbstspaziergängen im Wald an Springkrautnüssen satt. Und freue mich an den bizarren Formen.

„Palast des Maharadscha"

Springkraut – eine Wucht in pink

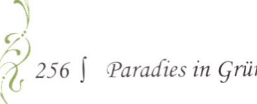

Wegen der hübschen Blüte hat sich die Pflanze wohl den Volksnamen „Orchidee des kleinen Mannes" verdient. Wolf Dieter Storl nennt sie in seinen Büchern sogar „Palast des Maharadscha". Recht hat er!

Wussten Sie, dass die Springkrautblüten zehn Mal mehr Nektar liefern als unsere einheimischen Pflanzen?

Aber auch unsere einheimischen – Moment! Einheimisch? Sie sind auch vor Jahrzehnten aus dem Osten eingewandert – Springkräuter haben essbare Nüsse und gewagt schaukelnde Blüten, allerdings in goldgelb. Sie bevölkern unsere Wälder.

Schneckenaugen an den Stängeln und rosa Blattrand – faszinierend (Bild l.)

Impatiens noli-tangere, das ungeduldige Rühr-mich-nicht-an (Bild r.)

Sommerflieder und Co. – Schönheit an der A43

Ebenso schön finden Sie vielleicht auch den „Sommerflieder", die Buddleia, eine von Schmetterlingen geliebte Pflanze, die u.a. unsere Autobahnmittelstreifen schmückt.

Auch der Sommerflieder ist ein südländischer Neubürger, der im Ruhrgebiet zuerst die alten Halden und Industriebrachen mit seinen lila Farbtönen schmückte und sich heute überall ausbreitet. Als Studentin durfte ich einmal an einem Projekt teilnehmen, welches die Flora der Industriebrachen erforschte, bei Hoesch in Dortmund, auf der Henrichshütte in Hattingen, auf alten Bahnhofs- und Zechenanlagen. Wir waren alle fasziniert von der Farben- und Blumenvielfalt in rot, blau, lila und gelb. Das meiste waren Neubürger aus dem Süden, die auf den dunklen, heißen Steinböden der Halden oder Industrieflächen gut gediehen und sogar zwischen den – mit Pestiziden gespritzten – Schienen wuchsen! Heute sind solche Brachen selten geworden. Die bunte Schönheit ist oft nicht mehr zu finden, die Brachen sind überbaut oder von Gebüschen oder Wald überwuchert.

Es gilt herauszufinden, was diese neuen Pflanzen uns bieten möchten. Schönheit für Brachflächen? Heilwirkungen? Weiden für Schmetterlinge und Bienen?

Lange habe ich gehadert mit dem Riesenbärenklau, der Herkulesstaude. Mir fiel nichts Positives zu seinem Dasein bei uns ein. Aber nun weiß ich es: Ein Imker aus Wetter-Wengern hat herrlichen Herkulesstauden-Bienenhonig – gewonnen in den Wittener Ruhrauen (Imker Müller, ausgezeichnet mit einer Goldmedaille der Landwirtschaftskammer). Also ein Geschenk an die Bienen! Und an uns.

Goethe hatte schon EINE solche Pflanze in seinem Garten in Weimar und ließ sich extra ein Podest errichten, um von oben auf den herrlichen Blütenschirm zu schauen.

Ich finde ihn auch wunderschön. Diese Riesenschirme haben etwas Erhabenes, Überirdisches. Und erinnern Sie sich noch an das Lockmittel für meine geliebten Schwebfliegen? Die ja dann meine Läuse essen sollten? Es waren doch gerade die Doldenblütler, die meine Lieblinge anzogen.

Sommerflieder — präsent an allen Autobahnen (Bild l.)

In diesen Auen weiden die Bienen auf der Herkulesstaude, Witten-Herbede (Bild r.)

Sonniges Greis-
kraut an der Straße

Ich erinnere mich an einen Film aus Russland, in dem ein Musiker eine lange Wanderung durch einen Wald unternahm, auf
der Suche nach einer wertvollen, aber seltenen Pflanze. Er suchte
eine Herkulesstaude, um sich daraus ein Didgeridoo zu schnitzen. Ein Bochumer Musiker hat es ihm nachgemacht.

Alle Versuche, ihn zu bekämpfen, sind bisher fehlgeschlagen.
Im Ruhrgebiet gab es Selbsthilfegruppen, die sich in Vollschutz-
anzügen trafen, um ihn zu mähen. Selbst ein Arzt des Herdecker Krankenhauses hatte eine Gruppe Freiwilliger zusammen-
getrommelt. Ohne Erfolg. Wenn man die Pflanze mäht, wird die
bis dahin „Einjährige" zur Staude. Und die Menge der produzierten Samen ist sowieso unbezifferbar.

Die einzigen Tiere, welche uns vor der totalen Überwuche-
rung durch die großen Stauden schützen können, sind die
Schafe. Sie fressen alles mit Stumpf und Stiel und sind mittlerweile in Hattingen, Bochum und Herdecke als „Retter der
Ruhrauen" eingesetzt.

Was wollen eigentlich im Spätherbst die südafrikanischen
Greiskraut-Massenbestände an unseren Autobahnen? Ich habe
gesehen, dass sie bis November blühen, wenn bei uns schon
Sankt Martin gefeiert wird und die Menschen schon Lebkuchen
essen. Wenn alles andere bei uns verblüht ist, können sie einigen noch spät im Jahr fliegenden Insekten Nahrung liefern. Ich
finde es schön, eine gelbe Herbstsonne entlang der öden Auto-
bahnränder zu sehen.

„Retter" der
Ruhrauen

Die besten Wildpflanzen in der Stadt | 259

Eine Denkaufgabe: Warum haben sie sich ausgerechnet in den letzten Jahren so ausgebreitet? Vielleicht, weil wir besonders viel Salz im Winter benutzt haben, was alle anderen Pflanzen am Straßenrand geschädigt hat? Warum wachsen sie fast als Monokultur? Um uns zu zeigen, wie das ist? Monokultur?

Knöterich – ein Segen für Kinder und Kranke

Für den einen ist es der „Architektentrost", da er in kürzester Zeit unschöne Mauern oder Bausünden verdeckt, allerdings nur von Mai bis September, für den anderen ein Schönling mit seinen herzförmigen Blättern.

Die Dritten, Bienen, Imker und Honigfreunde, lieben seinen Nektar. Für die Vierten ist es eine verhasste Pflanze, die einfach alles zuwuchert, für Chinesen, Japaner und Kundige der TCM ist es eine der heilkräftigsten Pflanzen der Welt.

Um es gleich vorweg zu sagen: Ich liebe den japanischen Knöterich!

Vielen ist dieser „Bodendecker" mit seinen meterlangen im Boden vorpreschenden Rhizomen verhasst, die in kurzer Zeit große Gartenbereiche durchwühlen und die einheimische und angebaute Flora verdrängen.

Ich möchte Sie an meiner Begeisterung teilhaben lassen, denn ich glaube, dass die Ausbreitung dieser Pflanze für uns eine zukunftsträchtige Bedeutung hat.

Sie verbindet asiatische Schnellwüchsigkeit mit blütenheller Reinheit, welch faszinierende Mischung! Bei meinen Pflanzenwanderungen schenkt er mir immer für die Kinder (und die Erwachsenen) die frischen lustigen „Öko-Vuvuzelas". Dazu schneidet man mit der Rosenschere ein Stück seines Stängels ab, wobei an einer Seite ein Knoten dran bleiben muss und bläst – wie auf einer Flasche – von oben hinein. Ein klarer voller Ton entsteht. Diese selbst gebaute Tröte eignet sich unbedingt als Tröte zur Fußball-WM! Und ist viel leiser, angenehmer und umweltfreundlicher als die echten Vuvuzelas damals.

In meinem früheren Leben als MTA habe ich manchmal nachts, wenn nichts zu tun war, mit Reagenzgläsern ein Musikinstrument gebaut: Viele nebeneinander in einem Ständer wur-

den mit unterschiedlichen Wasser-
mengen gefüllt und dann angeblasen.
Die Stimmung des „Instrumentes"
dauerte nicht ganz so lange wie beim
Schnitzen der Vuvuzelas, war dafür
aber am nächsten Morgen schon wieder hin, weil das Wasser unterschiedlich schnell verdunstete. Außerdem
brauchten wir die Reagenzgläser.

Wenn Großväter mit ihren Enkeln
auf meine Wanderungen mitgehen,
wird meist hinterher aus Knöterich
eine Panflöte gebaut, indem man verschieden lange Stängelstücke schneidet
und diese stimmt. Dazu ist allerdings
Musikalität erforderlich sowie einiges
an Fingerspitzengefühl, denn ein mm
mehr oder weniger wirkt sich eventuell für musikalische Ohren schon ver-
heerend aus. Danke mal eben an den
Knöterich, dass er so üppig wächst,
dass man genug Stängelstücke zum
Ausprobieren geliefert bekommt. Die
Öko-Vuvuzela ist (im Gegensatz zur
Reagenzglas-Panflöte) was fürs Leben,
da die Aststücke braun vertrocknen
und sich dann nicht mehr verstimmen.
Damit hätten wir hier für die Kinder
schon mal ein spannendes Öko-Spiel-
zeug.

Bei einer meiner Kräuter-Wande-
rungen habe ich den „alten Knappen"
beim Knappentag der Zeche Nachtigall
in Witten ein paar solche Flöten geschenkt. Ich hatte für diesen Event extra lange mit tiefen sonoren Tönen geschnitten, und im Wittener Ruhrtal
hörte man den ganzen Tag, wie viel
Spaß sie damit hatten.

So schön kann ein Blatt sein

Kröterich-Knoten – „Nomen est eben omen"

Knöterich-Flöten vom Ruhrufer

Schönheit am Ruhrufer

Ursprünglich hatte man den Knöterich um 1823 als Zierpflanze nach Europa geholt. Das kann ich gut verstehen, denn mit seinen elfenbeinfarbenen überhängenden zarten Blütenrispen und der besonderen Blattform ist er doch eine Schönheit!

Außerdem hatte man sich gedacht, dass diese schnell wachsende Pflanze eine ideale Grundlage für die Viehfütterung darstellte. Allerdings mochten die Kühe und Hirsche ihn nicht. Ich vermute, dass er ihnen einfach zu sauer ist. Das sind unseren heimischen Tiere nun mal nicht gewöhnt. Bis heute haben sie ihre Meinung dazu nicht geändert.

Ein deutsches Tier gibt es, welches diesen Knöterich toll findet: die Biene. Knöterich-Honig soll toll schmecken.

Wenn man im Frühling an den Stellen steht, an denen er im letzten Jahr noch üppig wuchs, denkt man, der Winter hätte ihm den Rest gegeben. Nicht ein Blättchen ist im April zu sehen. Irrtum!

Er zeigt sich spät, aber dann richtig! Ab Mai schafft er einen Zuwachs von 10 – 30 cm pro Tag! Man kann dabei stehen und ihn wachsen sehen. Dies ist die typische asiatische Leistungsfähigkeit. Die kennen wir ja ähnlich schon von rotem Springkraut und Herkulesstaude, die ebenfalls den asiatischen Geist in sich tragen. Innerhalb weniger Tage wird aus dem gärtnerischen Nichts eine hübsche üppige Strauchlandschaft.

Rhabarber? Nein Knöterich (Bild l.)

Schokopudding mit Knöterich-Ringlein und Knöterich-Blattspitzen (Bild r.)

Hinsichtlich der Idee einer essbaren Stadt finde ich: Er ist DAS GOURMETKRAUT! Das wussten Sie noch nicht?

Im Mai (und nur dann) sollte man einmal die Stängel probieren: Mit einem scharfen Messer Stücke schneiden, wie Rhabarber die äußerste rötliche Haut dünn abschälen und beherzt hineinbeißen. Für die Verpimpelten kann ich tröstend sagen: „Sauer macht lustig!"

Mein bestes Geschmackserlebnis war ein Schokopudding mit von mir frisch gesammelten und in kleine Ringe geschnittenen Knöterichstücken. Der Pudding war eine Augenweide, denn ich habe ihn theatralisch Mandala-mäßig belegt und die frische Säure machte dieses Gericht dann zu einem 7-Sterne-Erlebnis.

Guten Appetit!

Für Menschen, die gerne backen oder kochen: Diese frischen Stängel, geschält und ohne die Knoten, kann man wie Rhabarber verwenden. Ich höre von Teilnehmern, die daraus Kuchen und Mus machen. Bei einigen fällt es seitdem in die Rubrik „Möchte nie mehr was anderes essen".

Aber auch die jungen Triebe mit ihren frischen, zarten saftigen, eingerollten Blättchen schmecken köstlich. Wenn Sie den Geschmack von Sauerampfer aus Ihrer Jugend kennen, können Sie sich ungefähr die Geschmacksnote vorstellen. Die japanischen Kinder essen ihn wie unsere Kinder den Sauerampfer, was an sich kein Wunder ist, denn beide (Pflanzen) sind nahe miteinander verwandt!

Ich liebe sie bei meinen Spaziergängen als Knabberei am Wegesrand, allerdings nur solange sie noch ganz zart und jung sind.

Wenn Sie nun immer noch nicht ganz mit der üppigen japanischen Wuchskraft versöhnt sind und das alte Feindbild in sich tragen, möchte ich Ihnen weitere sensationelle Eigenschaften des Krautes mitteilen. Er könnte eine aufregend gute Heilpflanze für uns sein. Wolf Dieter Storl hat in seinem Buch über natürliche Borreliose-Heilung zusammengetragen, wozu man diesen Knöterich in Asien benutzt, und die Breite der Heilwirkungen scheint mir überwältigend. Allerdings ist die Zubereitung der Medizin recht aufwändig. Man muss die Rhizome ausgraben, säubern, trocknen und mahlen. Das Pulver wird dann 20 Minuten gekocht, abgeschüttet und der Absud als Tee getrunken.

Ich weiß jetzt, warum sie noch nicht den Weg in unsere Drogerien und Apotheken gefunden hat. Als ich mir ein Stück ausgraben wollte, weil ich immer gerne die komplette Heilapotheke im eigenen Garten habe, wurde ich mit ungeahnten Schwierigkeiten konfrontiert.

Am Kemnader Stausee und an der Ruhr gedeiht er in seiner üppigsten und schönsten Form. Ich machte mich also mit einem Spaten und Eimer auf den Weg, um ein winziges Stückchen auszugraben. Ich grub und grub: Die Wurzel war steinhart!

Als ich schließlich wild auf meinem Spaten rumsprang, um auch nur ein Bruchstück dieser Riesen-Wurzel abzubekommen, hatte ich schon eine Menschenmenge um mich herum. „Was macht die denn da?", „Kann ich Ihnen vielleicht helfen?" oder „Was wollen Sie denn mit diesem schrecklichen Unkraut?" Hier verweise ich mal eben auf Kapitel 1: Falls Sie unter Einsamkeit oder Kontaktarmut leiden, graben Sie doch einfach mal an einer frequentierten Stelle eine Knöterichwurzel aus, vielleicht lernen Sie dabei noch den Partner Ihres Lebens kennen.

Das Ende vom Lied: Mir war nicht zu helfen. Ich bin dann nächstes Mal (heimlich abends) mit einer Säge wiedergekommen, habe ein Stückchen abgesägt, mit nach Hause genommen und draußen etwas davon als Heilmittel mit einer Holzraspel geraspelt. Ein Stück habe ich mir in den Balkonkasten gepflanzt, damit ich beim nächsten Wurzelbedarf ohne Paparazzi graben kann.

Nun habe ich also dieses Wundermittel daheim. Mittlerweile ordne ich es ähnlich ein wie Salbei. Es gibt fast nichts, wogegen der Knöterich nicht hilft.

Staudenknöterich soll (laut Recherchen von Wolf-Dieter Storl) gegen Viren helfen, was ich schon mal wunderbar finde, da wir gegen Viren ja noch nie wirklich viele Mittel hatten. Er soll gegen Bakterien helfen, was ich noch besser finde im Zuge einer wachsenden Zahl von Keimen, die resistent gegen Antibiotika sind. Er soll auch noch genau gegen die wirken, die schon nicht mehr auf Antibiotika reagieren, nämlich zum Beispiel die typischen Eitererreger Staphylokokken und Streptokokken, von denen es ja in den Krankenhäusern diese multiresistenten gibt wie MRSA und Co.

Heilmittel aus Knöterich

Ein Rezept aus dem Buch von Wolf-Dieter Storl „Borreliose natürlich heilen": Die Wurzel wird im Spätherbst oder Frühling ausgegraben, getrocknet und zu Pulver verrieben. Man lässt das Pulver 20 Minuten in Wasser köcheln, dann seiht man ab und trinkt mehrere Tassen über den Tag verteilt. Die Tagesdosis des verwendeten Pulvers soll 9–30 g sein.

In diesem Zusammenhang wirkt er wohl auch gegen Borrelien, die nach einem Zeckenbiss die Borreliose hervorrufen können. Außerdem ist er pilzhemmend und damit geruchlich (zusammen mit Springkrautblüten) besser als die Knobi-Variante im Schuh.

Des Weiteren scheint er ein Heilmittel für Herzpatienten zu sein, da es den Blutdruck und den Cholesterinspiegel senken soll. Ein Allheilmittel für genau unsere „Zivilisations-Krankheiten".

Neuerdings hat man sogar noch Resveratrol in ihm gefunden, einen Super-Inhaltsstoff gegen Krebs. Die Wunderdroge also? Höchste Zeit, dass wir diese überall so üppig wachsende Pflanze mit freundlicheren Gedanken ansehen.

Für Gartenliebhaber hat unser Knöterich noch ein besonderes Geschenk. Wenn Sie aus den Blättern Tee machen, können Sie mit diesem Tee Pflanzenpilze abwehren, denn der hilft gegen Mehltau, Krautfäule an den Tomaten und Grauschimmel bei Paprika. Diese Pflanze ist doch wirklich ein Schätzchen!

Trotz aller tollen Eigenschaften kann ich nicht verhehlen, dass sein unbegrenztes schnelles Wachstum auch mir manchmal Angst macht. Zeigt er doch auch, was an den Standorten geschieht, wo ihm niemand Einhalt gebietet: Es wächst nichts anderes mehr. Wenn wir uns auf der Erde mit unserem Wachstum auch so ausbreiten, brauchen wir bald noch mehrere Erden. Will er uns das zeigen? Als ursprünglich aus China/Japan stammend, wo momentan das größte Wachstum stattfindet?

Immergrüne – wozu?

Eine Antwort auf diese Frage könnte lauten: Selbst DIE Menschen, für die der schönste Garten ein Stück grün gestrichener Beton ist, wissen ab dem superlangen Winter von Anfang 2012 frische grüne Blätter zu schätzen. Es macht doch allein die Sonne noch keinen Frühling.

Ich liebe seitdem die Lebensbäume, Zypressen und Wacholder. Früher habe ich immer so leicht arrogant auf diese Gewächse geschaut. Eibe, Efeu, Fichte? Das war bestenfalls etwas für den Friedhof. Eben nicht! Wenn nicht der Ilex und die Fichten im Wald und die frische grüne Lorbeer-Kirsche in meinem Garten gewesen wären, wäre ich an der langen Braun-Grau-Weiß-Kalt-Depression eingegangen!

Danke mal eben an all diese Immergrünen, die selbst im tiefsten, trockensten und längsten Winter immer noch so frisch grün aussehen, als wäre nichts gewesen. Jetzt weiß ich auch, warum der „Lebens"baum so heißt und warum der Efeu das Symbol der Unsterblichkeit ist.

Ich war in den letzten Wochen dieses langen Winters 2012 heimlich ab und zu auf Wittener Friedhöfen unterwegs, um mich an dem dortigen Grün zu laben, den herrlich grünen Rhododendren, den Eiben und den Buchsbaumhecken, oder in Bommerholz in den Wäldern in der Nähe des Elbschebachtals, wo neben kahlen Buchen grüne Fichten- und Kiefernforste leuchten. Und im Muttental, wo ich den Ilexen tief in die grü-

Ilex-Leuchtkraft
(Bild l.)

Efeu-Herz
(Bild r.)

nen Blätter geschaut habe. Das hat gegen die Winterdepression geholfen.

Die Immergrünen sind aber auch ganz praktisch im Frühling:

Wer unter Erkältungen leidet, kann sich im Frühjahr die frischen grünen Fichtenspitzchen einverleiben, gleich roh am Wegesrand oder für die, die es gerne komplizierter haben, als Tee (Inhalation oder Trinken bei Husten) oder als „Fichtenhonig" gekocht für die hustenden Kinder:

Fichtenhonig

Frische weiche Maitriebe von Fichten in einem Glas mit Wasser bedecken, Glas verschließen und vier Tage in die Sonne stellen. In einen großen Topf füllen und einige grüne Blätter von Erdbeeren zufügen. Alles 20 Minuten kochen, dann sieben. Die Flüssigkeit 1:1 mit Zucker mischen und kochen, bis es eindickt. In kleine Gläser füllen und sofort verschließen.
Bei Husten einen Teelöffel voll einnehmen. Wirkt reizlindernd und Auswurf fördernd, bei Bronchitis und Grippe.

Das Rezept stammt aus dem Buch von Rita Pilaske: „Heilkraft der Bäume", Mainz 2002. Wer auch noch Rezepte mit Kiefer, Wacholder und Laubbäumen braucht, wird dort fündig.

Farne – die sichersten Mittel gegen Hexerei

Wenn sich ein wilder Farn in den Stadtgarten verirrt, darf man sich über diese Rarität freuen. Und seine Schönheit genießen. Nicht umsonst heißt das Wort Farn „Feder" oder „Flügel".

Als Kind hatte ich Lieblingsverstecke in dem fast undurchdringlichen Adlerfarngestrüpp am Waldrand. Mit den großen Wedeln haben wir unsere Baumhütten ausgepolstert mit dem Nebeneffekt – wie ich heute weiß –, dass Schnecken, Flöhe, Läuse und Hexen fern blieben. Ich liebte den Farn so sehr, dass

Adlerfarn mit Schnauze und Hörnern –
komischer Adler …

Die „Bischofsstäbe" des Wurmfarns

Ein Herz!

man mich auch – wie in England die Hasen – als „fernsitter" (Farnhocker) hätte bezeichnen können. Als Kind schon habe ich immer die Herzchen in den ersten Spitzen gesucht.

Mit ihm hat man nicht nur ein Zauberkraut, sondern auch noch ein Anti-Schmerzmittel im eigenen Garten.

Getrocknete Farnblätter kann man in ein Kissen nähen und dieses bei Schmerzen auf die entsprechende Stelle legen. Dies wirkt lindernd bei Rheuma- und Gichtschmerzen, bei Nervenleiden und Kopfschmerzen. Gerade bei chronischen Krankheiten bietet es sich als Alternative zu „Diclofenac" an, einem Schmerzmittel, welches unter anderem als Nebenwirkung Herzinfarkte fördert und – wenn es in die Gewässer gelangt – massiv die Fische schädigt.

Da ich manchmal auch im Winter ein Schmerzmittel brauche, setze ich mir eine Farnspitzen-Tinktur an.

Wenn man den Farn im Garten satt hat, kann man mit den gejäteten Wedeln eine Brühe ansetzen. Man legt sie eine Woche in Wasser, siebt und spritzt damit völlig pestizidfrei die Rosen gegen Läuse und die Obstbäume gegen Rostpilze.

Die übrigen Wedel kann man im Keller benutzen als Unterlage für gelagertes Obst, welches dann länger frisch bleibt.

Wer noch Farn übrig hat, kann ihn zwischen die Erdbeeren legen. Den mögen die Schnecken gar nicht!

Auch zwischen den Kartoffeln eignet er sich als Mulch. Dann spart man sich den Kali-Dünger.

Auf anderen Pflanzen ist er als Mulch nicht geeignet. Wie ich als Kind schon fest-

Farnspitzen-Tinktur gegen Schmerz

Dazu sammle ich im Frühjahr 100 Gramm Farnspitzen, z.B. die herrlich eingerollten „Bischofsstäbe" des Wurmfarns oder die Blattspitzen des Frauenfarns, und lege sie für zwei Wochen in 500 ml Wodka. Dann wird gesiebt und durch einen Kaffeefilter geschüttet und die Tinktur in dunkle Gläschen gefüllt. Fertig ist das für ein Jahr haltbare Schmerzmittel für die äußere Anwendung. Schmerzende Stellen werden damit eingerieben. Die Einreibung hilft gegen Rheuma-, Nerven- und Gelenkschmerzen.
Warnung: Offene Wunden darf man damit aber nicht einreiben! Die Tinktur ist ausschließlich für den äußerlichen Gebrauch!

stellte, lässt zumindest der Adlerfarn niemanden neben sich hochkommen und so wirkt der Farnmulch auch.

Essen kann man ihn leider nicht. Allenfalls ein winziges Spitzchen des allerersten eingerollten Frühlingsblattes probieren. Das schmeckt übrigens köstlich! Mehr davon ist allerdings giftig.

Wenn Sie im Ruhrgebiet einmal eine Bergtour planen – zum Beispiel an den Steilhängen an der Ruhr (Hohensyburg) oder an der Wupper (Beyenburg), können Sie vorher Farn in Ihre Schuhe legen. Die Füße werden dann nicht mehr müde. Das wussten schon früher die österreichischen Bergsteiger, die zusätzlich noch Beifuß (wie der Name schon sagt) dazu legten.

Ich möchte auf meine Farne im Garten nicht mehr verzichten!

Wurmfarn – als Zauberkraut der männliche Part (Bild l.)

Frauenfarn, die weibliche Komponente, sieht ja auch viel zarter aus … (Bild r.)

Mein Stadtparadies 2025

Die Sonne scheint. Wo die Kinder wohl sind? Natürlich draußen unter den alten Platanen auf dem Spielplatz! Wir wohnen an einem kreisrunden Platz autofrei mitten in der Stadt. Der Platz wird eingerahmt von einer Reihe Holzhäuser, vor denen eine Allee Apfelbäume steht, die gerade herrlich rosa blüht.

Ich erinnere mich an das herbstliche Apfelfest, das wir dort letztes Jahr mit allen Anwohnern gefeiert haben. Die Bäume waren übervoll mit schönen gesunden Früchten. Diese große Fülle haben wir dem älteren Herrn von gegenüber zu verdanken, dessen Hobby die Bienenzucht ist. Zweimal im Jahr lädt er uns in seinen Garten ein, wo wir die Bienen besuchen und seinen neuen Honig probieren dürfen.

Meine Erinnerungen ans Herbstfest kreisen um Apfelsaft und Apfeltorte. Die Kinder hatten mit Begeisterung die Äpfel eingesammelt, die von zehn verschiedenen Sorten stammten und dann aus den geschälten Stücken für uns ein Rätsel gebastelt: „Probiert mal, welche Sorte ist es?" Das war gar nicht so einfach: sauer, säuerlich, süß, fest, saftig, mehlig, mürbe … Es gab u. a. die Sorten Klarapfel, Boskoop, Jonagold, Berlepsch, Undine und Idared. Die alte Frau Schmitt von nebenan hat gewonnen. Sie kannte die vielen Sorten noch aus ihrer Kindheit.

Die alten Damen der Siedlung saßen auf den Bänken im Kreisel und nahmen die Äpfel entgegen, um sie zu schälen, und wir Mütter und Väter hatten die Ehre, die Kurbel der Apfelsaftpresse bedienen zu dürfen. Die Apfeltorten hatten wir schon vorher gebacken. Was es da alles gab: Eine mit Baiserhaube, Apfel-Schoko-Kuchen, Quark-Apfeltorte, Apfelsoufflé, -klöße, -waffeln, mit Streuseln, Bratäpfel. Ich freu mich schon aufs nächste Mal.

Da zwischen den Äpfeln auch Pflaumen-, Kirsch- und Mirabellenbäume stehen und der Holzzaun zum Spielplatz noch mit Himbeeren berankt ist, sollten wir vielleicht öfter solche schönen Feste veranstalten. Das Gute ist, dass die Menge der Früchte gerade für alle Anwohner reicht und nicht solche Mengen runterkommen, dass man im Erntestress ist.

Die Kinder finde ich bei den Kaninchen, die unter der großen Platane in einem offenen Gehege leben. Heute sind meine Kin-

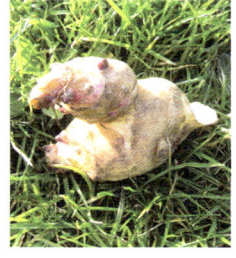

der mit Füttern dran. Die Tiere bekommen von den Anwohnern die Gemüsereste aus der Küche und einen Teil der unerwünschten Kräuter aus dem Garten.

Da können die Kinder übernachten

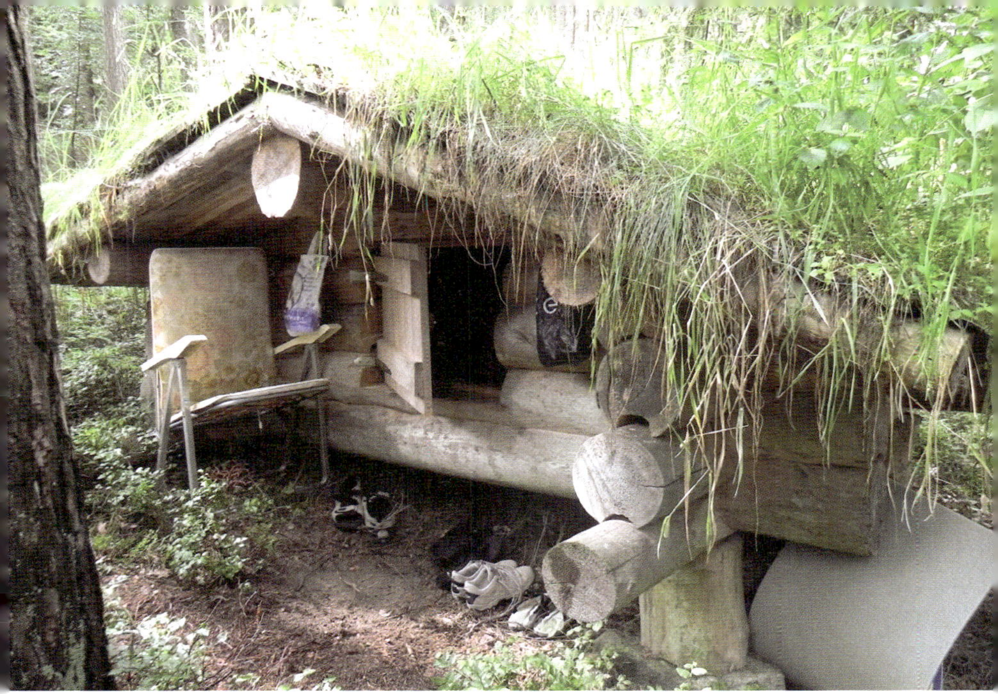

Morgen muss ich den Stall säubern und reparieren. Da sich alle Anwohner daran beteiligen, bin ich zum Glück nur alle sechs Wochen dran. Ich freu mich über den Karnickelmist, denn der gibt meinem Garten noch eine schöne Menge Gratis-Bio-Dünger. Ich baue dort 15 verschiedene Kartoffelsorten an und erfreue mich an den verschiedenen Farben, Formen und Geschmäckern.

Auch Topinambur wächst bei mir. Wenn geerntet wird, dürfen alle Kinder aus der Straße erst mit den Knollen spielen und daraus einen Zoo aufbauen, denn die meisten sehen wie Bären oder Hunde aus. Die Kinder prämieren dann immer die hübschesten Knollen.

Mit den schönen gelben Sonnenblüten der Pflanzen mache ich Sträuße, die die Kinder mit in die Schule nehmen. Wenn man den Topinambur ohne Blüten weiter wachsen lässt, werden die Knollen noch größer.

Topinamburknolle

Ich hole die Kinder zum Essen rein, es wird Zeit fürs Bett. Zum Abend dürfen die Kinder noch etwas fernsehen. Es gibt bei unserem spirituellen Stadtsender heute eine Sendung über die neuesten Kornkreise in England und spirituelle Musik aus aller Welt zum Mittanzen. Das finden alle immer ganz herrlich, im Schlafanzug, auf dem weißen Wolle-Teppich vor dem Einschlafen noch zu schöner Musik zu tanzen.

Endlich Ruhe! Ich gehe noch einmal raus in die laue Nachtluft und pflücke mir von unserem gemeinsamen Kräuterbeet auf dem Platz frische Lavendelblüten für meinen Schlaftee. Ich steche mich an den Brennnesseln und überlege, ob ich sie morgen dort entfernen soll. In dem Moment wird mir klar, dass sie auch deswegen da stehen, damit ich genauer hinsehe, auch aufmerksam für die Schönheit und Besonderheit der kleinen und überhaupt aller Kräuter werde. Ich werde sie trotzdem entfernen, damit die alte Dame von nebenan, die nicht mehr so gut sieht, sich nicht sticht, wenn sie dort Lavendel pflückt. Ich werde von den Brennnesseln Spinat kochen.

Der Spirit-Sender bringt eine Meditation, an der ich noch teilnehme. Dann kuschel auch ich mich in mein Bett und danke für die Schönheit und Vollkommenheit dieser herrlichen Schöpfung! Meine Träume handeln von knorrigen alten Baumschönheiten und bunten heiteren Herbstfesten.

Ursulas botanische Lieblingsbücher

Ich habe einige Hundert Bücher zum Thema Botanik, aber folgende sind meine Lieblingsschmöker.

Essbare Stadt

Breckwoldt, M.: Der Selbstversorger-Balkon, blv München 2012

Bridgewater, A. und G.: Selbstversorgung in Haus und Garten, Edition XXL Gmbh, Fränkisch Grumbach 2009

Mitchell, A.: Mein Küchenbalkon, Franck-Kosmos, Stuttgart 2012

Müller, C. (Hrsg.): Urban gardening, Über die Rückkehr der Gärten in die Stadt, oekom München 2011 (wissenschaftliche Analysen über Zeichen der Zeit, Beispiele, politische Folgen usw.)

Olkowski, H. und W.: Selbstversorgung in der Stadt, Pala Schaafheim 1975 (die lebenspraktischste Anleitung, schon von 1975, aber kolossal aktuell, lustig, lesenswert. Die Tipps sind Gold wert!)

Rasper, M: Vom Gärtnern in der Stadt, oekom München 2012 (Selbst gärtnern bedeutet: Mitentscheiden, aktive Teilnahme an der Lebensmittelerzeugung, schafft Autonomie, bringt Sortenvielfalt!)

Pflanzen bestimmen

Spohn, M. Aichele, D.: Was blüht denn da? Kosmos, Stuttgart 2010 (Über 500 Arten, jeweils mit Foto, geordnet nach Blütenfarben, Standardwerk für Anfänger. Aber auch andere ältere Ausgaben gleichen Titels mit Zeichnungen statt Fotos sind hilfreich)

Rothmaler, W.: Exkursionsflora von Deutschland, Gefäßpflanzen Atlasband, Spektrum Akademischer Verlag, Heidelberg 2009 (Bildband: Hier ist jede in Deutschland wild vorkommende Pflanze mit ihren besonderen Merkmalen in schwarz-weiß gezeichnet. Meine Bibel!)

Fitter. R. et al: Pareys Blumenbuch, Franck-Kosmos, Stuttgart 2007 (Über 2500 Arten, geordnet nach Pflanzenfamilien mit gemalten Bildern der einzelnen Pflanzen. Sehr schön, um Verwandtschaften zwischen Pflanzen zu lernen)

Kräuter/Heilkräuter

Arrowsmith, Nancy: Das Buch der heilenden Kräuter, Allegria, Berlin 2009 (Mit tollen Geschichten, alten Rezepten, Anwendungstipps, fantastisch zu lesen, eins meiner Liebsten)

Bühring, Ursel: Praxis-Lehrbuch der modernen Heilpflanzenkunde, Sonntag, Stuttgart 2009 (das dicke und teure Standardwerk für die medizinische Anwendung, wissenschaftlich und trotzdem angenehm zu lesen, hier steht alles drin, sehr detailliert)

Bühring, Ursel: „Alles über Heilpflanzen", Ulmer, Stuttgart 2011 (ein wunderschönes Buch mit schönen Bildern, zwischen den Zeilen fliegen Schmetterlinge und Bienen rum, mit ausgefallenen Rezepten zu den bekanntesten Heilpflanzen)

Die große Enzyklopädie der Heilpflanzen, Kaiser, Klagenfurt 1994 (eine alte Schwarte, im-

mer wieder neu gedruckt, jede Pflanze auf 2 Seiten mit detaillierter Anwendung, zum Teil altes überliefertes Wissen über Hausmittel, die in neueren Büchern nicht mehr stehen)

Kaufhold, Peter: PhytoMagister, Bd. 1 und 2, BoD, Norderstedt 2011 (ca. 120 Euro, wie eine Datenbank aufgebaute Bücher mit über 1200 Seiten, alles, was jemals über die Heilpflanzen geschrieben wurde, ist hier aneinander gereiht. Lehrbuch in einigen Heilpraktiker-Schulen. Hier steht auch bisher Unerhörtes drin, z.B. die Heilung von Prostatakrebs mit Brokkoli-Tee oder von Hautanomalien mit Wegerich-Tinktur/Curcuma. Wer noch mehr wissen will, kann die Datenbank kaufen für ca. 280 Euro, welche ca. 15000 gedruckten Seiten entspräche (unter phytomagister.de kann man eine Probeversion runterladen)

Pilaske, Rita: Heilkraft der Bäume, Fachverlag Dr. Fraund, Mainz 2002 (Heilkraft von Esche, Linde, Erle, Weide, Schlehe, aus Blättern, Früchten, Blüten. Sowas steht in den meisten anderen Büchern nicht)

Schönfelder, Peter und Ingrid: Der neue Kosmos Heilpflanzenführer, Kosmos, Stuttgart 2011.(Jede Pflanze mit Bild zum Erkennen, mit Heilanwendungen und im Anhang genauen Rezepten für Heiltees. Wirklich geeignet, um die Pflanze auch draußen erst mal zu erkennen, mit über 400 Pflanzenfotos. Auch Spezialarten werden hier erklärt)

Biologisch gärtnern

Bell, Graham: Permakultur praktisch, pala, Darmstadt 2006 (nur für Menschen, die in der Lage sind, im Garten das kreative Chaos zu ertragen)

Bell, Graham: Der Permakulturgarten, pala, Darmstadt 2006 (super gut zu lesen, verblüffende Erkenntnisse)

Braunroth, Eike: Heute schon eine Schnecke geküsst? Wega, Frankeneck 2002, Spirituelles Gärtnern in Kooperation mit der Natur

Kreuter, Marie-Luise: Der Biogarten, blv, München 2004 (Der Klassiker für jeden Biogarten, Tipps zu Anbau, biologische Schädlingsbekämpfung)

Rusch, Margit: Anders gärtnern, Ökobuch, Staufen 2011 (mit vielen Fotos, Super-Praxis-Anleitung, macht Lust zum Nachahmen)

Storl, Wolf-Dieter: Der Kosmos im Garten, AT-Verlag, Aarau 2011 (Das Spannendste, was mir je über bio-dynamische Garten- und Landwirtschaft untergekommen ist, spannend wie ein Krimi über liebenswerte Asseln, Lichtkräfte im Boden, den Kompost als Gartenherz. Mit diesem Buch entdecke ich spontan meine Liebe zur Erde, den Bodenbakterien, dem Wind und den Regenwürmern)

Bäume

Fischer-Rizzi, Susanne: Blätter von Bäumen, Heilkraft und Mythos einheimischer Bäume, AT-Verlag, München 2008

Laudert, Doris: Mythos Baum, blv, München 2009 (Ein Prachtband! Die schönsten Baumfotos, Mythen, Brauchtum, Heilkraft)

Strauß, Markus: Köstliches von Waldbäumen, Hädecke-Verlag, Weil 2010 (Rezepte mit Eicheln, Maronen, Lindenblüten und -kapern, Robinienblüten etc.)

Thoma, Erwin: Die geheime Sprache der Bäume und wie die Wissenschaft sie entschlüsselt, ecowin, Salzburg 2012 (seine Liebe zu den Bäumen hat mich fast zu Tränen gerührt. Wunderschön zu lesen)

Essbare Wildpflanzen

Fleischhauer, Steffen Guido: Kleine Enzyklopädie der essbaren Wildpflanzen, 1000 Pflanzen tabellarisch, AT-Verlag, München 2010, (Die BIBEL der essbaren Pflanzen! Was da nicht drin steht, esse ich nicht.)

Fleischhauer, Steffen Guido: Essbare Wildpflanzen, 200 Arten bestimmen und verwenden, AT-Verlag, München 2010 (für Anfänger, genaue Beschreibung der einzelnen Pflanzen)

Henschel, Detlev: Essbare Wildbeeren und Wildpflanzen, Kosmos, Stuttgart 2002 (Er beschreibt ausführlich die Verwendung und ordnet auf sehr witzige Weise die Kräuter nach Geschmacksqualität von 1 – 5! Er hat wirklich alles probiert)

Machatschek, Michael, Nahrhafte Landschaft 1 und 2, Böhlau, Wien 1999. (Er hat die „Alten" befragt und festgestellt, dass man von Pflanzen oft ALLES (ich meine wirklich ALLES!) gebrauchen kann, belaubte Äste als Heu oder Speiselaub, es gibt Mahonienrezepte, Eichelbrot, Ampfer –eingelegt wie Sauerkraut, Wildobst und viele weitere Überraschungen)

Mayer, Elisabeth: Wildfrüchte, Gemüse, Kräuter – erkennen, sammeln und genießen. Leopold Stocker, Stuttgart 2003 (Hier gibt es Rezepte konkret, bebildert und lecker, z.B. mit Bärenklau, Bärlauch, Löwenzahn, Veilchen, Schafgarbe, Vogelmiere)

Kochen mit Zierpflanzen

Heil, Alexander: Der Paradiesgarten, Essbare Stauden selbst angepflanzt, Ökobuch faktum, Staufen 2009 (Hier werden essbare Zierpflanzen beschrieben, allerdings viel weniger als ich erwartet hatte, es sind auch viele Wildpflanzen drin, die man aus andern Büchern kennt, dennoch eine lohnenswerte Übersicht.)

Kabitzsch, Martina: Blütenmenüs, Thorbecke, Ostfildern 2009. (Ein richtiges Kochbuch: Rezepte sind angereichert mit Zierblüten oder hauptsächlich aus Blüten)

Wolf Dieter Storl

Dieser Ethnobotaniker-Pflanzenschamane ist einfach ein Wunder! Er verbindet Wissenschaft mit Spiritualität, altes Heilkräuterwissen mit neuesten wissenschaftlichen Erkenntnissen, eine Fülle an Erfahrungen, verblüffenden neuen Forschungsergebnissen aus aller Welt und spannenden Geschichten. Und das alle mit einer umfassenden Liebe zur Schöpfung, die aus jedem Satz spricht. Fantastisch zu lesen! Jedes Buch von seinem mittlerweile über 20 ist empfehlenswert. Ich weiß gar nicht, welches mir am besten gefällt:

Ich bin ein Teil des Waldes Kosmos, Stuttgart 2003 (seine Lebensgeschichte, botanische Erinnerungen aus der ganzen Welt, spannend!)

Heilkräuter und Zauberpflanzen zwischen Haustür und Gartentor, Knaur, München 2007 (unsere Allerwelts-Rasenkräuter als Allesheiler)

Die Seele der Pflanzen, Kosmos, Stuttgart 2009

Borreliose natürlich heilen, AT-Verlag, Baden 2010 (Wer unter Borreliose leidet, sollte unbedingt sein Buch darüber lesen und es dann mit Karde und japanischem Knöterich versuchen. Meine Kursteilnehmer haben reihenweise von Heilungen berichtet, nachdem sie ihre selbst gemachte Kardentinktur eingenommen haben)

Pflanzendevas, Die geistig-seelischen Dimensionen der Pflanzen, Aarau, AT-Verlag, 2008

Wandernde Pflanzen, Neophyten, die stillen Eroberer, Aarau 2012

Das Herz und seine heilenden Pflanzen, AT-Verlag, Aarau 2010

Film „Pflanzenzauber", DVD, Aurum

Film „Heiler am Wegesrand", DVD, Aurum

Und weitere spirituelle Dimensionen

Zuther, Svenja: Die Sprache der Pflanzenwelt, AT-Verlag, Aarau 2010. (Persönliche Begegnungen mit Pflanzen, Interviews mit Pflanzen, incl. Heilwirkung, Geschichte und Geschichten, sehr schön zu lesen!)

Flensburger Hefte Naturgeister: mittlerweile 22 Bände, die schönsten: Was die Naturgeister uns sagen, im Interview direkt befragt, Gespräche mit Bäumen 1 und 2, Gemüsepflanzen

Wer mehr über Elementarwesen wissen möchte, lese am besten Thomas Mayer (Rettet die Elementarwesen1 und 2), oder auch Bücher von Marco Pogacnik.

Der besondere Tipp: Saatgutversand

Ein vielseitiger biologischer Saatgutversand ist der „Dreschflegel", ein Zusammenschluss von 14 Gärtnereien und Höfen, die seit 23 Jahren biologisches Saatgut herstellen mit 647 Samensorten im Angebot.

Dort gibt es alte Gemüsesorten, Blumen und Wildkräutersamen, Heilpflanzen und Wildgemüse. Mein Lieblingsgemüse von dort ist die Melde „Magenta Spreen" als Pflücksalat und Kochgemüse. Es gibt dort alte bunte Maissorten wie den schwarz-samigen Azteken-Mais und den roten Erdbeermais, marmorierte und gestreifte Linsen, Blattgemüse wie die Süßdolde, deren Samen einfach umwerfend süß und knackig schmecken (ähnlich Fenchel), wundersame Kürbisse, Andenbeeren und Wildkräuter wie Wermut, Engelwurz, Alant, Echinacea oder Benediktenkraut. Wenn Sie zu faul sind, Löwenzahn irgendwo auszugraben oder die kleinen Sonnenschirmchen selbst zu sammeln, können Sie selbst diese Samen dort in Bio-Qualität kaufen.

Bestellen kann man bei www.dreschflegel-saatgut.de oder Dreschflegel, Postfach 1213, 37202 Witzenhausen

Anhang: Quiz-Auflösungen

Lösung Löwenzahn-Quiz

1. a) 6 m, Mineralien, Blüten und Blätter b) Mineralien, c) Mineralien, Natrium, Kalium, Calcium, Magnesium, Phosphor, Silicium, Mangan, Eisen, Kupfer, Molybdän, Cobalt d) verspeist, Bienen, Honig, Karnickel, Fell, Blüten, Blätter, Pollen, Dünger e) andere, Wurzeln, Wasser f) Regenwürmer, der Boden besser fruchtbar g) Reifungsgas

2. 125.000, 25 Mio. (Eine Biene produziert in ihrem Leben etwa 1 Teel. Honig)

3. Ginseng

4. a) Diuretikum, Harn treibend, Kalium, b) Appetit, Verdauung c) Harnsäure, Gicht, Nierensteine d) Rheuma e) Blut, Gallenfluss f) Krebs

5. Körbchenblüter

6. Salat, Chrysanthemen, Astern, Gänseblümchen, Margerite, Calendula

7. Die Oma hat es zwar immer gesagt, aber nur, um die Kinder von den anderen Pflanzen mit giftigem Milchsaft fern zu halten, den Wolfsmilchgewächsen. Der Löwenzahnsaft ist nicht giftig. Maria Treben empfiehlt sogar, drei Wochen lang tgl. bis zu 10 Löwenzahnstängel zu essen. Dies soll gegen Pickel, Ausschläge und Hautjucken helfen.

Lösung „Welche Blüten sind essbar?"

Nicht essen kann man e) Eisenhut, f) Akelei, i) Hahnenfuß j) Seerose v) Ilex w) Rittersporn

Lösung Blütenmenü-Quiz

1. Dahlien, rein, herb, süß, Dahlien, Körbchen

2. Chrysanthemen, Margerite, Gänseblümchen, Kornblume

3. Nelken

4. Borretsch, Beinwell, Vergissmeinnicht

5. Stiefmütterchen, Veilchen, Stiefmütterchen, Eventuell mit Pestiziden belastet, Holland, sind möglicherweise mit noch mehr Chemie belastet

6. Hibiskus, Malve

7. Holunder, Mädesüß, Bärenklau

8. Senf, Kresse, Wiesen-Schaumkraut

9. Bärlauch, Zwiebeln, Knoblauch, Zierlauch

10. Löwenzahn

11. Mohn, Magnolie, Rosen

12. Nachtkerze, Königskerze

13. Pfingstrose, Phlox, Ringelblume, Robinie, Obstbäumen, Glockenblumen

14. Zucchini

15. Maiglöckchen, Schneeglöckchen, Osterglocke, Tulpe, Salomonssiegel

Lösung Heilkräuterquiz für Experten

1. Husten: a,e,n; Blasenentzündung g, h, i; Wunden e,g,m,n; Fußpilz a, b, g, j, n; Schmerz c; Verdauung e, f, j, n; Immunsystem j, k, l; Leber und Galle a, e, f, j, l

2. a, c, e, f, g, h, i, j, k, l

3. a,c,e

4. a

5. Thymian, Knoblauch, Zwiebel, Bärentraubenblätter, Spitzwegerich, Kapuzinerkresse, Isländisch Moos, Johanniskraut, Engelwurz-Wurzel (ätherische Öle), Lavendel (ätherische Öle), Meerrettich (Senföle), Brunnenkresse (Senföle)
6. Breitbandwirkung, Nebenwirkungen

Lösung Gänseblümchen-Quiz
1. Ewige Schönheit
2. Jahr, grünt, Winter
3. Margerite
4. Himmelsblümchen, Marienblümchen
5. Kinderblume, Sträußchen, Kränze, Puppen, Müttern
6. Hält, Köpfchen, geschlossen
7. Sonne
8. Salat, Smoothie, Eiweiß, Vitamine, Mineralien, Knospen, Blüten
9. Schleim, Hustentee, abführend, Schmerz stillend, Appetit anregend, Blut, Frühjahrskur, Gicht
10. Maßliebchen, Appetit, Mästen
11. Korb, Röhrenblüten, Zungenblüten, Löwenzahn, Einzelblüten
12. „Er liebt mich, er liebt mich nicht"

Lösung verschneite Gänseblümchen
Der „Schnee" sind die wolligen Haare der Pappelsamen. Sie streuen freigiebig ihre zart-lichten Samen in die Welt. Früher hat man die Pappelwolle gesammelt, um damit Kissen zu füllen, sicher eine mühsame Arbeit (obwohl ich es mir noch mühsamer vorstelle, dafür Gänse zu rupfen oder Schafe zu scheren, die Wolle zu waschen, zu kämmen …). Die Pappelsamen sind aber dafür garantiert „made in Germany", saisonal, regional und bio! Und so schön!! Alle Passanten – die möglicherweise sonst weniger Blicke für die grünen Wunder haben – bleiben stehen und staunen. Vielleicht hat die Pappel es auch dafür gemacht …

Lösung 14 verschiedene Baumblätter erkennen
1. Linde
2. Feldahorn
3. Rotbuche
4. Birke
5. Wildkirsche

6. Eiche
7. Spitzahorn
8. Esche
9. Kastanie
10. Eberesche
11. Hainbuhe
12. Weide (Salweide)
13. Hasel
14. Bergahorn

Lösung Mythos Baum-Quiz

1. d (hat roten Saft)
2. c
3. der Vater mit seinem Kind
4. Erle, Erlkönig
5. Buchecker (18-40 %)
6. Ilex (sticht, will keiner..)
7. Hollerbusch, Holunder
8. b
9. b, c, d
10. c, d
11. Alle sind richtig!
12. c

Lösung Brennnessel-Quiz

1. Bienengift, Histamin, Ameisen (Ameisen-säure)
2.a Calcium, Osteoporose, Zahn
2.b Eisen, Anämie
3. Leinen
4. Rudolf Steiner, Jauche, Dünger
5. ätherische Öle
6. Ampferarten-Blätter, Wegerichblätter, Springkrautblüten, Knoblauchsrauke-Blätter, Zwiebel
7. b
8. Maria Treben
9. Prostata-Vergrößerung, Haare, Haarausfall
10. Tagpfauenauge, kleiner Fuchs, Admiral, Landkärtchen
11. Haut, Blasenentzündung, Rheuma, Gicht, Blutzucker
12. c
13. gelber, A, Milchleistung
14. Immunsystem, Müdigkeit, alte Menschen

Waldmeister

Hain-Gilbweiderich

Danke

Mein besonderer Dank geht an

Alle Pflanzenwesen auf der ganzen Welt für ihr faszinierendes, hilfreiches Hiersein.

Meine Fotografin Yasmin Kuhr für ihre tollen Fotos und die immerwährende Bereitschaft, spontan zur Verfügung zu stehen (www.yasmin-kuhr.com).

Meinen Biologen-Kollegen Dankwart Ludwig für die Überlassung seiner wundervollen Kräuterfotos (Weluga Umweltplanung, www.weluga.de).

Bernd Eckstein vom „Ökodorf Ruhrgebiet" für das Kapitel über Ökodörfer, durch das ich selbst erst verstanden habe, was das wichtigste daran ist (www.oekodorf-ruhr-gebiet.de).

Meine Tante Henny Kloss für Ihr geduldiges Lektorieren und ihre schönen Kindheitsgeschichten.

Apothekerin Monika Kriens für die kritische Durchsicht des Apothekenkapitels.

Gudrun German, Leiterin der Heilpflanzenschule Phytaro für die kritische Durchsicht der Heilkräuter-Kapitel (www.phytaro.de).

Dorothea Schulte (www.natur-garten-gestaltung.de) für die Ideen zur Gestaltung von Naturgärten.

Allen, die beim Probe lesen im Vorfeld gute Tipps gegeben haben, wie Christine Hartmann, Elisabeth Layot, Rolf Albert u.v.a.

Meinen Lektor Achim Nöllenheidt, der an mich geglaubt hat.

Mein besonderer Dank geht auch an alle Teilnehmer meiner Kurse und Exkursionen, an Ärzte, Heilpraktiker, Altenpfleger, Apotheker, Schamanen, Veganer, Kräuterfreunde, Gartenvereins-Mitglieder, Stadt-Gärtner, Krankenschwestern, Ökodorf-Bewohner, Gartenbesitzer, Idealisten, Baumscheiben-Begrüner, Guerilla-Gärtner, Kräuter-Anfänger, Gourmet-Kräuter-Köche, Geomanten, von deren Erfahrungen und Geschichten ich lernen durfte und die mich angespornt haben, dieses Buch zu schreiben.

Danke an meine Fotografin Yasmin Kuhr

Danke an alle Teilnehmer meiner Kräuterkurse

Über die Autorin

Ursula Stratmann, Jahrgang 1958, ist Dipl.-Biologin, Dipl.-Krautfrau (Phytaro), MTA und Umweltberaterin sowie Mutter dreier Kinder. Sie wuchs auf einem Bauernhof auf, was schon früh die Liebe zur Natur in ihr weckte.

Nach vielen Berufsjahren als MTA und Biologin, als Umweltberaterin und Dozentin für Anatomie, Gesundheitstrainings und gesunde Ernährung macht sie heute wieder Kräuterführungen, Heilkräuterkurse und schreibt Bücher, um den Menschen die Geheimnisse und die Schönheit der wilden Natur näher zu bringen.

Termine Kräuterführungen unter:
www.ursula-stratmann.de und www.baumgesichter.eu

Bildnachweis

Albert, Rolf
S. 61 (3 Bilder u.), 129, 246, 284 r.
Baersch, Sibylle
S. 14, 224, 227, Umschlag/Rücken
Baller, Nicole
S. 24
Kattenstein, Torsten
S. 154 r.
Kuhr, Yasmin
S. 18, 21, 22 l., 26 l., 29, 32, 38, 42,74, 76, 80, 83 u.l.,91 r., 114, (2. v.u.), 124, 140 l., 146 o., 153 l., 161 o., 169, 185, 211, 213, 214, 215, 216 u., 241, 242 l., 268 u., 285

Ludwig, Dankwart
S. 36, 49 r., 59 (10 Bilder u.), 111, 119,142, 144, 145, 146 u., 180, 194, 261 o., 282/283, Umschlag/Rückseite
Stratmann, Olga
S. 8
Stratmann, Sanja
S. 73, 151 o., 162, 200 o.
Wikipedia
S. 132, 133 r., 139, 148, 149 r., 171, 223, 250, 258, 269
Zeller, Diana
S. 226

Alle anderen Bilder stammen von Ursula Stratmann.